MISSION: Yozakura Family

8 Die Yozakurafront

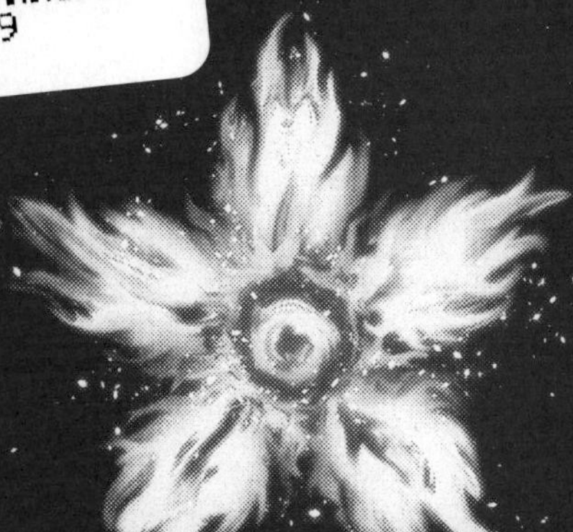

Hitsuji Gondaira

Mission: Yozakura Family

Charaktere

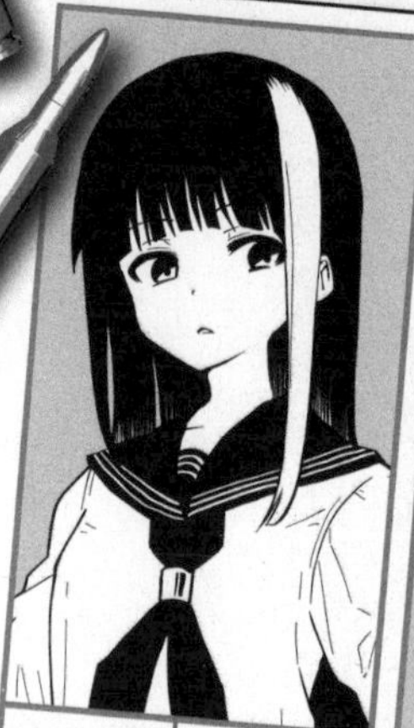

MUTSUMI YOZAKURA

Drittälteste Tochter der Yozakuras. Als Oberhaupt ihrer Familie, die etliche Übermenschen hervorgebracht hat, wird sie rund um die Uhr von ihren Geschwistern beschützt.

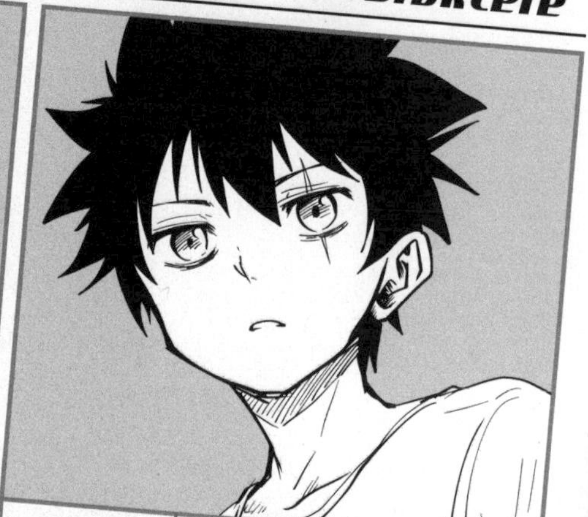

TAIYO ASANO

Der Oberschüler hat seine Familie bei einem Verkehrsunfall verloren und ist seitdem sehr menschenscheu. Die Einzige, der er sein Herz öffnet, ist seine Frau und Kindheitsfreundin Mutsumi.

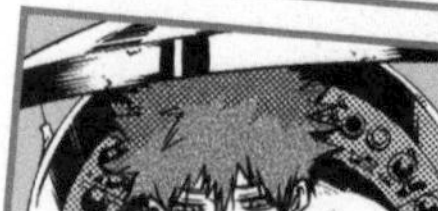

SHINZO

Der zweitälteste Sohn der Familie ist ein Waffenspezialist.

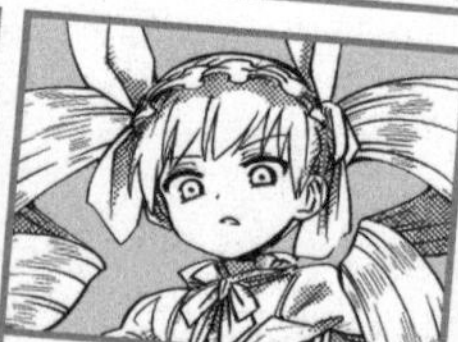

FUTABA

Die älteste Tochter der Yozakuras ist eine Meisterin in Aikido und Jiu Jitsu.

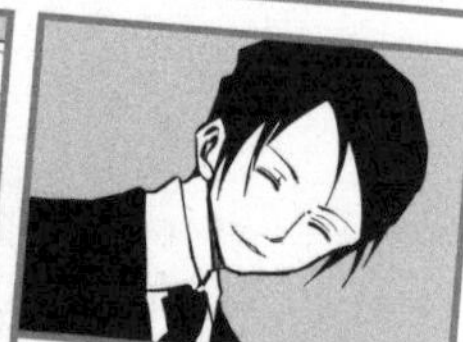

KYOICHIRO YOZAKURA

Der älteste Sohn der Familie Yozakura ist der beste und beliebteste Spion weit und breit.

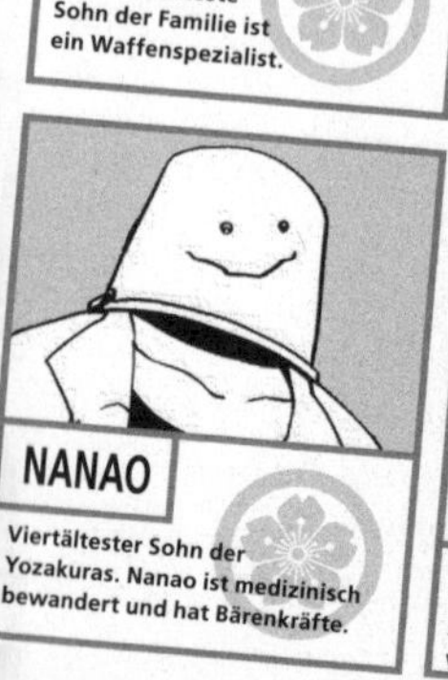

NANAO

Viertältester Sohn der Yozakuras. Nanao ist medizinisch bewandert und hat Bärenkräfte.

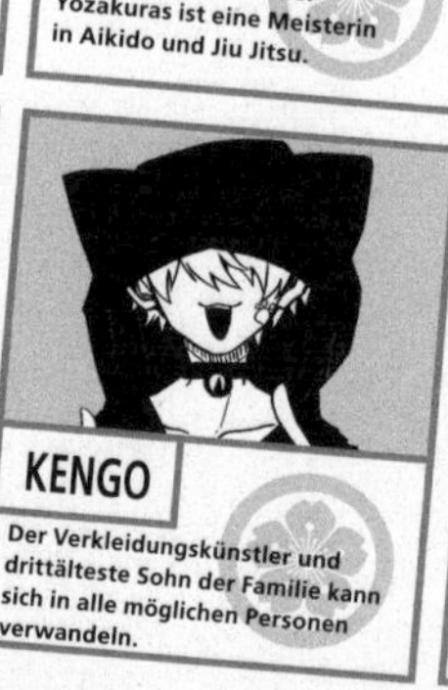

KENGO

Der Verkleidungskünstler und drittälteste Sohn der Familie kann sich in alle möglichen Personen verwandeln.

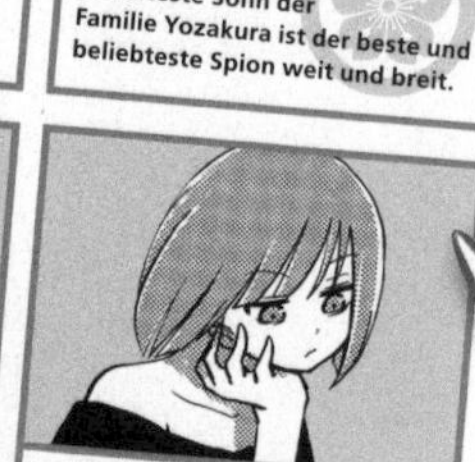

SHION

Die zweitälteste Tochter der Yozakuras ist Gamerin und begnadete Hackerin zugleich.

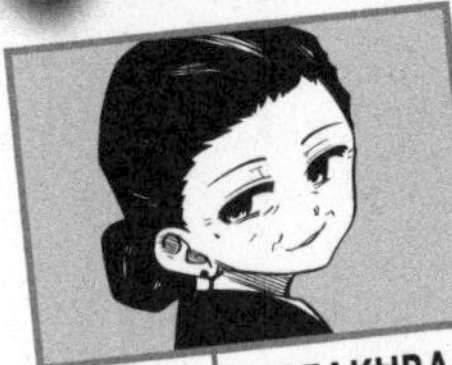

KEIKO YOZAKURA

Mutsumis Großmutter. Sie war das achte Oberhaupt der Familie.

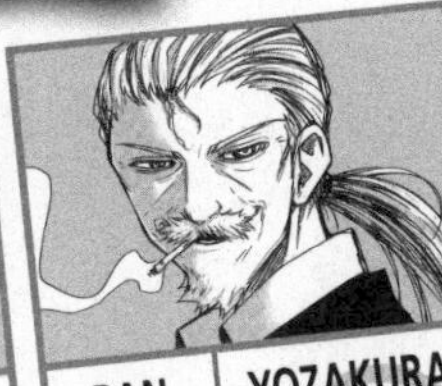

BAN YOZAKURA

Mutsumis Großvater. Der Spion sitzt im Rahmen einer Undercover-Mission normalerweise im Gefängnis.

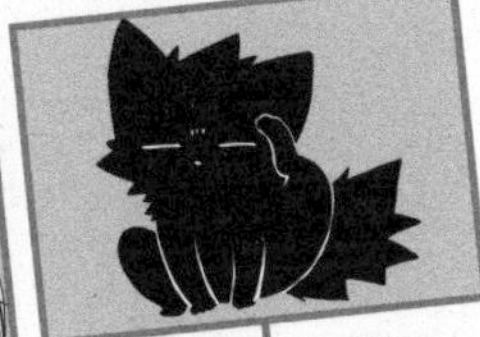

GOLIATH

Haustier der Familie Yozakura

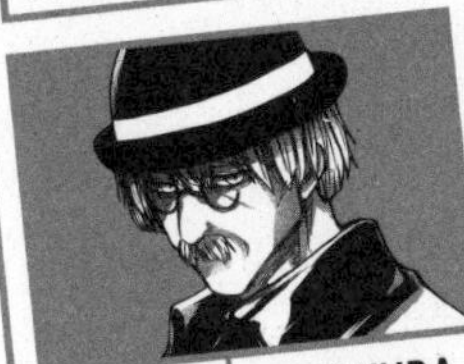

MOMO YOZAKURA

Der Vater der Geschwister Yozakura hat die Familie verlassen und arbeitet mit »Tanpopo« zusammen.

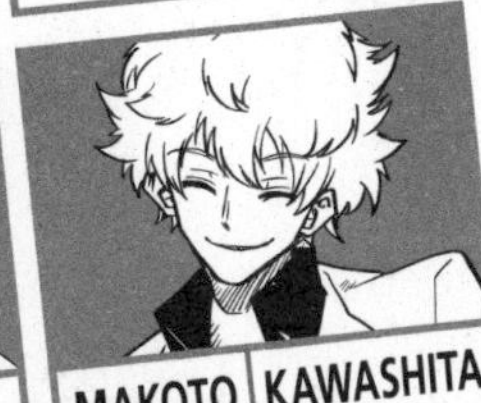

MAKOTO KAWASHITA

Direktor der Kawashita-Klinik und Mitglied von »Tanpopo«. Er trachtet nach Mutsumis Herz.

Story.

Seit Taiyo seine Familie durch einen Verkehrsunfall verloren hat, spricht er einzig und allein mit seiner Kindheitsfreundin Mutsumi Yozakura. Doch dann entpuppen sich die Yozakuras als Spione, deren Ursprünge in der Ninjakultur der Edo-Zeit liegen! Taiyo heiratet Mutsumi, wodurch er Teil der Familie wird. Seine Karriere als Spion beginnt. Eines Tages erhält er die Information, dass die rätselhafte Organisation »Tanpopo« und der Arzt Makoto Kawashita bei dem Tod seiner Familie ihre Finger im Spiel gehabt haben sollen. Außerdem stellt sich heraus, dass Momo, Mutsumis Vater, mit Tanpopo unter einer Decke steckt. Nach heftigen Kämpfen gegen Kawashitas Handlanger beschließen die Yozakuras, gegen Tanpopo vorzugehen. Der Operationsname lautet »Yozakurafront«. Vorhang auf für eine Schlacht, bei der alle Streitkräfte der Familie mobilisiert werden!

Mission: Yozakura Family – Inhalt

8 Die Yozakurafront

To Do Mission

Mission:
Yozakura Family

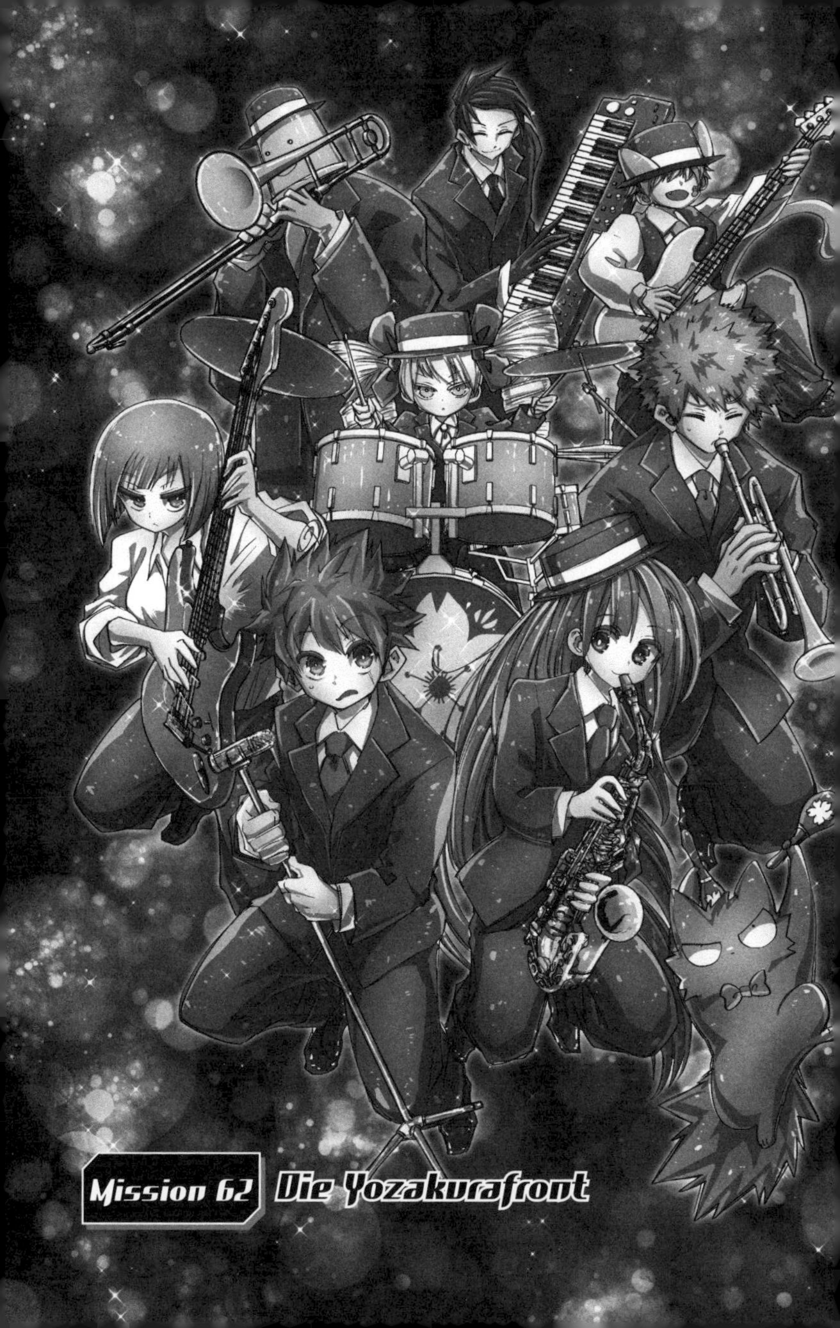
Mission 62
Die Yozakurafront

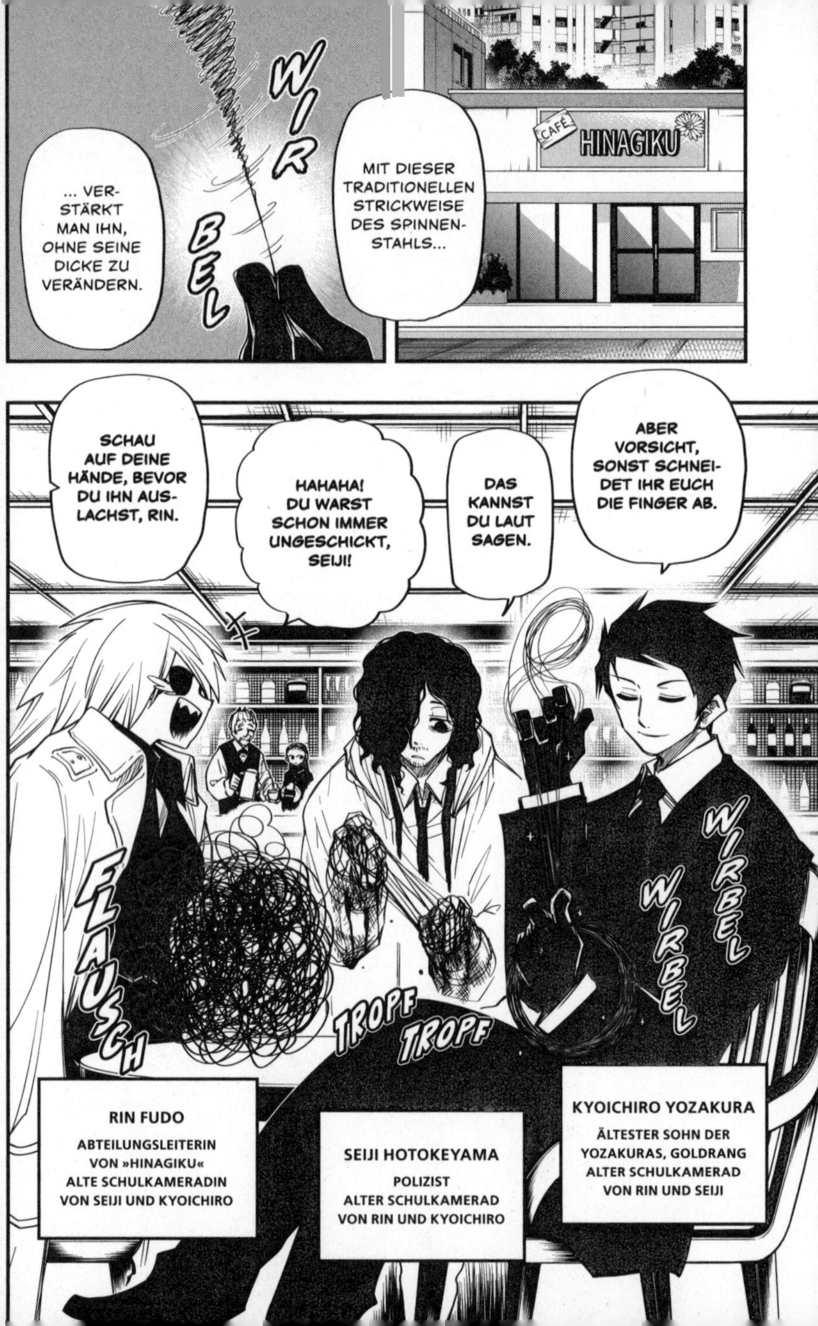
CAFÉ
HINAGIKU
MIT DIESER TRADITIONELLEN STRICKWEISE DES SPINNENSTAHLS...
WIRBEL
... VERSTÄRKT MAN IHN, OHNE SEINE DICKE ZU VERÄNDERN.
ABER VORSICHT, SONST SCHNEIDET IHR EUCH DIE FINGER AB.
DAS KANNST DU LAUT SAGEN.
HAHAHA! DU WARST SCHON IMMER UNGESCHICKT, SEIJI!
SCHAU AUF DEINE HÄNDE, BEVOR DU IHN AUSLACHST, RIN.
WIRBEL
WIRBEL
TROPF
TROPF
FLAUSCH
KYOICHIRO YOZAKURA
ÄLTESTER SOHN DER YOZAKURAS, GOLDRANG
ALTER SCHULKAMERAD VON RIN UND SEIJI
SEIJI HOTOKEYAMA
POLIZIST
ALTER SCHULKAMERAD VON RIN UND KYOICHIRO
RIN FUDO
ABTEILUNGSLEITERIN VON »HINAGIKU«
ALTE SCHULKAMERADIN VON SEIJI UND KYOICHIRO

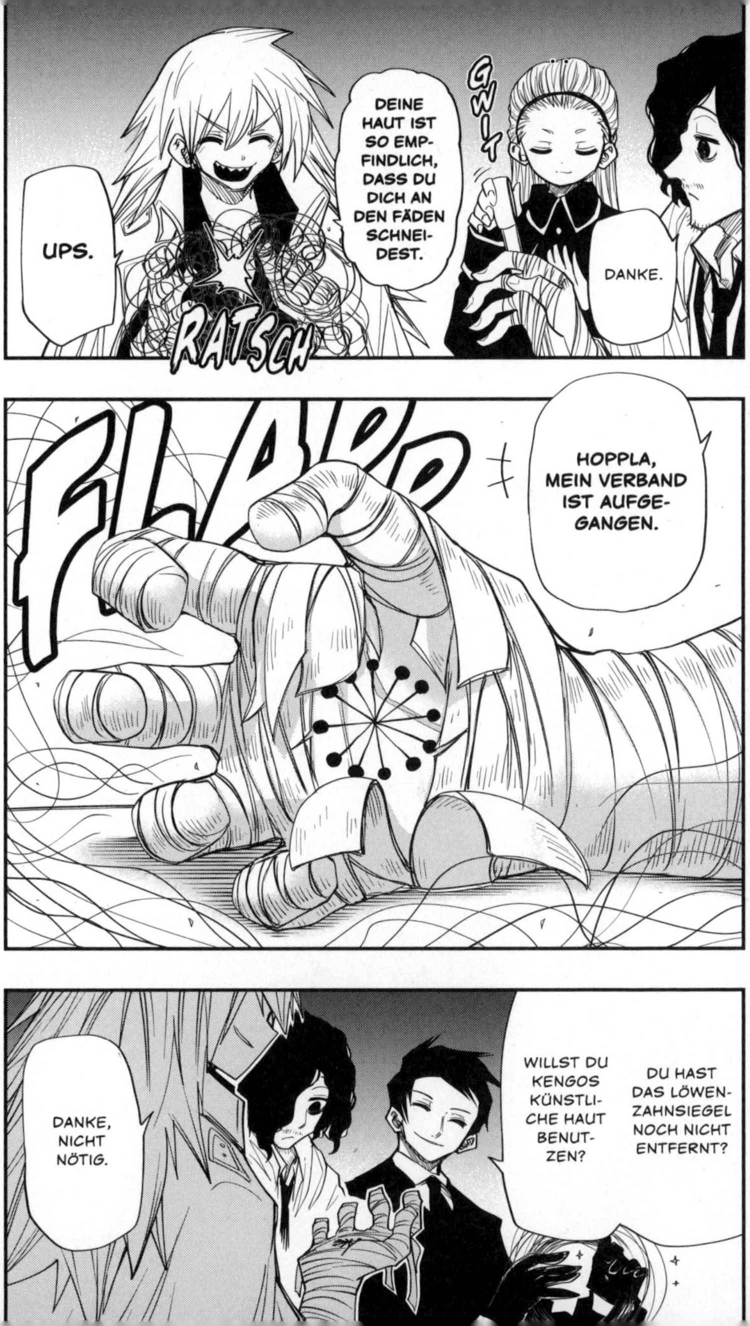
DANKE.
GWIT
DEINE HAUT IST SO EMP-FINDLICH, DASS DU DICH AN DEN FÄDEN SCHNEI-DEST.
UPS.
RATSCH
HOPPLA, MEIN VERBAND IST AUFGE-GANGEN.
DU HAST DAS LÖWEN-ZAHNSIEGEL NOCH NICHT ENTFERNT?
WILLST DU KENGOS KÜNSTLI-CHE HAUT BENUT-ZEN?
DANKE, NICHT NÖTIG.

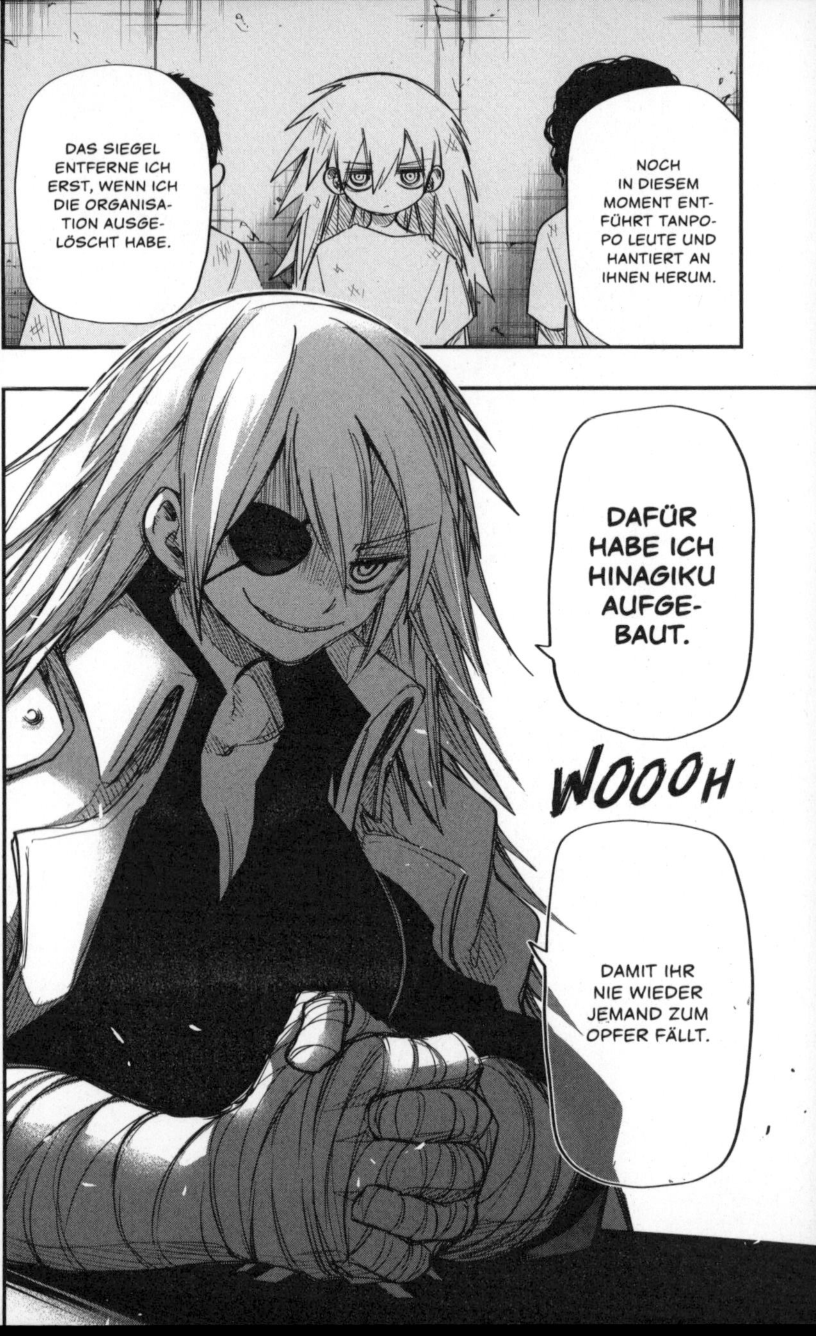
NOCH IN DIESEM MOMENT ENT-FÜHRT TANPO-PO LEUTE UND HANTIERT AN IHNEN HERUM.
DAS SIEGEL ENTFERNE ICH ERST, WENN ICH DIE ORGANISA-TION AUSGE-LÖSCHT HABE.
DAFÜR HABE ICH HINAGIKU AUFGE-BAUT.
WOOOH
DAMIT IHR NIE WIEDER JEMAND ZUM OPFER FÄLLT.

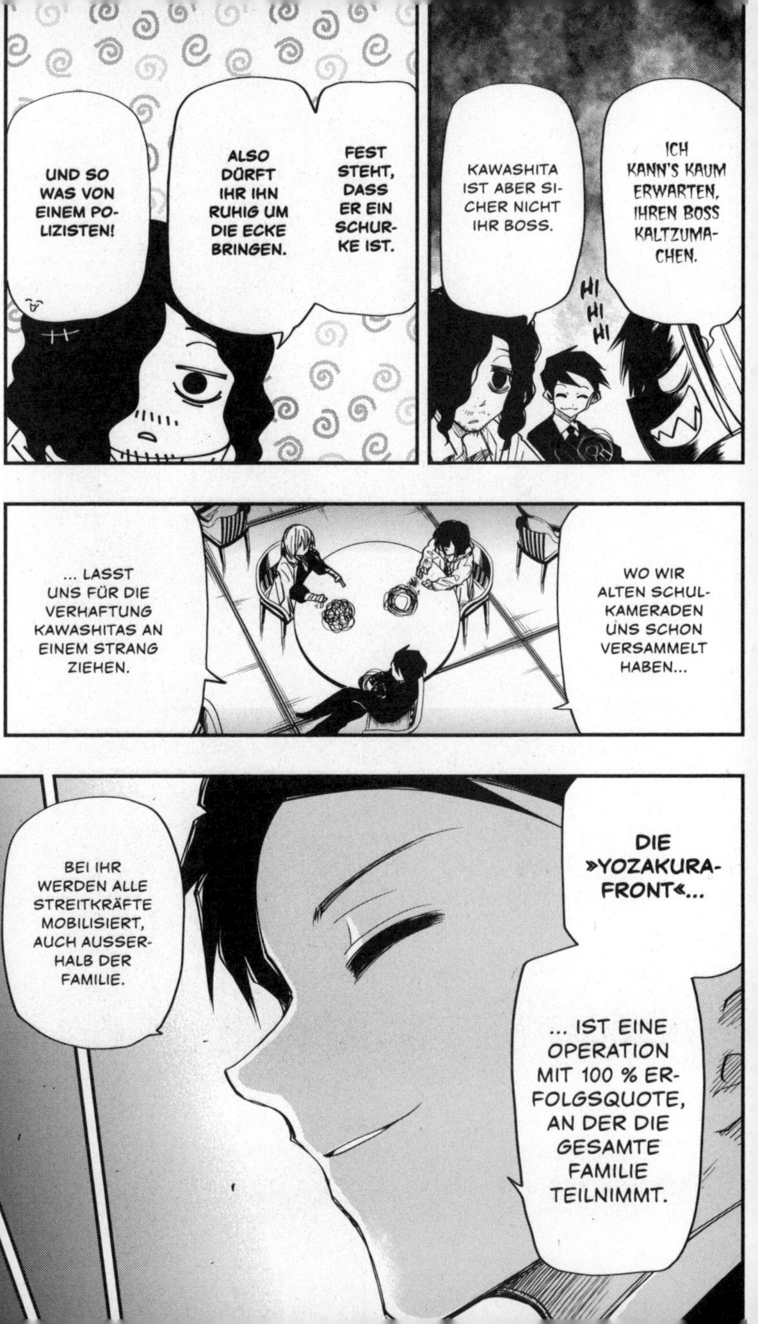

ICH KANN'S KAUM ERWARTEN, IHREN BOSS KALTZUMACHEN.
HI HI HI
KAWASHITA IST ABER SICHER NICHT IHR BOSS.
FEST STEHT, DASS ER EIN SCHURKE IST.
ALSO DÜRFT IHR IHN RUHIG UM DIE ECKE BRINGEN.
UND SO WAS VON EINEM POLIZISTEN!
WO WIR ALTEN SCHULKAMERADEN UNS SCHON VERSAMMELT HABEN...
... LASST UNS FÜR DIE VERHAFTUNG KAWASHITAS AN EINEM STRANG ZIEHEN.
DIE »YOZAKURA-FRONT«...
... IST EINE OPERATION MIT 100 % ERFOLGSQUOTE, AN DER DIE GESAMTE FAMILIE TEILNIMMT.
BEI IHR WERDEN ALLE STREITKRÄFTE MOBILISIERT, AUCH AUSSERHALB DER FAMILIE.

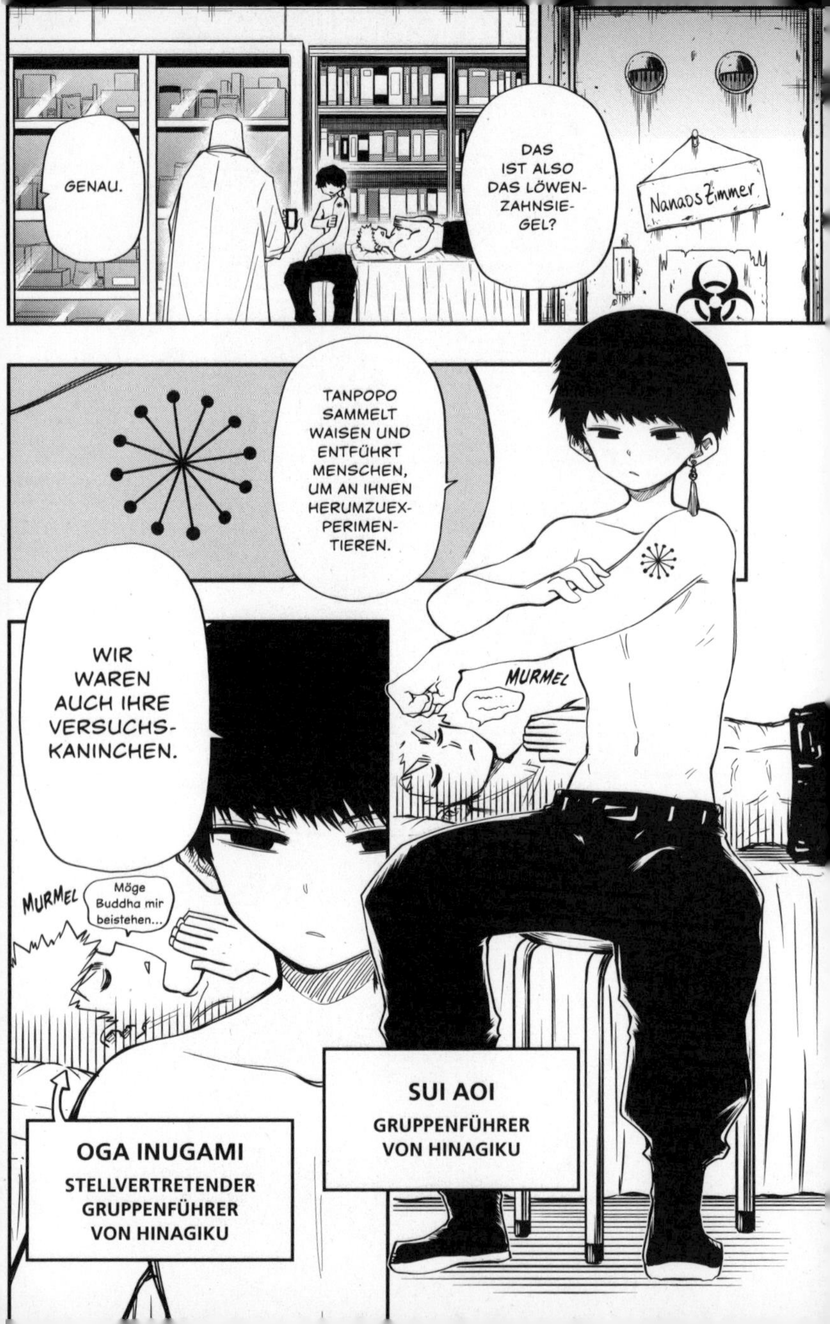
Nanaos Zimmer
DAS IST ALSO DAS LÖWENZAHNSIEGEL?
GENAU.
TANPOPO SAMMELT WAISEN UND ENTFÜHRT MENSCHEN, UM AN IHNEN HERUMZUEXPERIMENTIEREN.
WIR WAREN AUCH IHRE VERSUCHSKANINCHEN.
MURMEL
MURMEL
Möge Buddha mir beistehen…
SUI AOI
GRUPPENFÜHRER VON HINAGIKU
OGA INUGAMI
STELLVERTRETENDER GRUPPENFÜHRER VON HINAGIKU

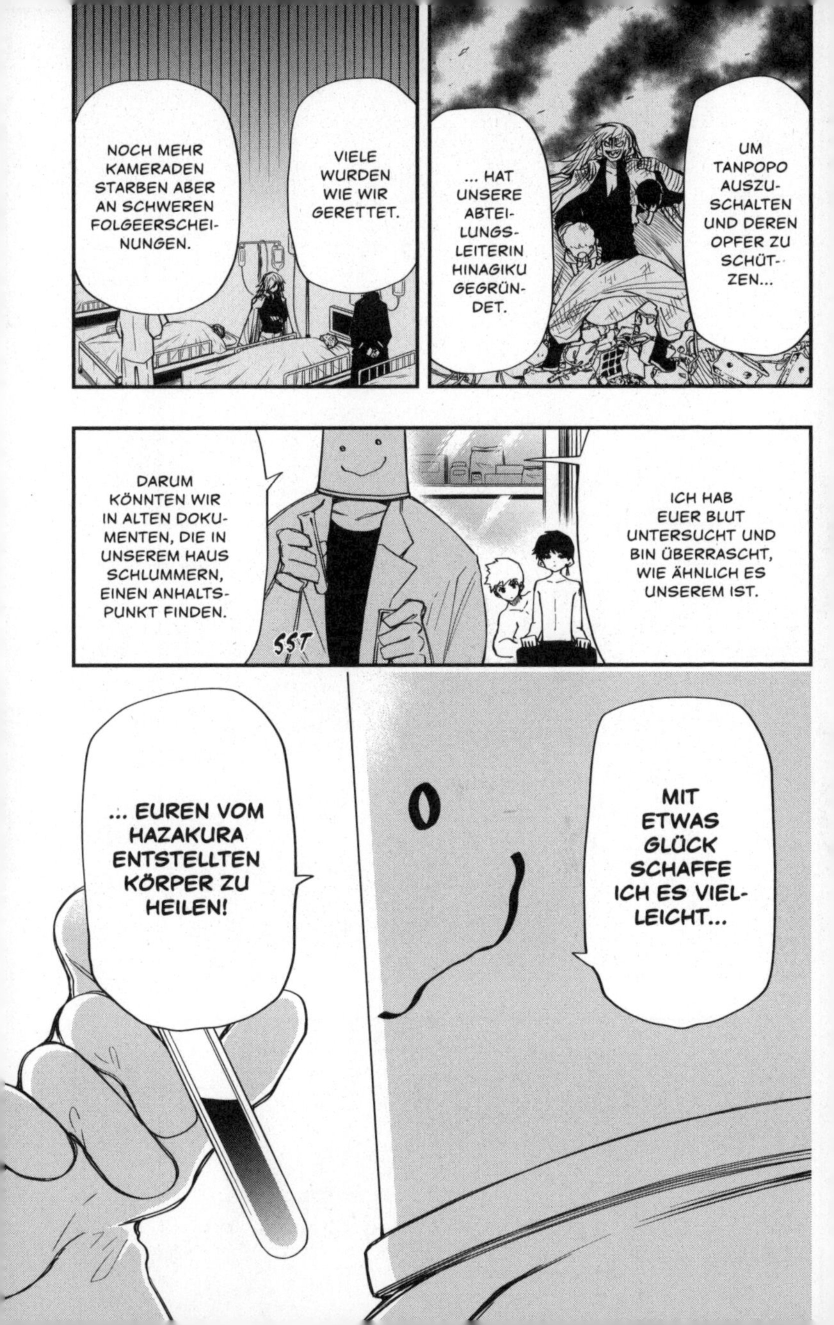

UM TANPOPO AUSZUSCHALTEN UND DEREN OPFER ZU SCHÜTZEN...
... HAT UNSERE ABTEILUNGSLEITERIN HINAGIKU GEGRÜNDET.
VIELE WURDEN WIE WIR GERETTET.
NOCH MEHR KAMERADEN STARBEN ABER AN SCHWEREN FOLGEERSCHEINUNGEN.
ICH HAB EUER BLUT UNTERSUCHT UND BIN ÜBERRASCHT, WIE ÄHNLICH ES UNSEREM IST.
DARUM KÖNNTEN WIR IN ALTEN DOKUMENTEN, DIE IN UNSEREM HAUS SCHLUMMERN, EINEN ANHALTSPUNKT FINDEN.
SST
MIT ETWAS GLÜCK SCHAFFE ICH ES VIELLEICHT...
... EUREN VOM HAZAKURA ENTSTELLTEN KÖRPER ZU HEILEN!

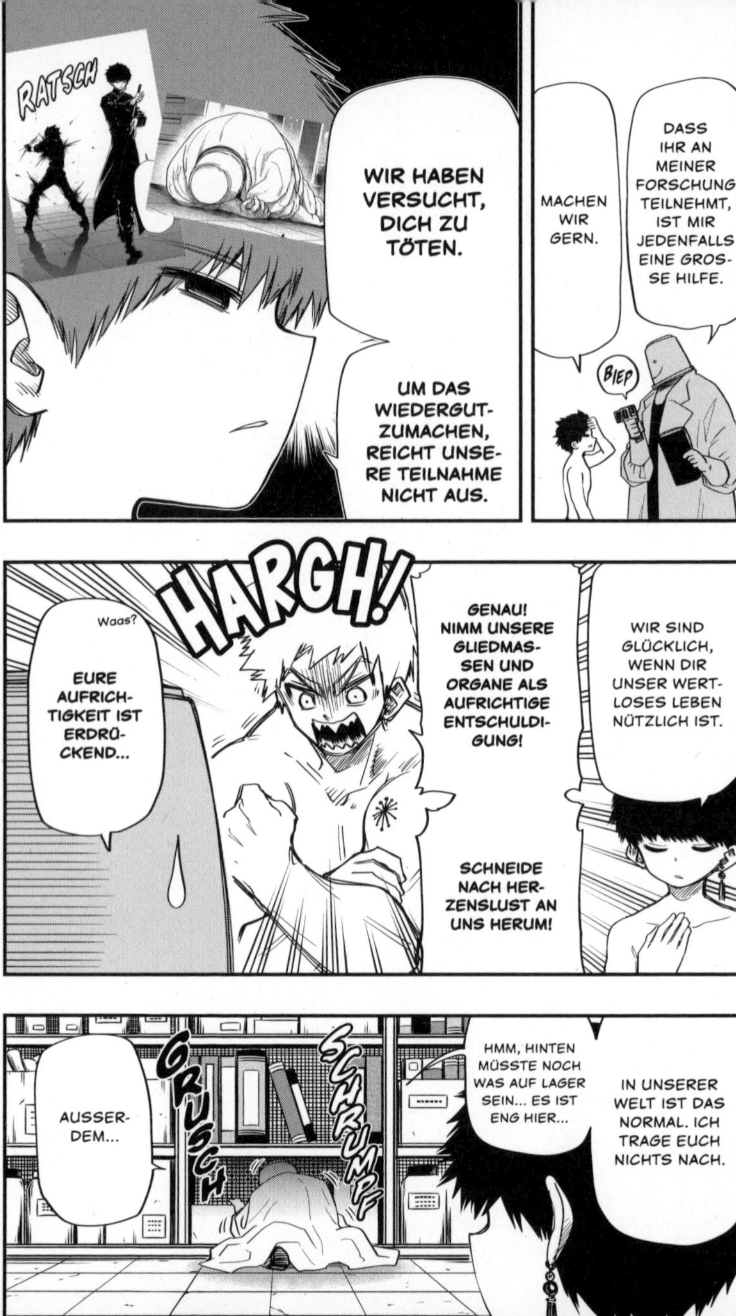
DASS IHR AN MEINER FORSCHUNG TEILNEHMT, IST MIR JEDENFALLS EINE GROSSE HILFE.
MACHEN WIR GERN.
BIEP
RATSCH
WIR HABEN VERSUCHT, DICH ZU TÖTEN.
UM DAS WIEDERGUTZUMACHEN, REICHT UNSERE TEILNAHME NICHT AUS.
WIR SIND GLÜCKLICH, WENN DIR UNSER WERTLOSES LEBEN NÜTZLICH IST.
GENAU! NIMM UNSERE GLIEDMASSEN UND ORGANE ALS AUFRICHTIGE ENTSCHULDIGUNG!
SCHNEIDE NACH HERZENSLUST AN UNS HERUM!
HARGH!
Waas?
EURE AUFRICHTIGKEIT IST ERDRÜCKEND...
IN UNSERER WELT IST DAS NORMAL. ICH TRAGE EUCH NICHTS NACH.
HMM, HINTEN MÜSSTE NOCH WAS AUF LAGER SEIN... ES IST ENG HIER...
SCHRUMPF
GRUSCH
AUSSERDEM...

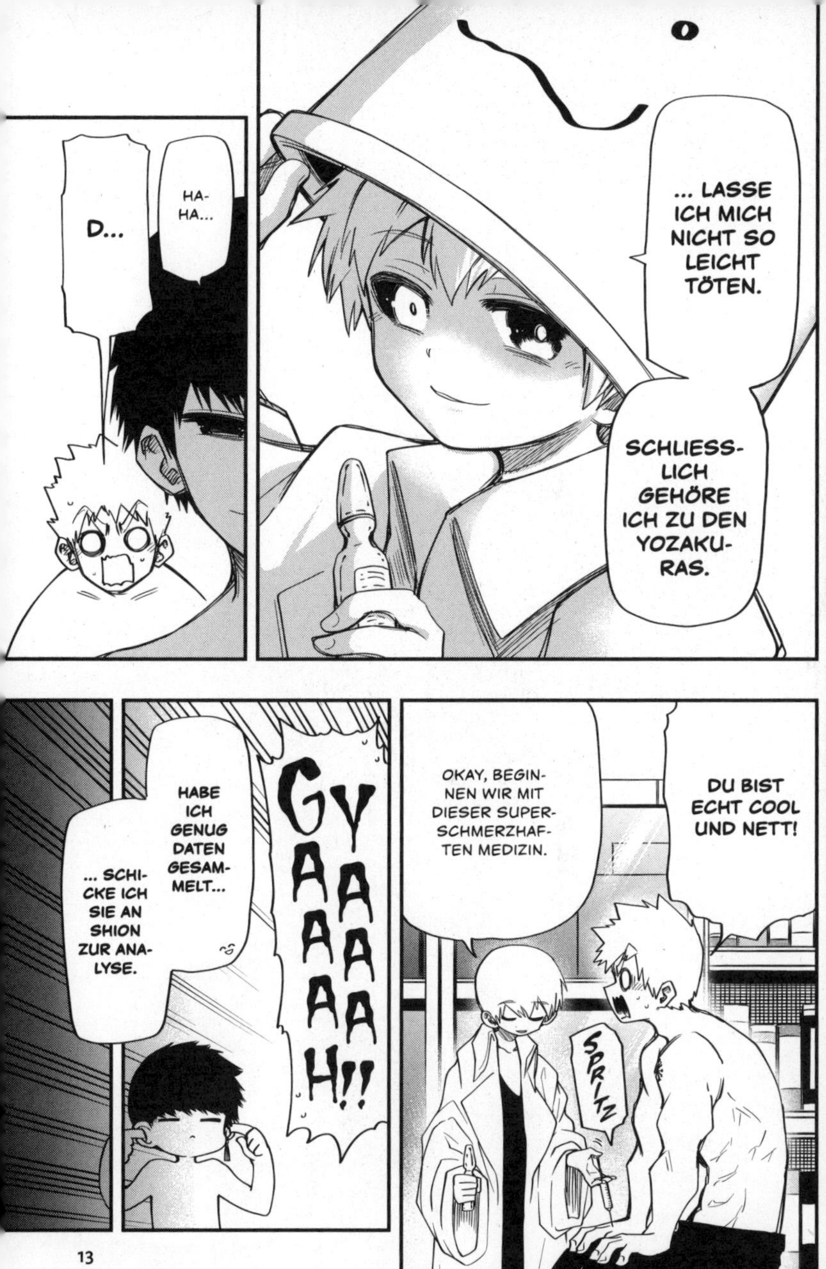
O
... LASSE ICH MICH NICHT SO LEICHT TÖTEN.
SCHLIESS-LICH GEHÖRE ICH ZU DEN YOZAKU-RAS.
HA-HA...
D...
DU BIST ECHT COOL UND NETT!
OKAY, BEGIN-NEN WIR MIT DIESER SUPER-SCHMERZHAF-TEN MEDIZIN.
SPRITZ
GYAAAAAAAH!!
HABE ICH GENUG DATEN GESAM-MELT...
... SCHI-CKE ICH SIE AN SHION ZUR ANA-LYSE.

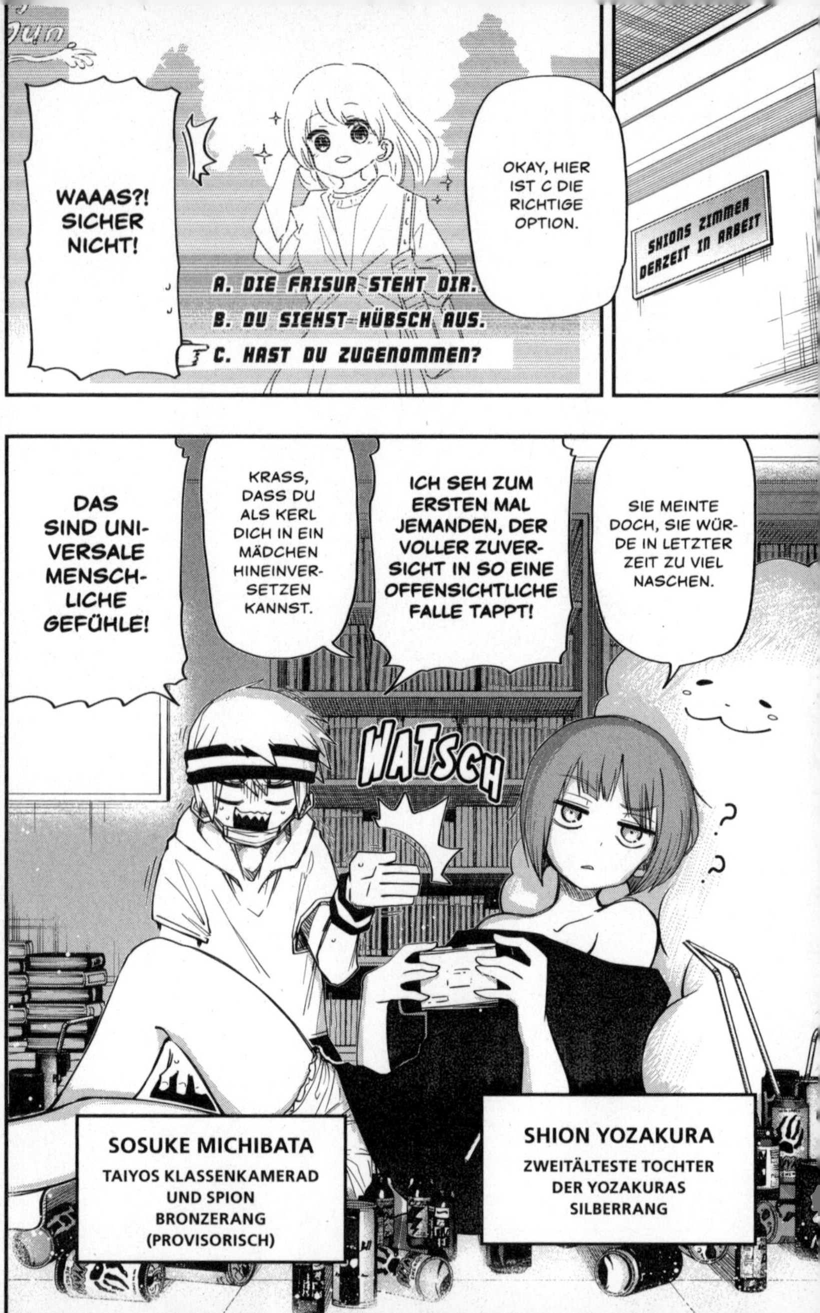
SHIONS ZIMMER DERZEIT IN ARBEIT
OKAY, HIER IST C DIE RICHTIGE OPTION.
A. DIE FRISUR STEHT DIR.
B. DU SIEHST HÜBSCH AUS.
C. HAST DU ZUGENOMMEN?
WAAAS?! SICHER NICHT!
SIE MEINTE DOCH, SIE WÜRDE IN LETZTER ZEIT ZU VIEL NASCHEN.
ICH SEH ZUM ERSTEN MAL JEMANDEN, DER VOLLER ZUVERSICHT IN SO EINE OFFENSICHTLICHE FALLE TAPPT!
KRASS, DASS DU ALS KERL DICH IN EIN MÄDCHEN HINEINVERSETZEN KANNST.
DAS SIND UNIVERSALE MENSCHLICHE GEFÜHLE!
WATSCH
SHION YOZAKURA
ZWEITÄLTESTE TOCHTER DER YOZAKURAS
SILBERRANG
SOSUKE MICHIBATA
TAIYOS KLASSENKAMERAD UND SPION
BRONZERANG (PROVISORISCH)

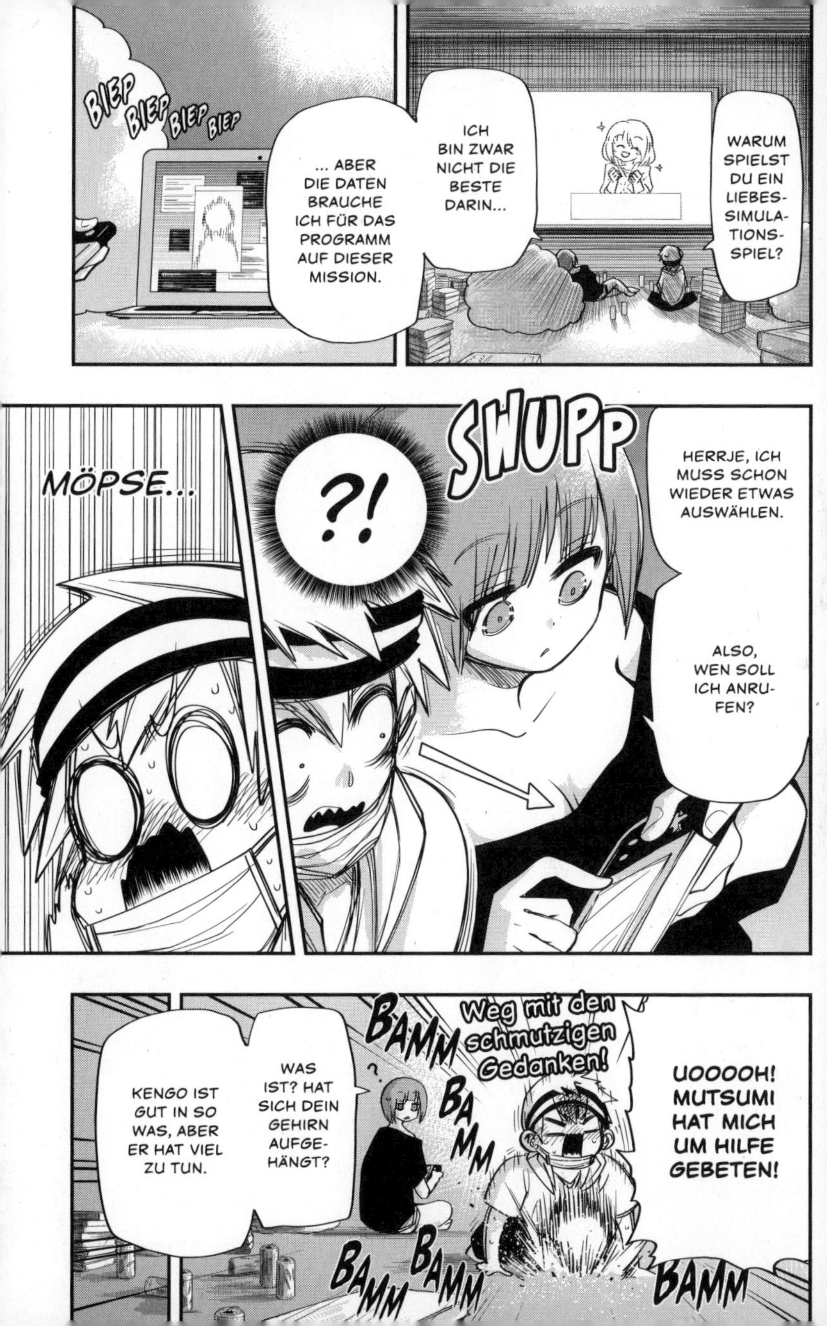
WARUM SPIELST DU EIN LIEBES-SIMULATIONS-SPIEL?
ICH BIN ZWAR NICHT DIE BESTE DARIN...
... ABER DIE DATEN BRAUCHE ICH FÜR DAS PROGRAMM AUF DIESER MISSION.
BIEP BIEP BIEP BIEP
HERRJE, ICH MUSS SCHON WIEDER ETWAS AUSWÄHLEN.
ALSO, WEN SOLL ICH ANRU-FEN?
SWUPP
?!
MÖPSE...
UOOOOH! MUTSUMI HAT MICH UM HILFE GEBETEN!
Weg mit den schmutzigen Gedanken!
BAMM
BAMM
BAMM
BAMM
BAMM
BAMM
WAS IST? HAT SICH DEIN GEHIRN AUFGE-HÄNGT?
KENGO IST GUT IN SO WAS, ABER ER HAT VIEL ZU TUN.

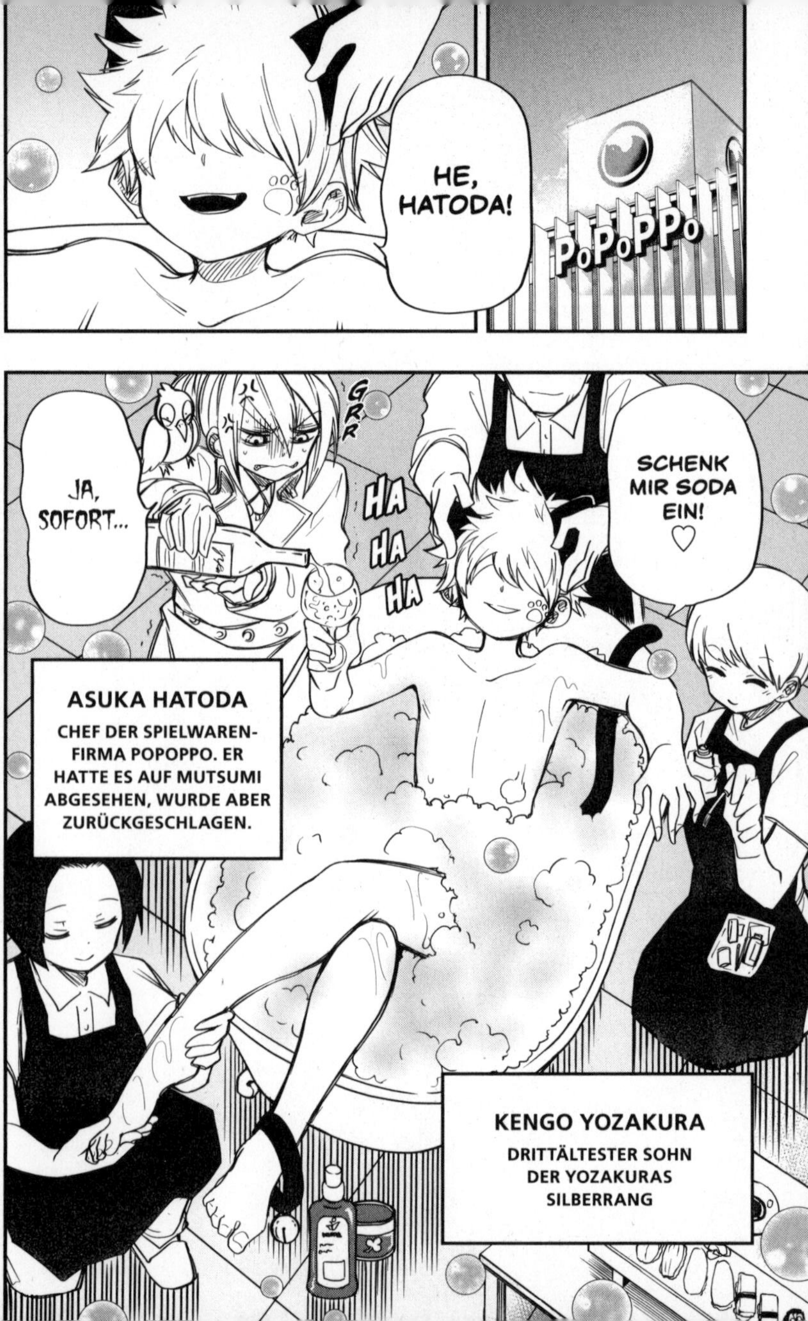
HE,
HATODA!
PoPoPPo
SCHENK
MIR SODA
EIN!
♡
GRR
JA,
SOFORT...
HA
HA
HA
HA
ASUKA HATODA
CHEF DER SPIELWAREN-
FIRMA POPOPPO. ER
HATTE ES AUF MUTSUMI
ABGESEHEN, WURDE ABER
ZURÜCKGESCHLAGEN.
KENGO YOZAKURA
DRITTÄLTESTER SOHN
DER YOZAKURAS
SILBERRANG

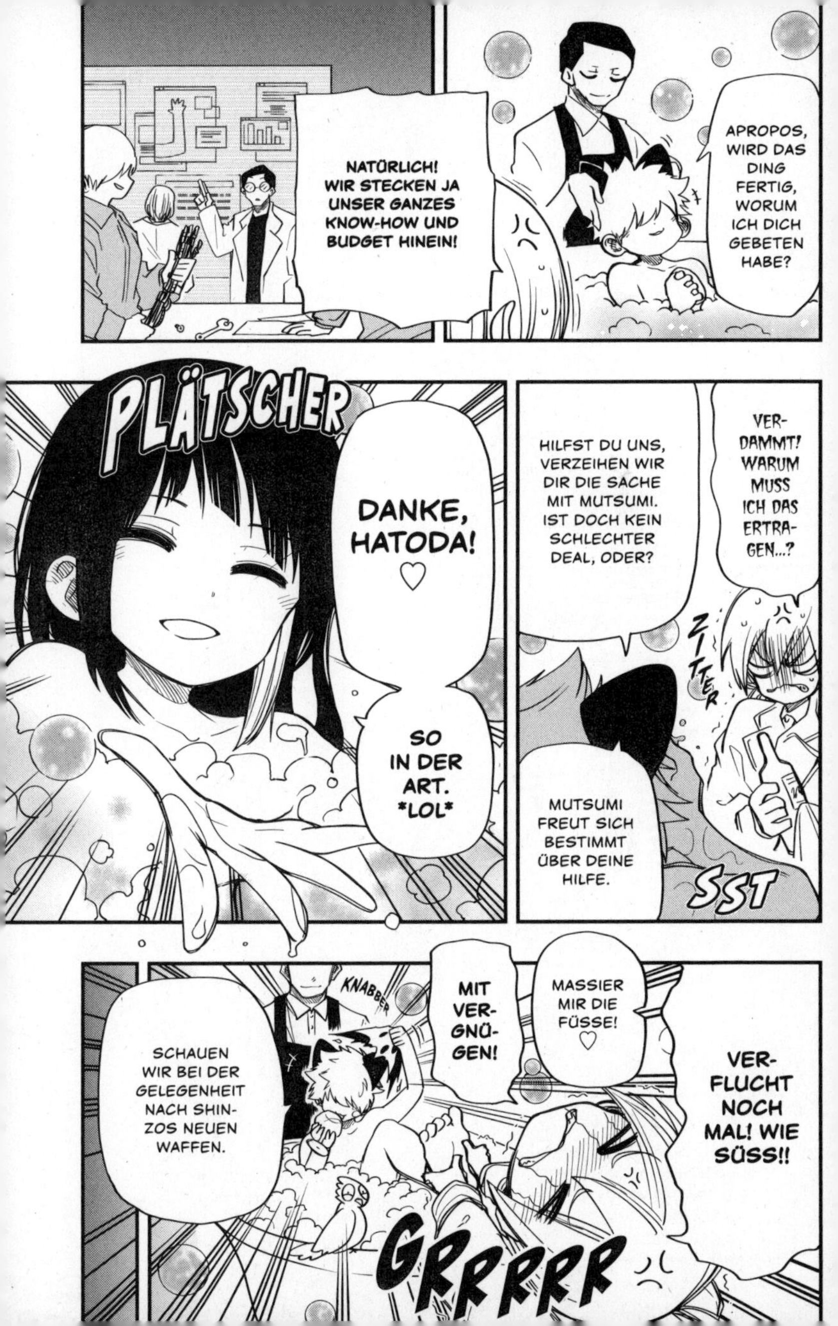
APROPOS, WIRD DAS DING FERTIG, WORUM ICH DICH GEBETEN HABE?
NATÜRLICH! WIR STECKEN JA UNSER GANZES KNOW-HOW UND BUDGET HINEIN!
VER-DAMMT! WARUM MUSS ICH DAS ERTRA-GEN...?
HILFST DU UNS, VERZEIHEN WIR DIR DIE SACHE MIT MUTSUMI. IST DOCH KEIN SCHLECHTER DEAL, ODER?
ZITTER
MUTSUMI FREUT SICH BESTIMMT ÜBER DEINE HILFE.
SST
PLÄTSCHER
DANKE, HATODA! ♡
SO IN DER ART. *LOL*
MASSIER MIR DIE FÜSSE! ♡
MIT VER-GNÜ-GEN!
KNABBER
VER-FLUCHT NOCH MAL! WIE SÜSS!!
SCHAUEN WIR BEI DER GELEGENHEIT NACH SHIN-ZOS NEUEN WAFFEN.
GRRRRRR

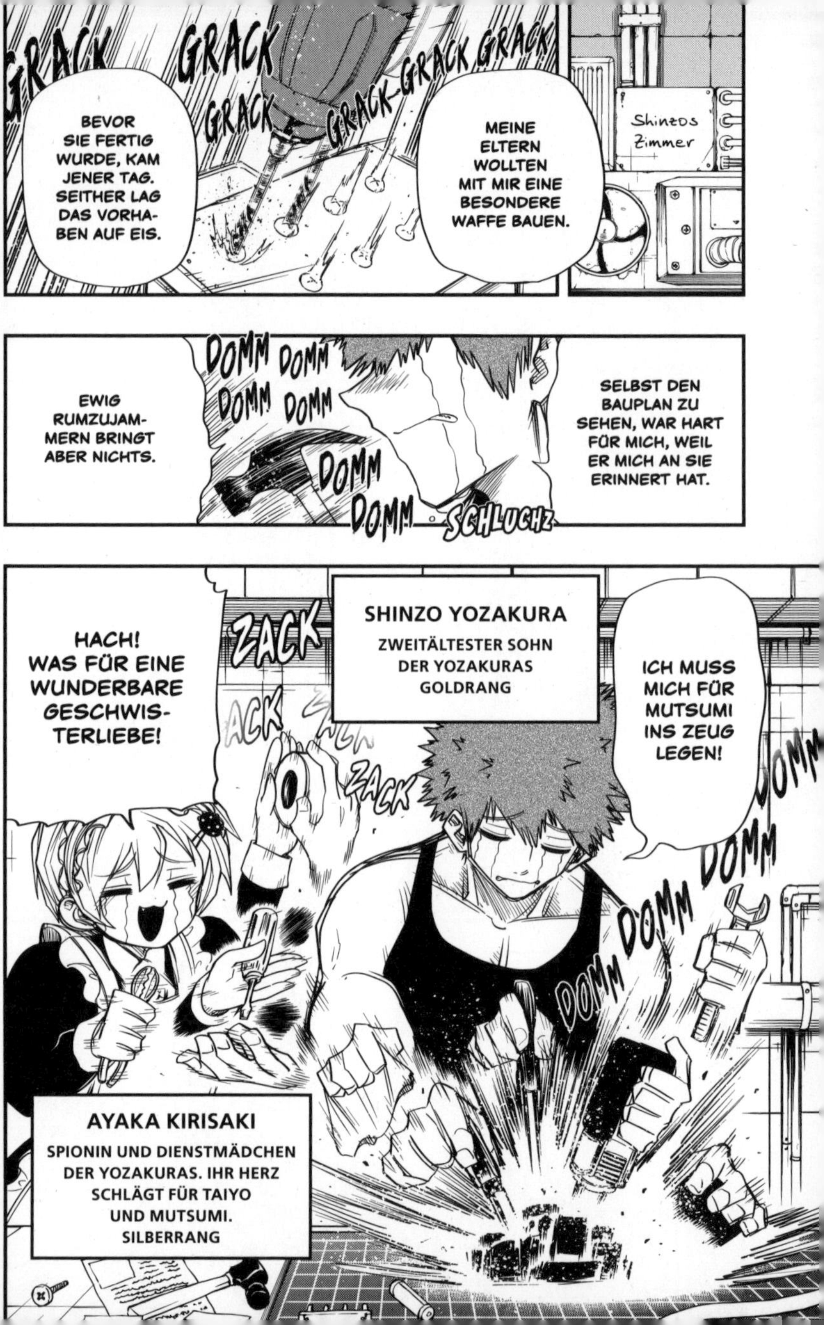

Shinzos Zimmer
MEINE ELTERN WOLLTEN MIT MIR EINE BESONDERE WAFFE BAUEN.
GRACK GRACK GRACK GRACK GRACK GRACK
BEVOR SIE FERTIG WURDE, KAM JENER TAG. SEITHER LAG DAS VORHABEN AUF EIS.
SELBST DEN BAUPLAN ZU SEHEN, WAR HART FÜR MICH, WEIL ER MICH AN SIE ERINNERT HAT.
DOMM DOMM DOMM DOMM DOMM DOMM
SCHLUCHZ
EWIG RUMZUJAMMERN BRINGT ABER NICHTS.
ICH MUSS MICH FÜR MUTSUMI INS ZEUG LEGEN!
SHINZO YOZAKURA
ZWEITÄLTESTER SOHN DER YOZAKURAS
GOLDRANG
DOMM DOMM DOMM DOMM DOMM
ZACK ZACK
HACH! WAS FÜR EINE WUNDERBARE GESCHWISTERLIEBE!
AYAKA KIRISAKI
SPIONIN UND DIENSTMÄDCHEN DER YOZAKURAS. IHR HERZ SCHLÄGT FÜR TAIYO UND MUTSUMI.
SILBERRANG

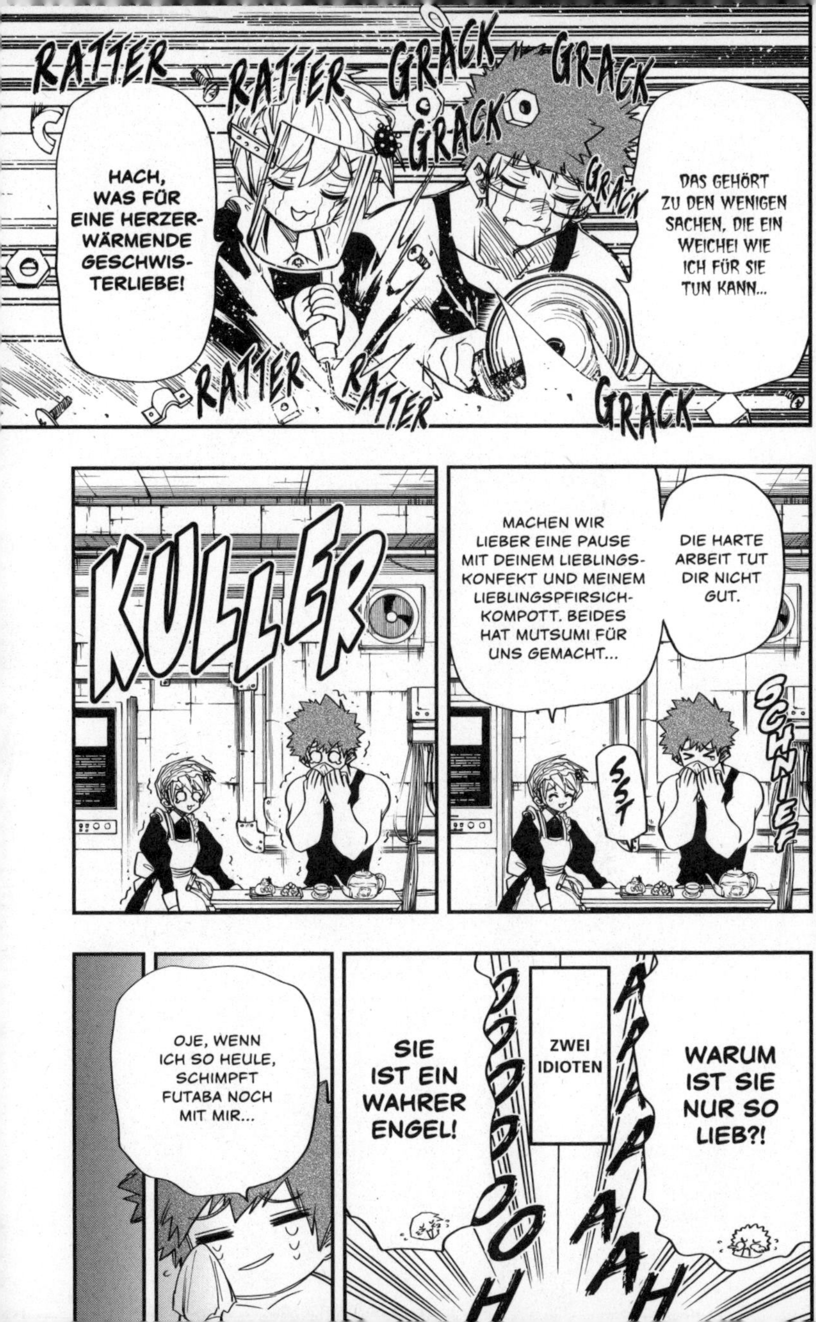
RATTER
RATTER
GRACK
GRACK
GRACK
GRACK
DAS GEHÖRT ZU DEN WENIGEN SACHEN, DIE EIN WEICHEI WIE ICH FÜR SIE TUN KANN...
HACH, WAS FÜR EINE HERZERWÄRMENDE GESCHWISTERLIEBE!
RATTER
RATTER
GRACK
DIE HARTE ARBEIT TUT DIR NICHT GUT.
MACHEN WIR LIEBER EINE PAUSE MIT DEINEM LIEBLINGSKONFEKT UND MEINEM LIEBLINGSPFIRSICHKOMPOTT. BEIDES HAT MUTSUMI FÜR UNS GEMACHT...
SST
SCHNIEF
KULLER
WARUM IST SIE NUR SO LIEB?!
ZWEI IDIOTEN
SIE IST EIN WAHRER ENGEL!
OJE, WENN ICH SO HEULE, SCHIMPFT FUTABA NOCH MIT MIR...

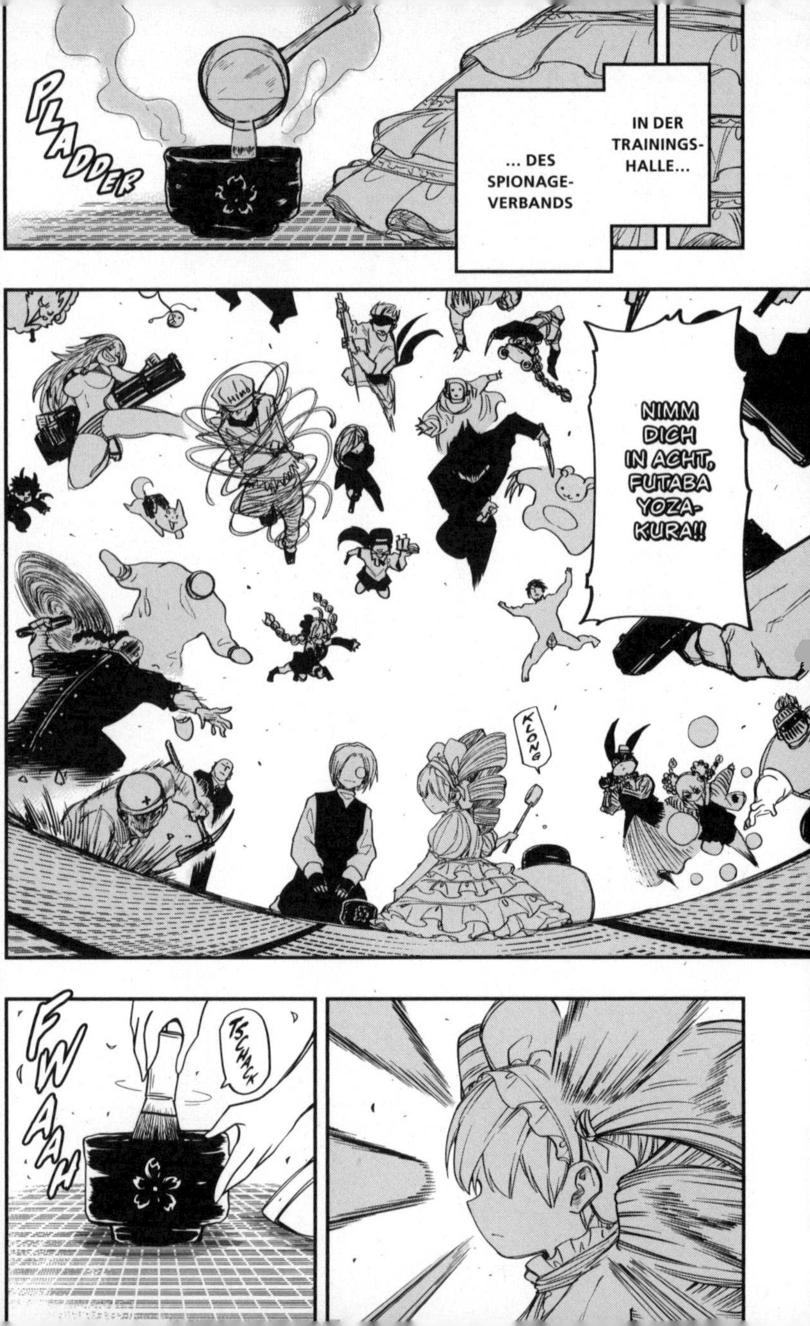
IN DER TRAININGS-HALLE...
... DES SPIONAGE-VERBANDS
PLADDER
NIMM DICH IN ACHT, FUTABA YOZA-KURA!!
KLONG
TSCHACK
FWAAAH

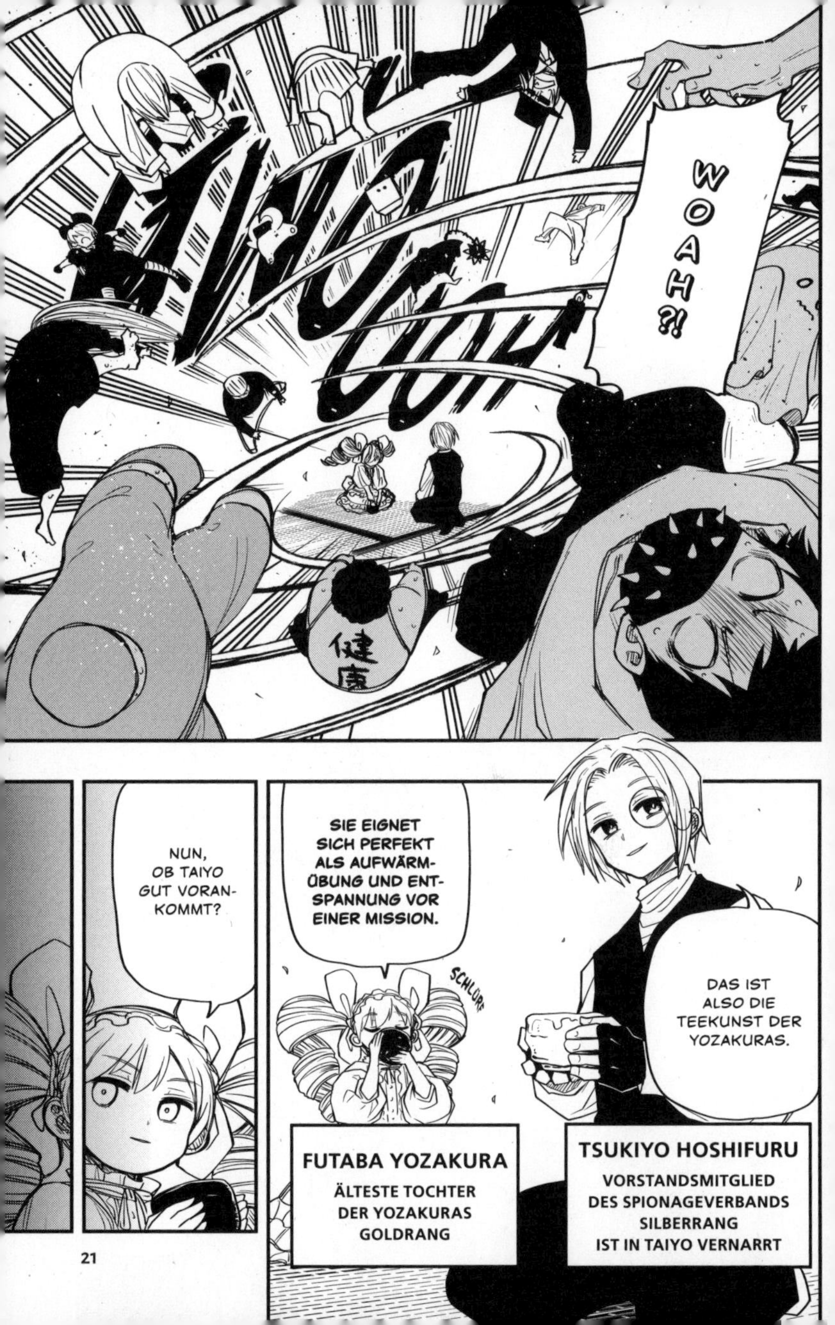
WOAH?!
健康
DAS IST ALSO DIE TEEKUNST DER YOZAKURAS.
TSUKIYO HOSHIFURU
VORSTANDSMITGLIED DES SPIONAGEVERBANDS SILBERRANG IST IN TAIYO VERNARRT
SCHLÜRF
SIE EIGNET SICH PERFEKT ALS AUFWÄRM-ÜBUNG UND ENT-SPANNUNG VOR EINER MISSION.
FUTABA YOZAKURA
ÄLTESTE TOCHTER DER YOZAKURAS GOLDRANG
NUN, OB TAIYO GUT VORAN-KOMMT?

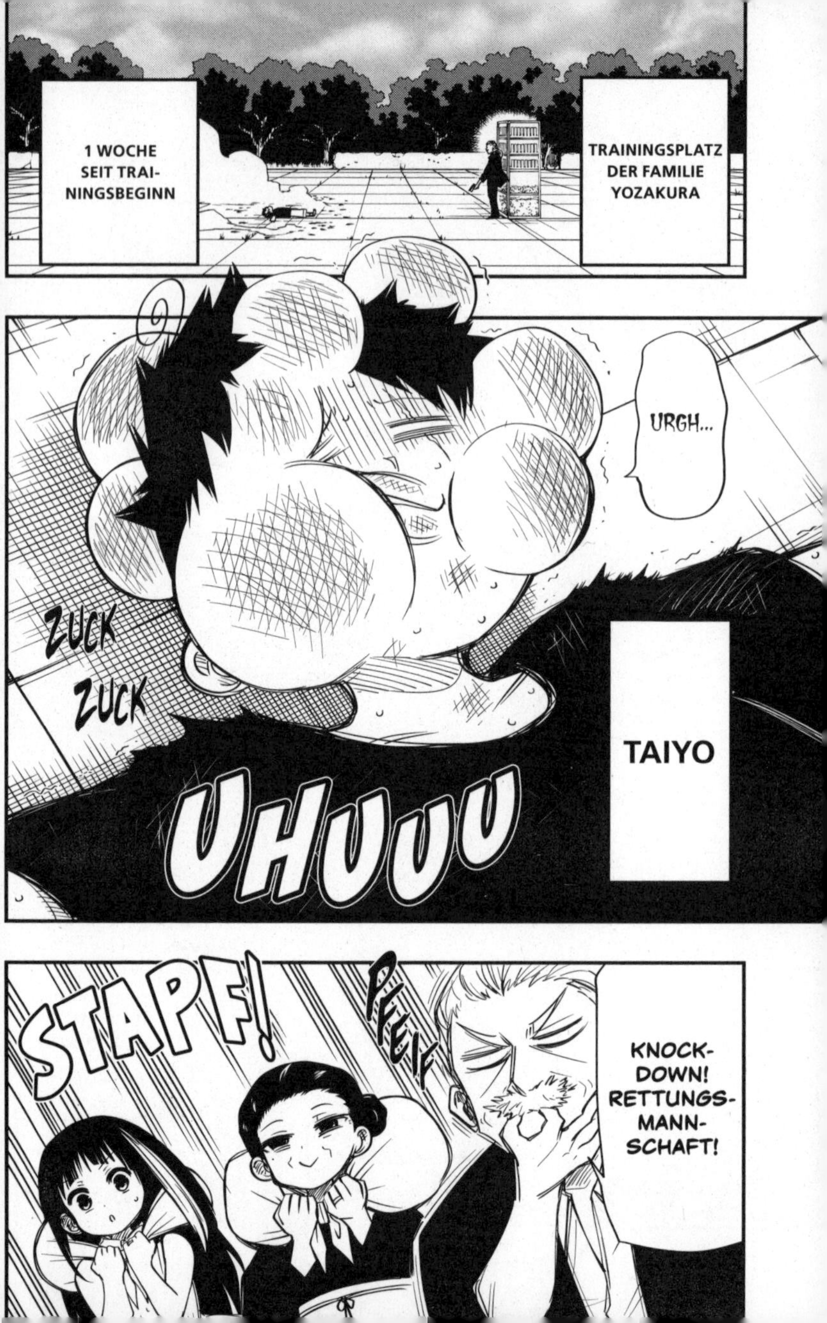
TRAININGSPLATZ DER FAMILIE YOZAKURA
1 WOCHE SEIT TRAI-NINGSBEGINN
URGH...
TAIYO
UHUUU
ZUCK
ZUCK
KNOCK-DOWN! RETTUNGS-MANN-SCHAFT!
PFEIF
STAPF!

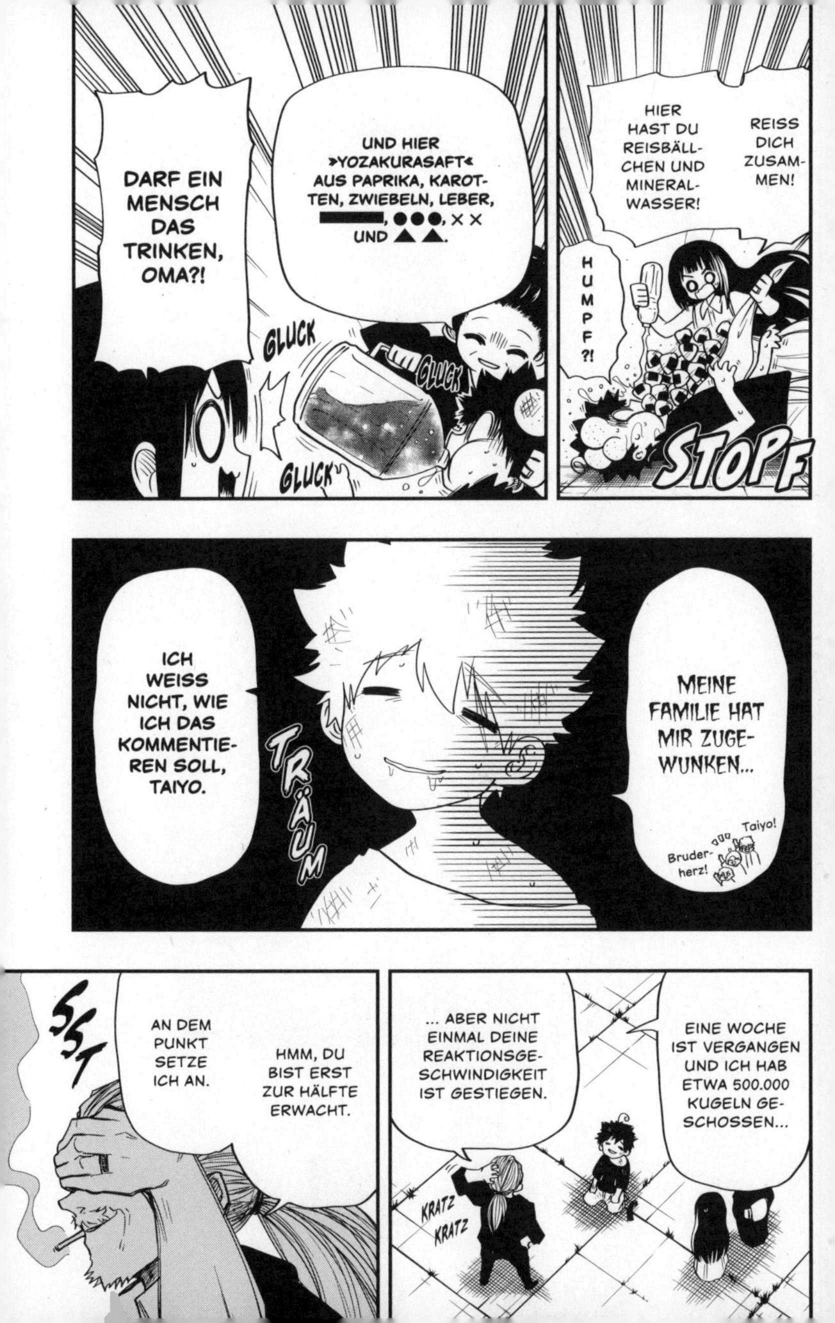
REISS DICH ZUSAMMEN!
HIER HAST DU REISBÄLLCHEN UND MINERALWASSER!
HUMPF?!
STOPF
UND HIER »YOZAKURASAFT« AUS PAPRIKA, KAROTTEN, ZWIEBELN, LEBER, ▬, ●●●, ×× UND ▲▲.
GLUCK
GLUCK
GLUCK
DARF EIN MENSCH DAS TRINKEN, OMA?!
MEINE FAMILIE HAT MIR ZUGEWUNKEN...
Taiyo!
Bruderherz!
TRÄUM
ICH WEISS NICHT, WIE ICH DAS KOMMENTIEREN SOLL, TAIYO.
EINE WOCHE IST VERGANGEN UND ICH HAB ETWA 500.000 KUGELN GESCHOSSEN...
... ABER NICHT EINMAL DEINE REAKTIONSGESCHWINDIGKEIT IST GESTIEGEN.
KRATZ KRATZ
HMM, DU BIST ERST ZUR HÄLFTE ERWACHT.
AN DEM PUNKT SETZE ICH AN.
SST

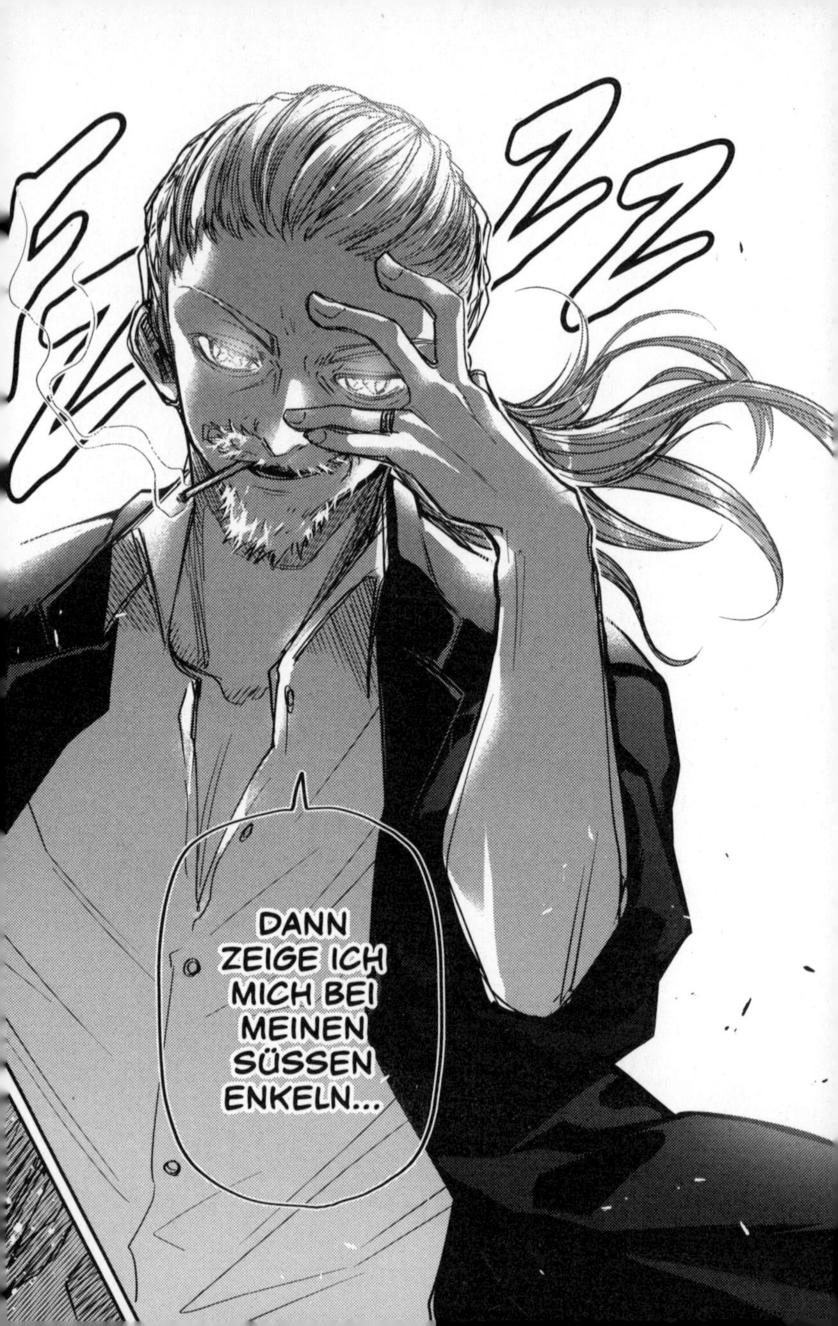
DANN ZEIGE ICH MICH BEI MEINEN SÜSSEN ENKELN...

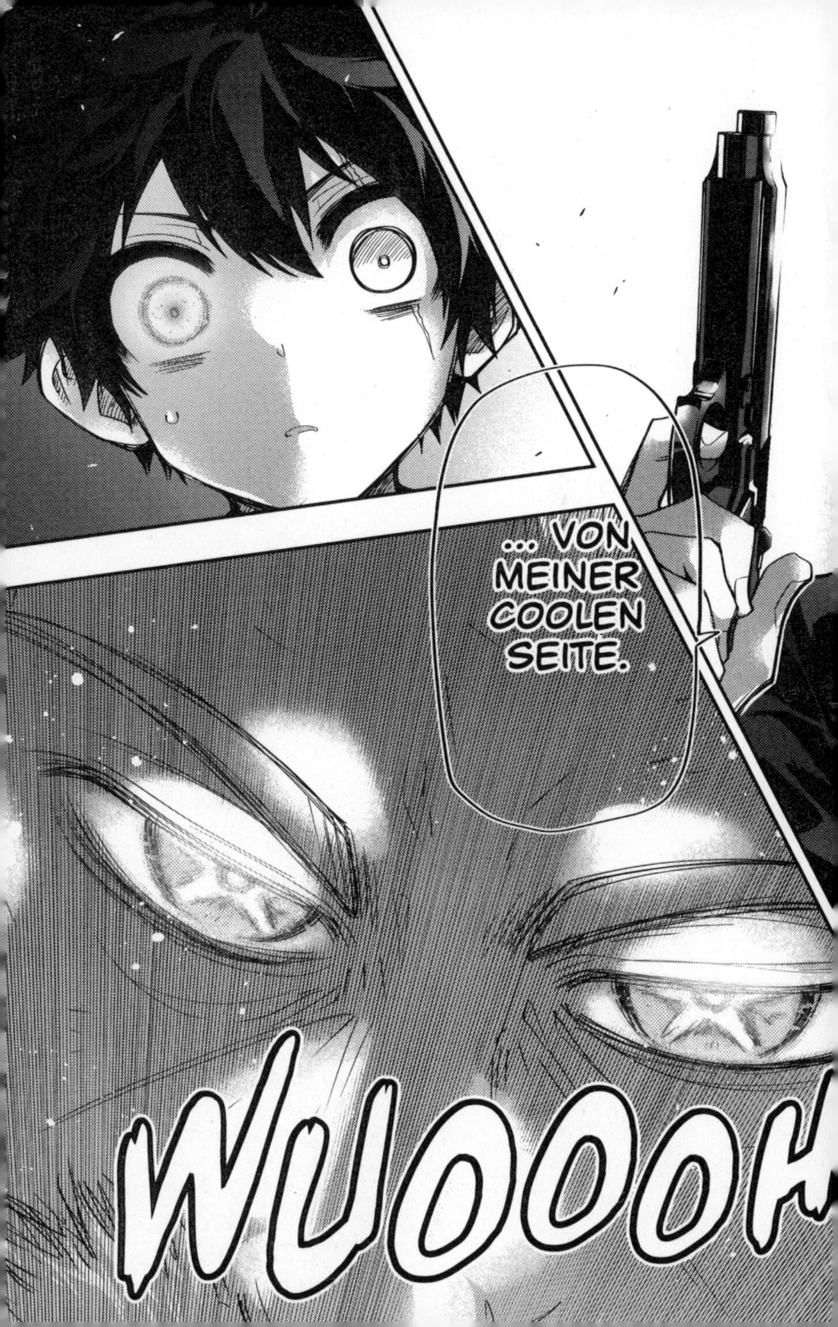
... VON MEINER COOLEN SEITE.
WUOOOH

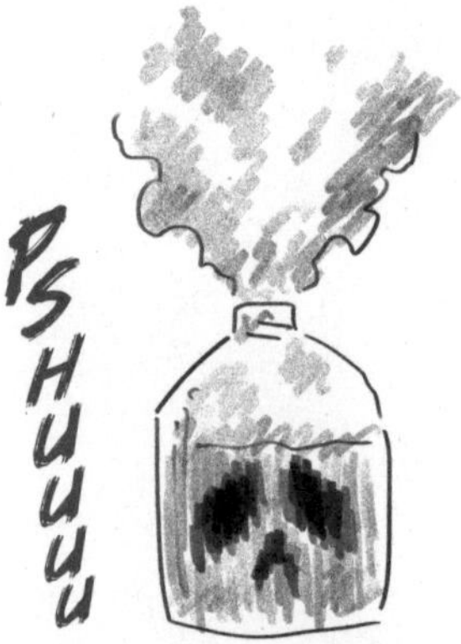

»Yozakurasaft«
Er wurde von Keiko für die Yozakurafront entwickelt. Jeder verliert auf der Stelle das Bewusstsein, wenn er ihn trinkt (abgesehen von Nanao).

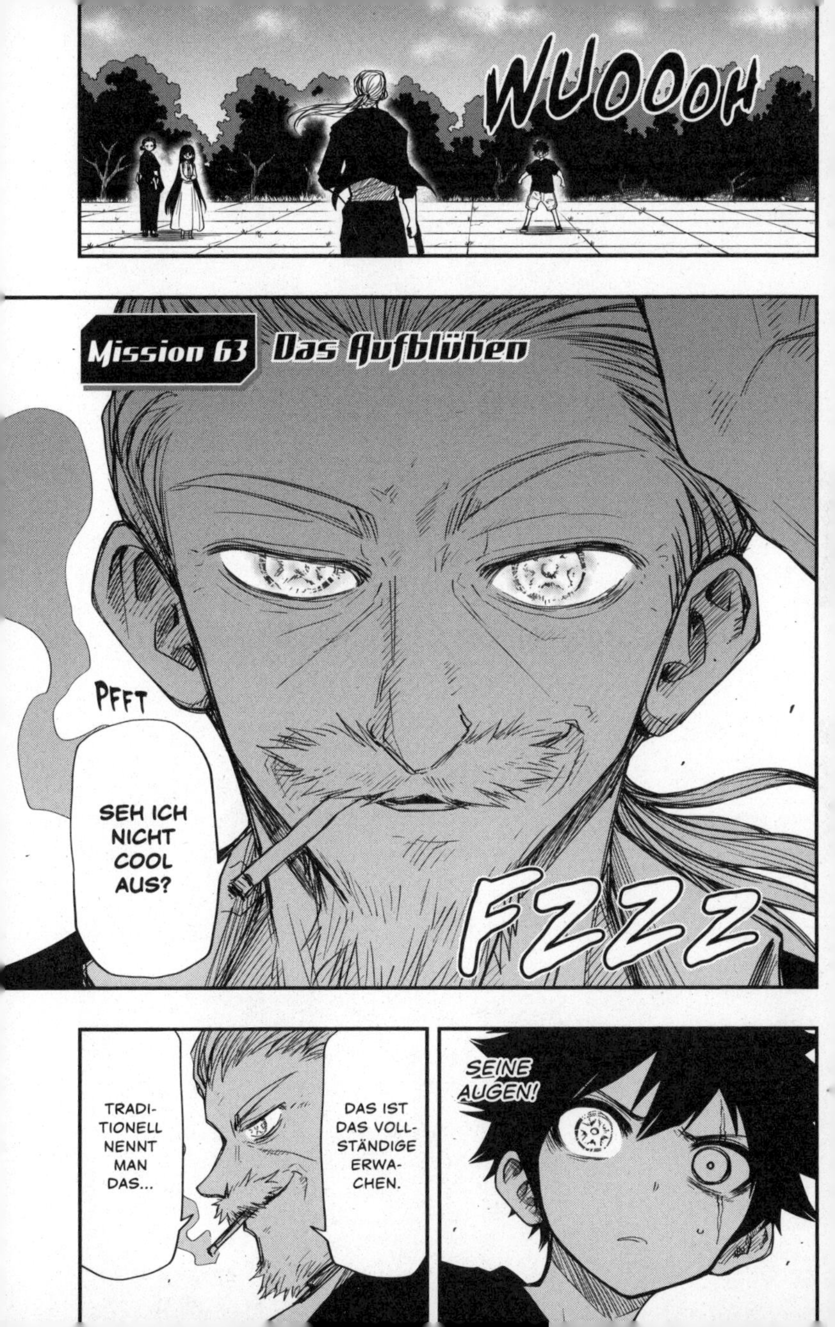
WUOOOH
Mission 63
Das Aufblühen
PFFT
SEH ICH NICHT COOL AUS?
FZZZ
SEINE AUGEN!
DAS IST DAS VOLL-STÄNDIGE ERWA-CHEN.
TRADI-TIONELL NENNT MAN DAS...

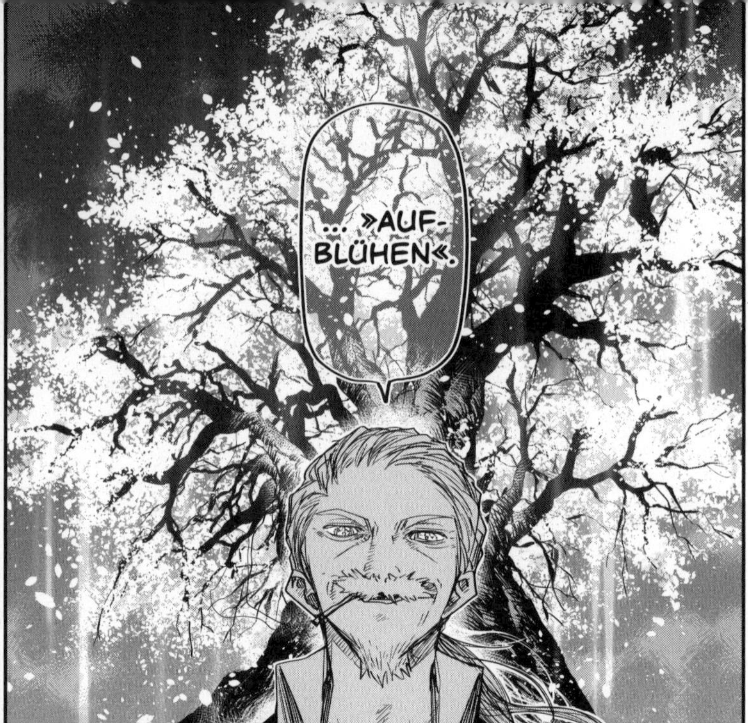
... »AUF-
BLÜHEN«.

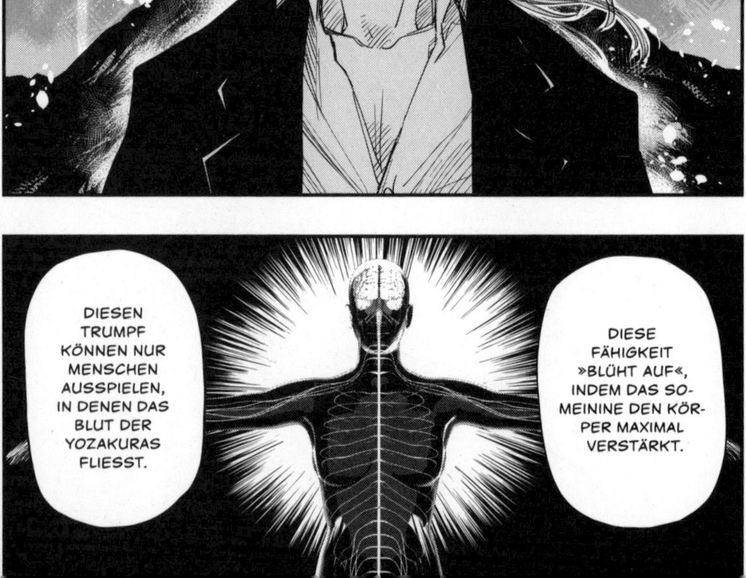
DIESE FÄHIGKEIT »BLÜHT AUF«, INDEM DAS SO-MEININE DEN KÖR-PER MAXIMAL VERSTÄRKT.
DIESEN TRUMPF KÖNNEN NUR MENSCHEN AUSSPIELEN, IN DENEN DAS BLUT DER YOZAKURAS FLIESST.

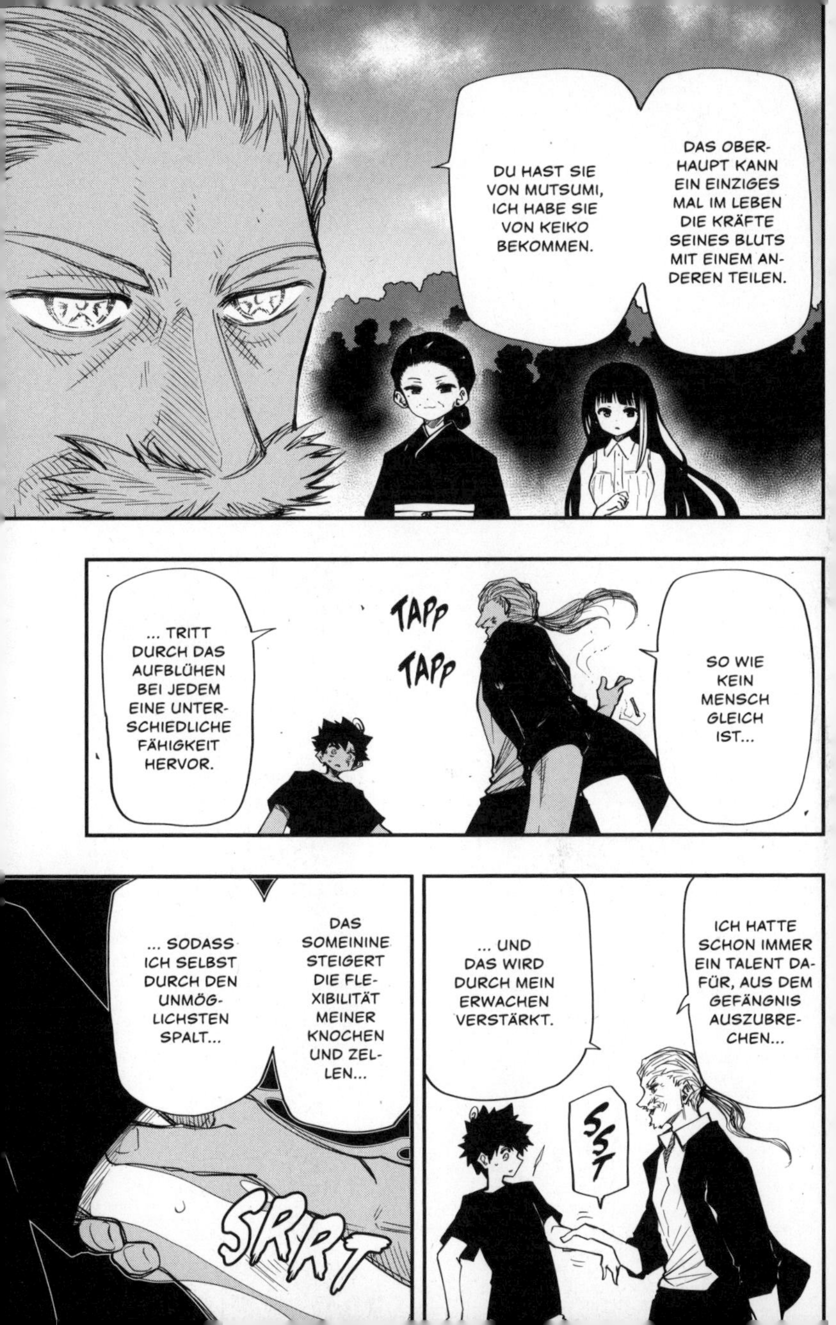
DAS OBERHAUPT KANN EIN EINZIGES MAL IM LEBEN DIE KRÄFTE SEINES BLUTS MIT EINEM ANDEREN TEILEN.
DU HAST SIE VON MUTSUMI, ICH HABE SIE VON KEIKO BEKOMMEN.
SO WIE KEIN MENSCH GLEICH IST...
TAPP TAPP
... TRITT DURCH DAS AUFBLÜHEN BEI JEDEM EINE UNTERSCHIEDLICHE FÄHIGKEIT HERVOR.
ICH HATTE SCHON IMMER EIN TALENT DAFÜR, AUS DEM GEFÄNGNIS AUSZUBRECHEN...
... UND DAS WIRD DURCH MEIN ERWACHEN VERSTÄRKT.
SST
DAS SOMEININE STEIGERT DIE FLEXIBILITÄT MEINER KNOCHEN UND ZELLEN...
... SODASS ICH SELBST DURCH DEN UNMÖGLICHSTEN SPALT...
SRRT

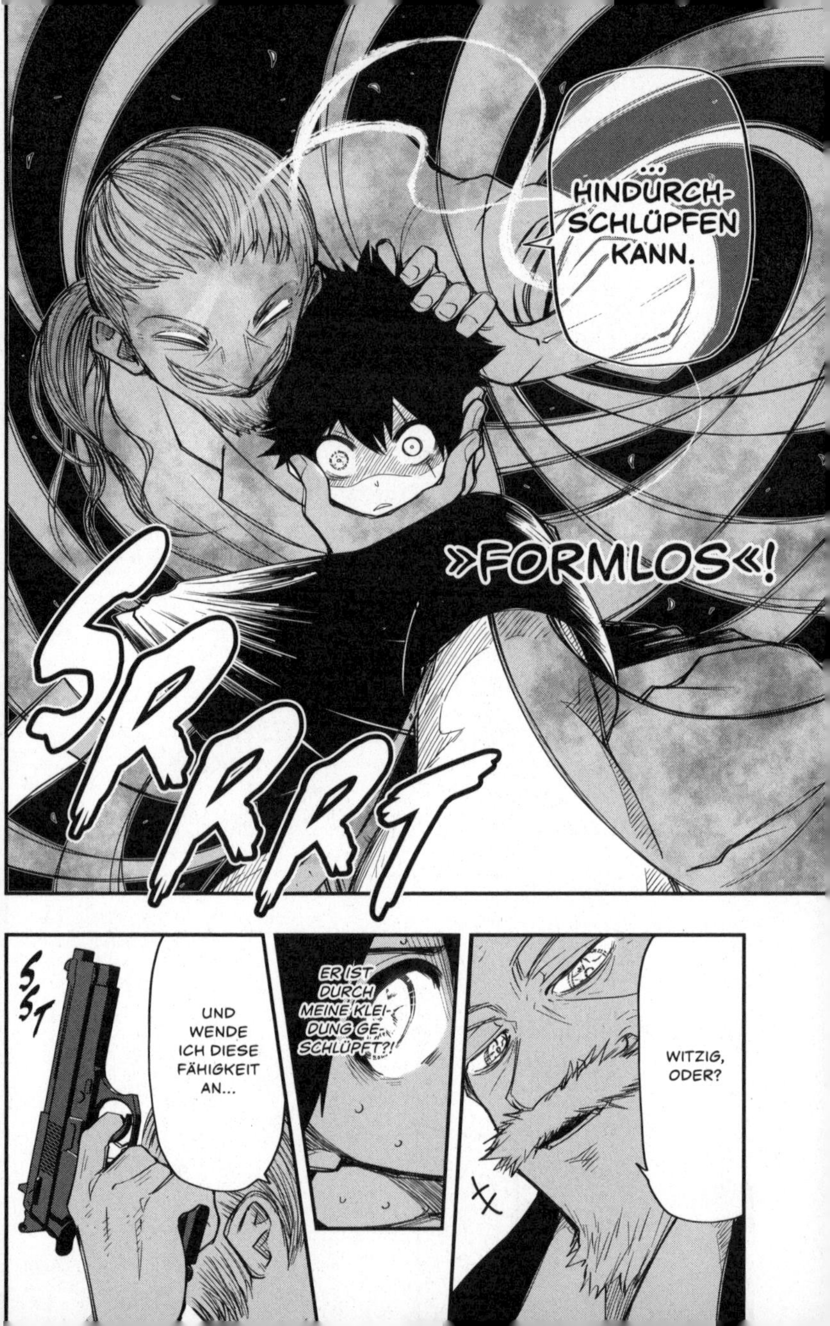
… HINDURCH-SCHLÜPFEN KANN.
»FORMLOS«!
SRRRT
WITZIG, ODER?
ER IST DURCH MEINE KLEI-DUNG GE-SCHLÜPFT?!
UND WENDE ICH DIESE FÄHIGKEIT AN…
SST

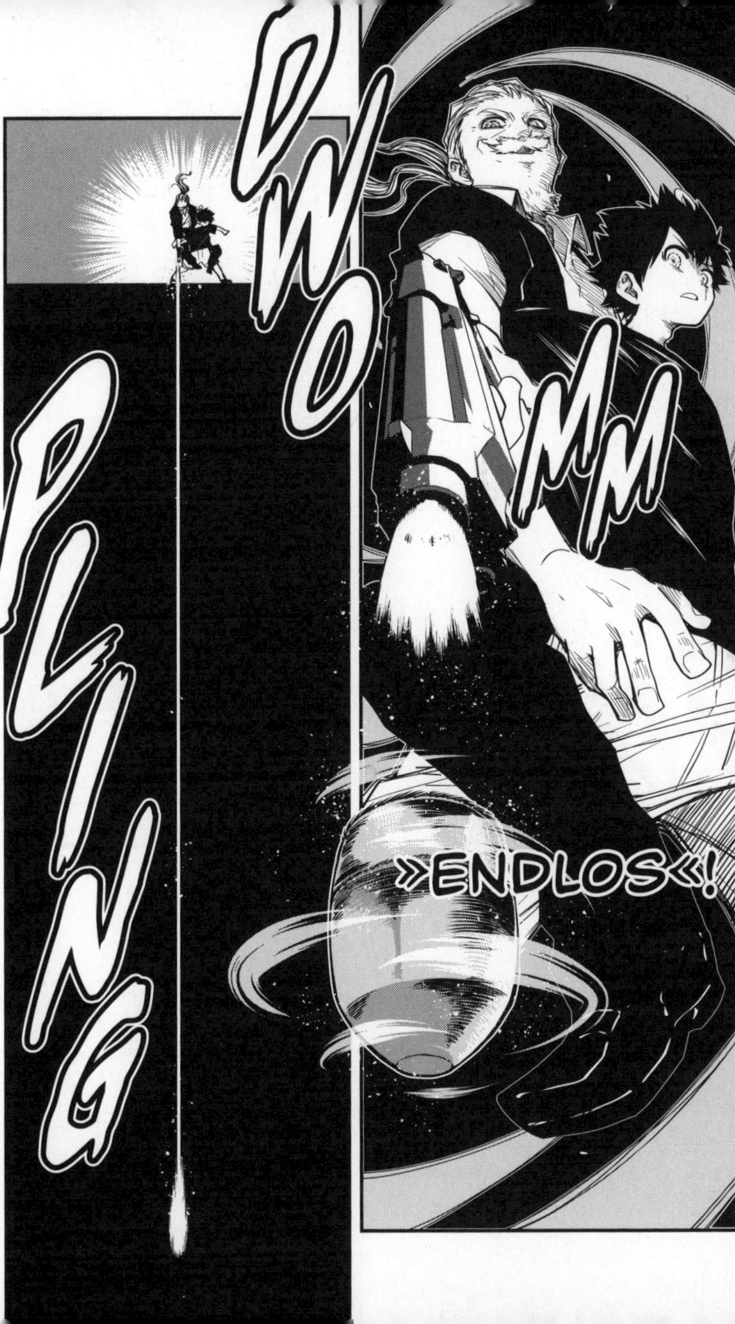
DWOMM
»ENDLOS«!
PLING

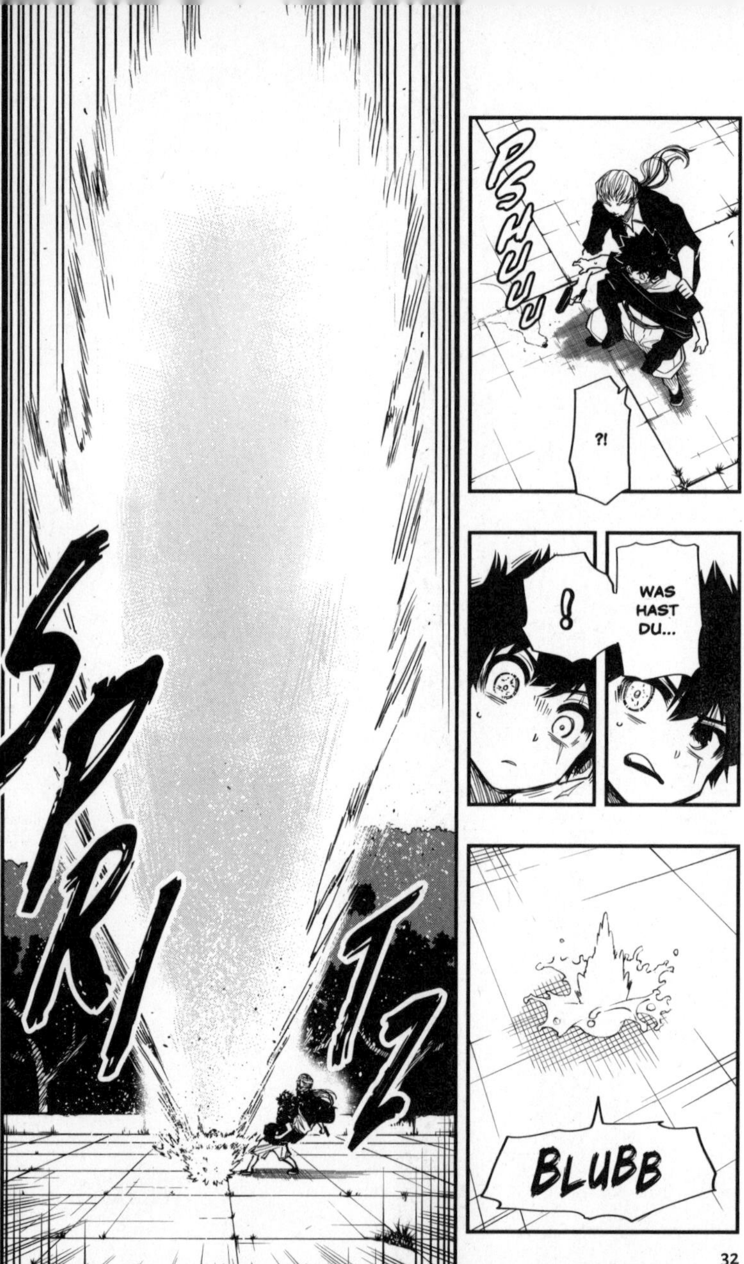
PSHUUU
?!
!
WAS HAST DU...
BLUBB
SPRITZ

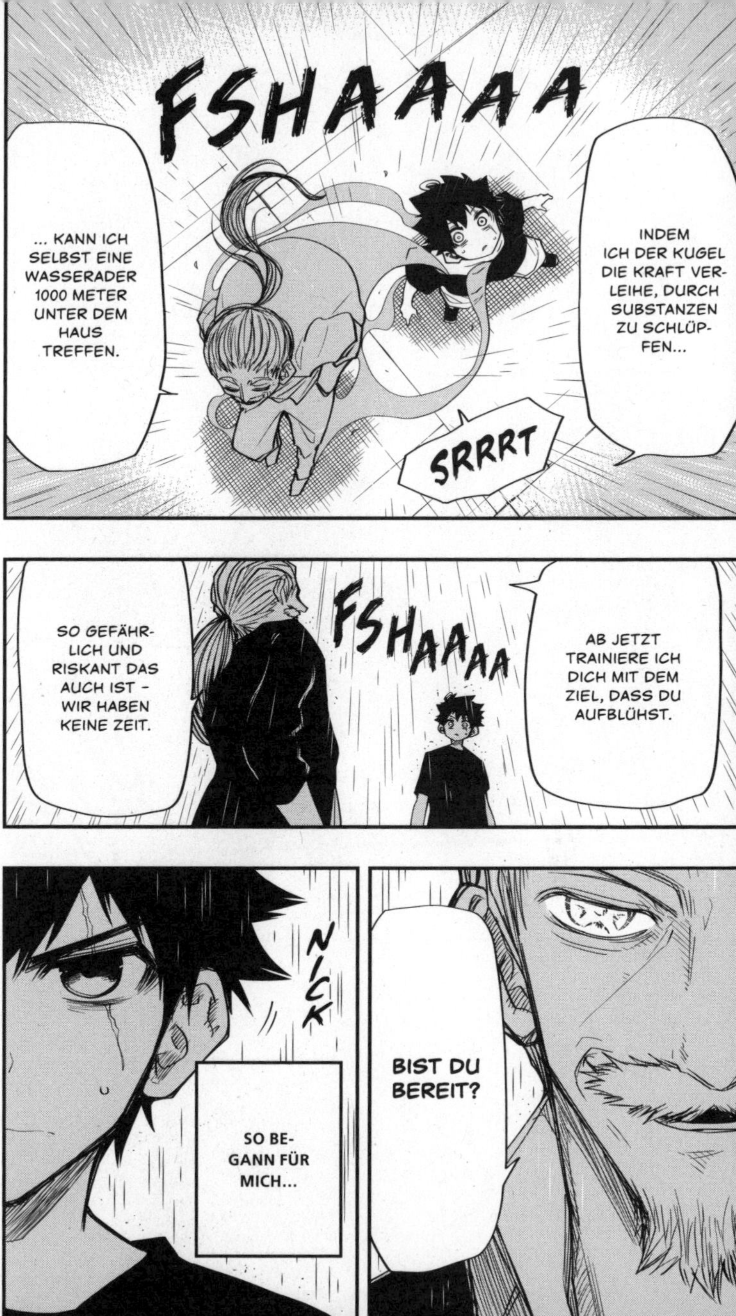
FSHAAAAA
INDEM ICH DER KUGEL DIE KRAFT VERLEIHE, DURCH SUBSTANZEN ZU SCHLÜPFEN...
... KANN ICH SELBST EINE WASSERADER 1000 METER UNTER DEM HAUS TREFFEN.
SRRRT
AB JETZT TRAINIERE ICH DICH MIT DEM ZIEL, DASS DU AUFBLÜHST.
FSHAAAAA
SO GEFÄHRLICH UND RISKANT DAS AUCH IST – WIR HABEN KEINE ZEIT.
BIST DU BEREIT?
NICK
SO BEGANN FÜR MICH...

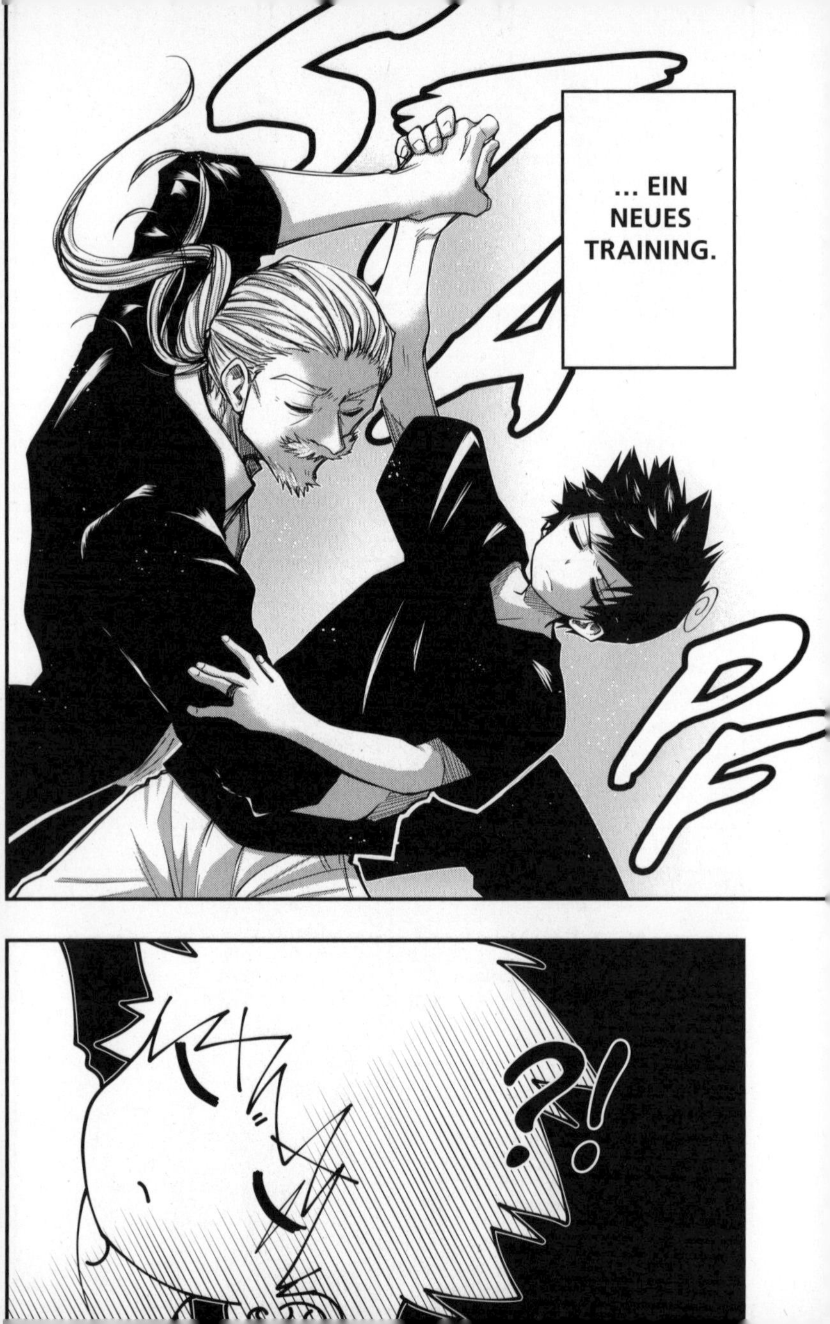
... EIN NEUES TRAINING.
?!

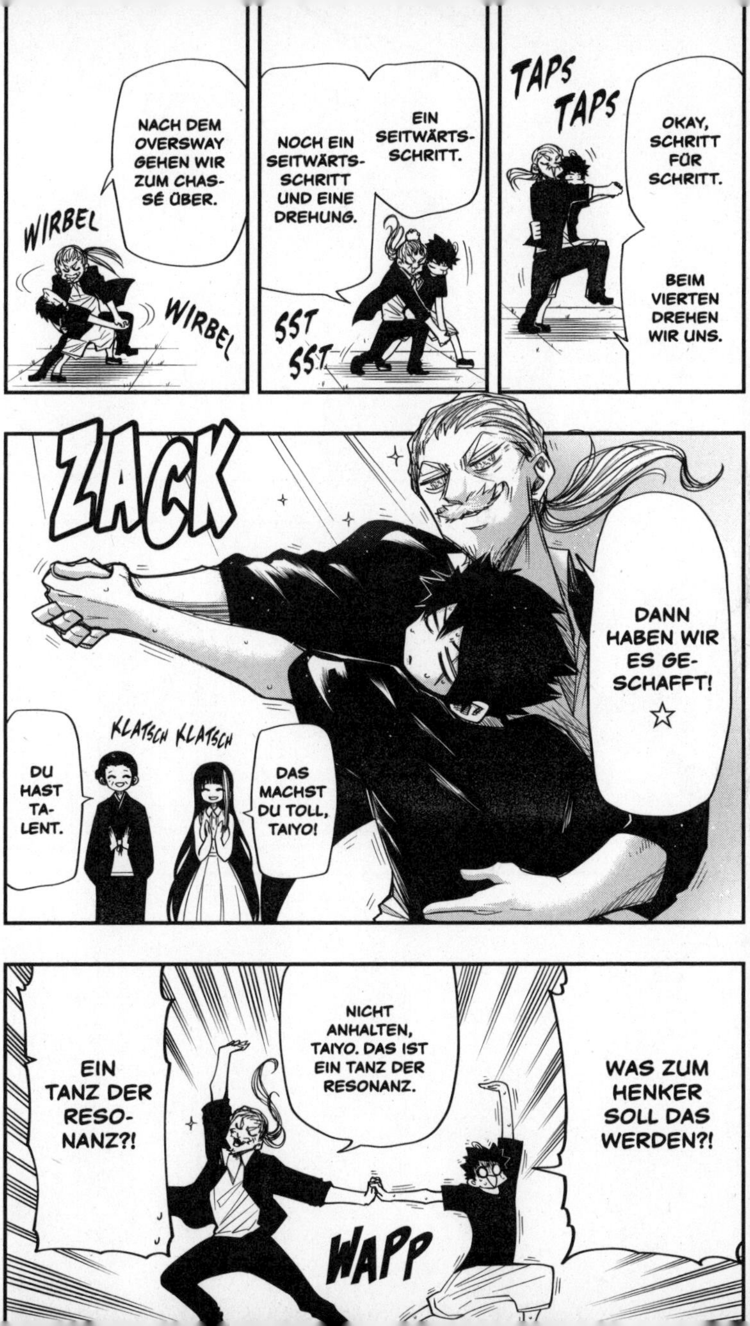
TAPS
TAPS
OKAY, SCHRITT FÜR SCHRITT.
BEIM VIERTEN DREHEN WIR UNS.
EIN SEITWÄRTSSCHRITT.
NOCH EIN SEITWÄRTSSCHRITT UND EINE DREHUNG.
SST
SST
NACH DEM OVERSWAY GEHEN WIR ZUM CHASSÉ ÜBER.
WIRBEL
WIRBEL
ZACK
DANN HABEN WIR ES GESCHAFFT! ☆
KLATSCH KLATSCH
DAS MACHST DU TOLL, TAIYO!
DU HAST TALENT.
WAS ZUM HENKER SOLL DAS WERDEN?!
NICHT ANHALTEN, TAIYO. DAS IST EIN TANZ DER RESONANZ.
EIN TANZ DER RESONANZ?!
WAPP

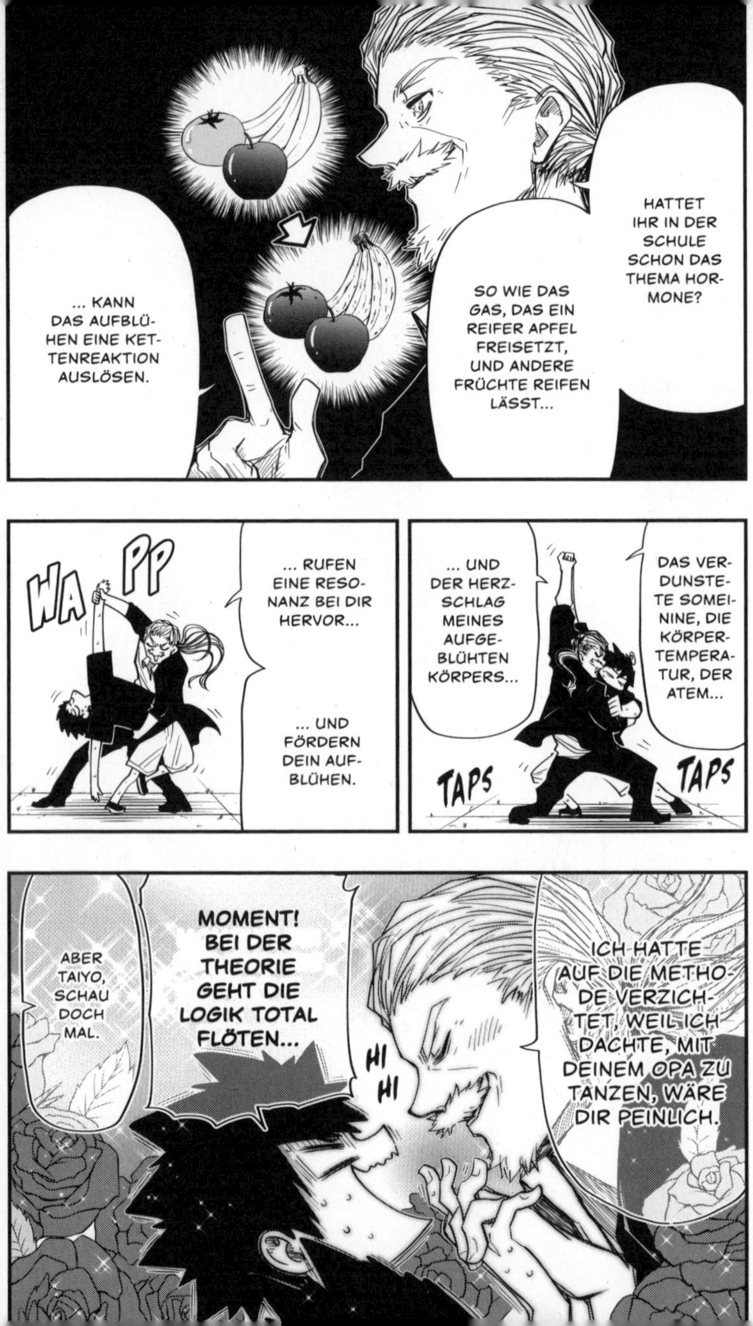
HATTET IHR IN DER SCHULE SCHON DAS THEMA HORMONE?
SO WIE DAS GAS, DAS EIN REIFER APFEL FREISETZT, UND ANDERE FRÜCHTE REIFEN LÄSST...
... KANN DAS AUFBLÜHEN EINE KETTENREAKTION AUSLÖSEN.
DAS VERDUNSTETE SOMEININE, DIE KÖRPERTEMPERATUR, DER ATEM...
... UND DER HERZSCHLAG MEINES AUFGEBLÜHTEN KÖRPERS...
TAPS
TAPS
... RUFEN EINE RESONANZ BEI DIR HERVOR...
... UND FÖRDERN DEIN AUFBLÜHEN.
WAPP
ICH HATTE AUF DIE METHODE VERZICHTET, WEIL ICH DACHTE, MIT DEINEM OPA ZU TANZEN, WÄRE DIR PEINLICH.
HI HI
MOMENT! BEI DER THEORIE GEHT DIE LOGIK TOTAL FLÖTEN...
ABER TAIYO, SCHAU DOCH MAL.

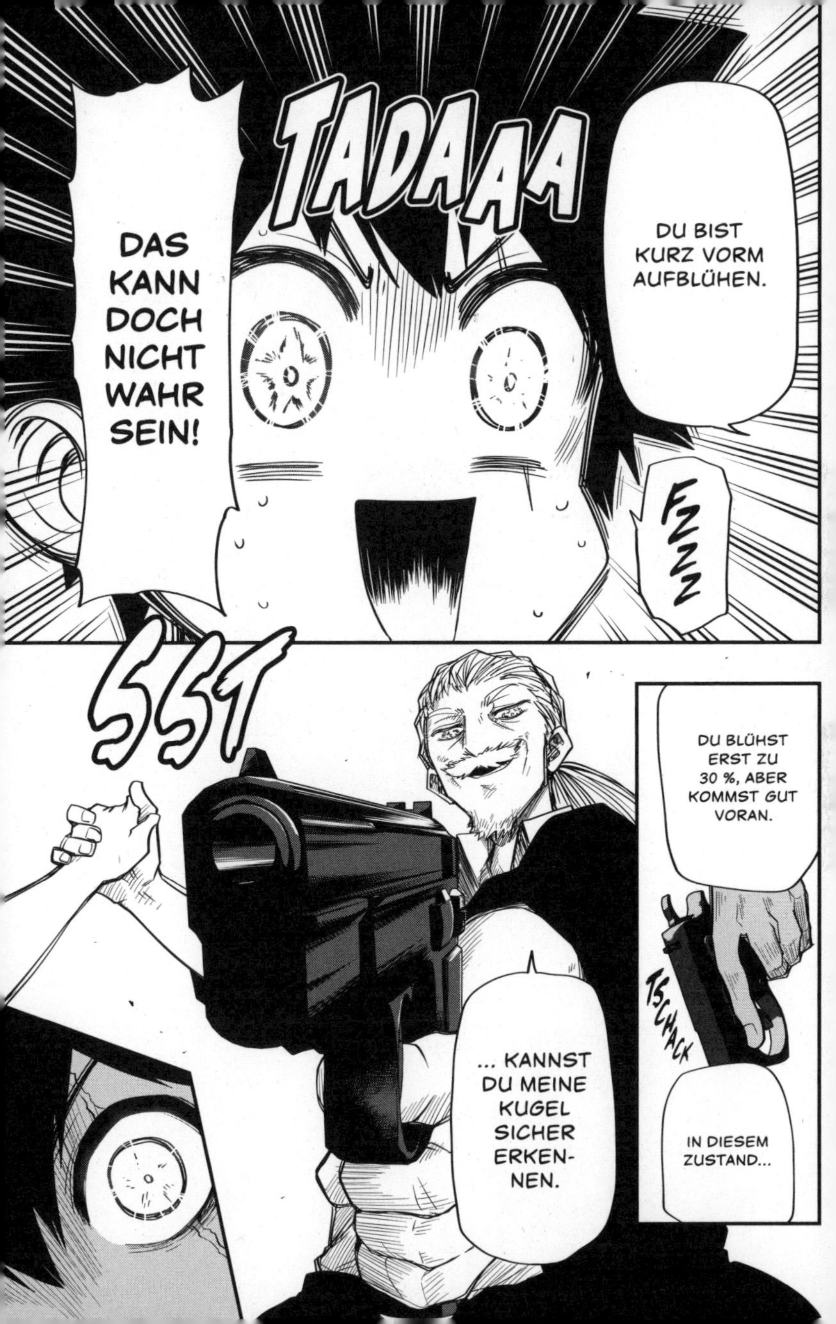
DU BIST KURZ VORM AUFBLÜHEN.
TADAAA
FZZZ
DAS KANN DOCH NICHT WAHR SEIN!
DU BLÜHST ERST ZU 30 %, ABER KOMMST GUT VORAN.
SST
TSCHACK
IN DIESEM ZUSTAND...
... KANNST DU MEINE KUGEL SICHER ERKENNEN.

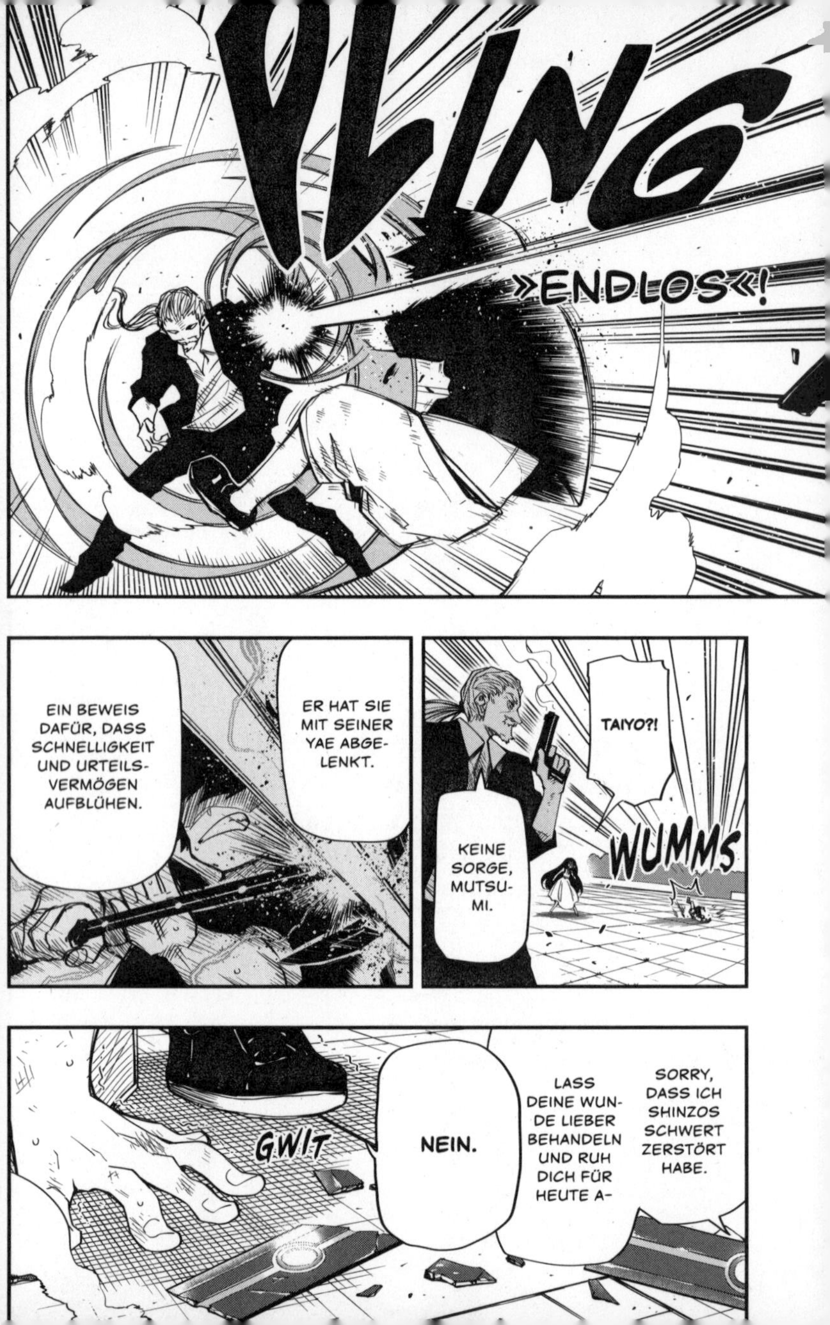
VLING
»ENDLOS«!
TAIYO?!
WUMMS
KEINE SORGE, MUTSUMI.
ER HAT SIE MIT SEINER YAE ABGELENKT.
EIN BEWEIS DAFÜR, DASS SCHNELLIGKEIT UND URTEILSVERMÖGEN AUFBLÜHEN.
SORRY, DASS ICH SHINZOS SCHWERT ZERSTÖRT HABE.
LASS DEINE WUNDE LIEBER BEHANDELN UND RUH DICH FÜR HEUTE A-
NEIN.
GWIT

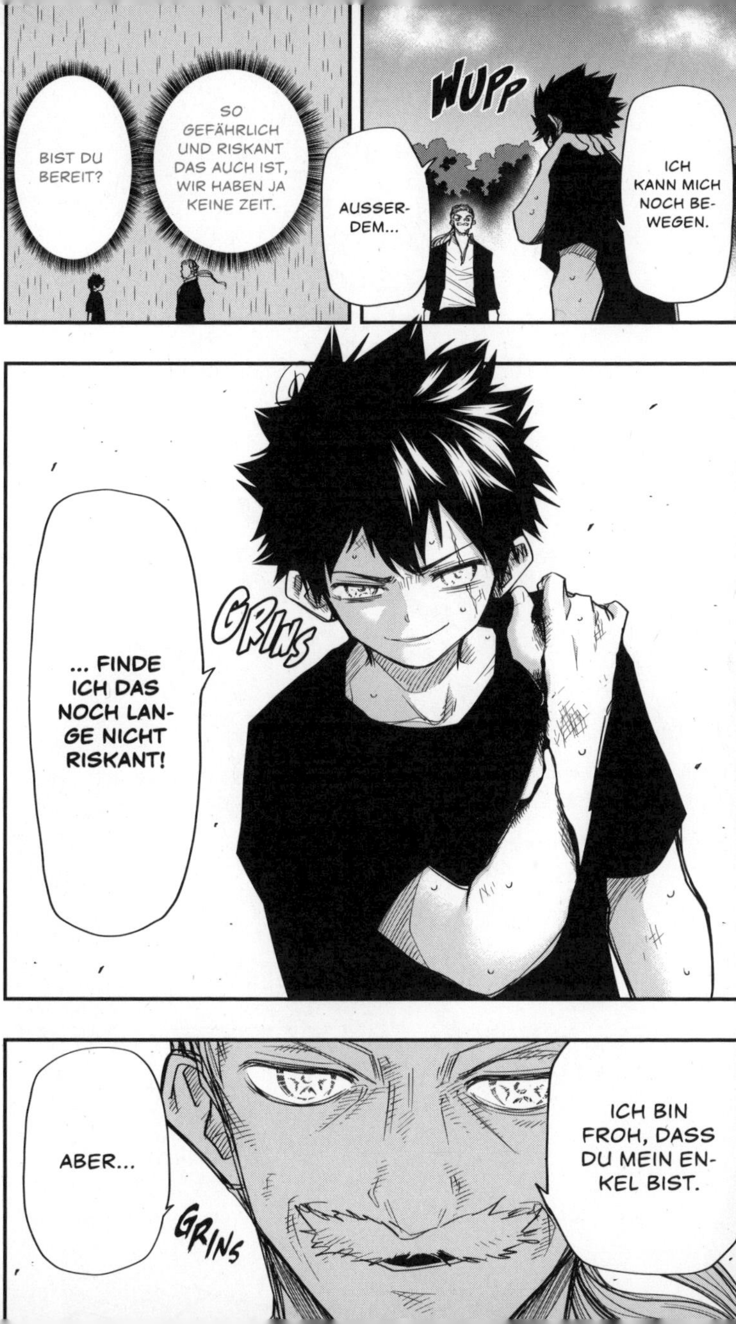
ICH KANN MICH NOCH BE-WEGEN.
WUPP
AUSSER-DEM...
SO GEFÄHRLICH UND RISKANT DAS AUCH IST, WIR HABEN JA KEINE ZEIT.
BIST DU BEREIT?
GRINS
... FINDE ICH DAS NOCH LAN-GE NICHT RISKANT!
ICH BIN FROH, DASS DU MEIN EN-KEL BIST.
GRINS
ABER...

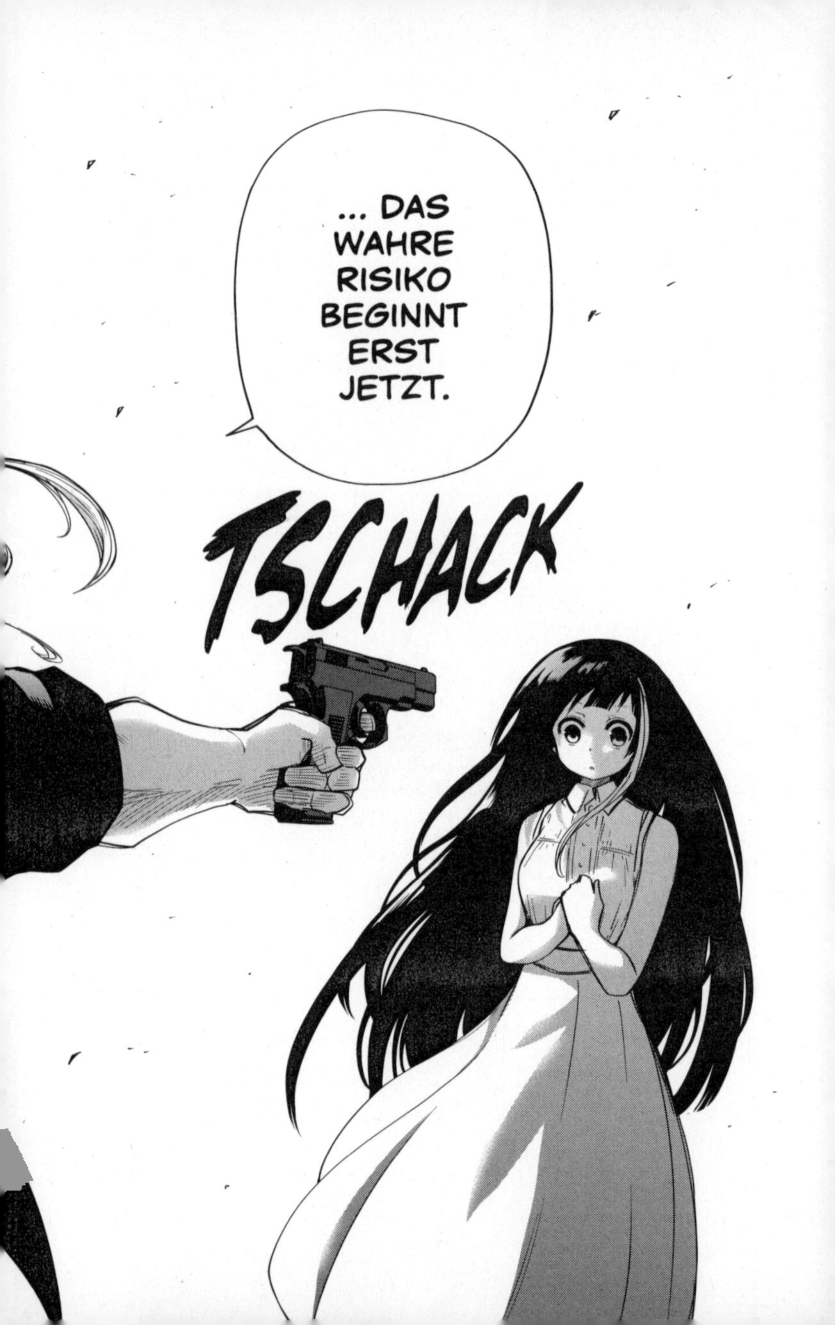
... DAS WAHRE RISIKO BEGINNT ERST JETZT.
TSCHACK

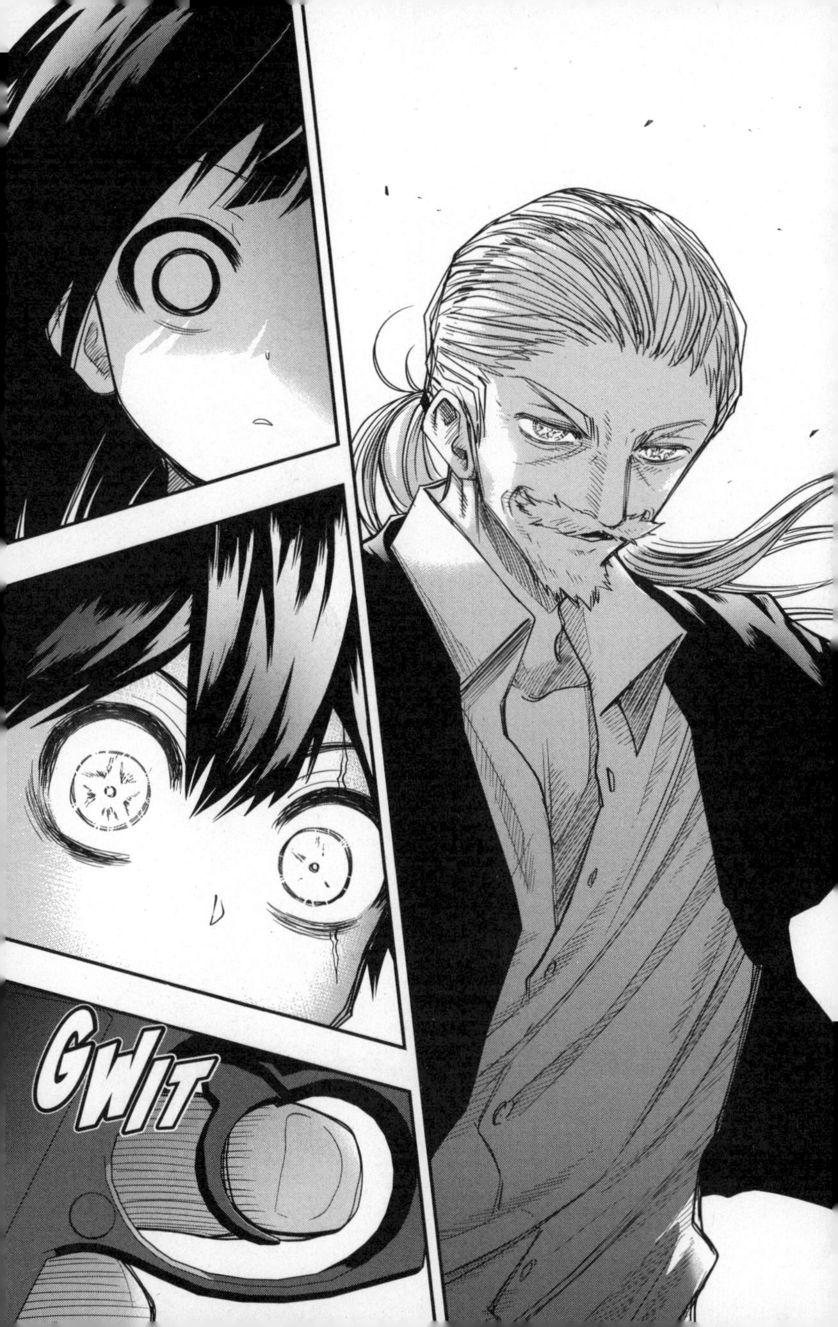
GWIT

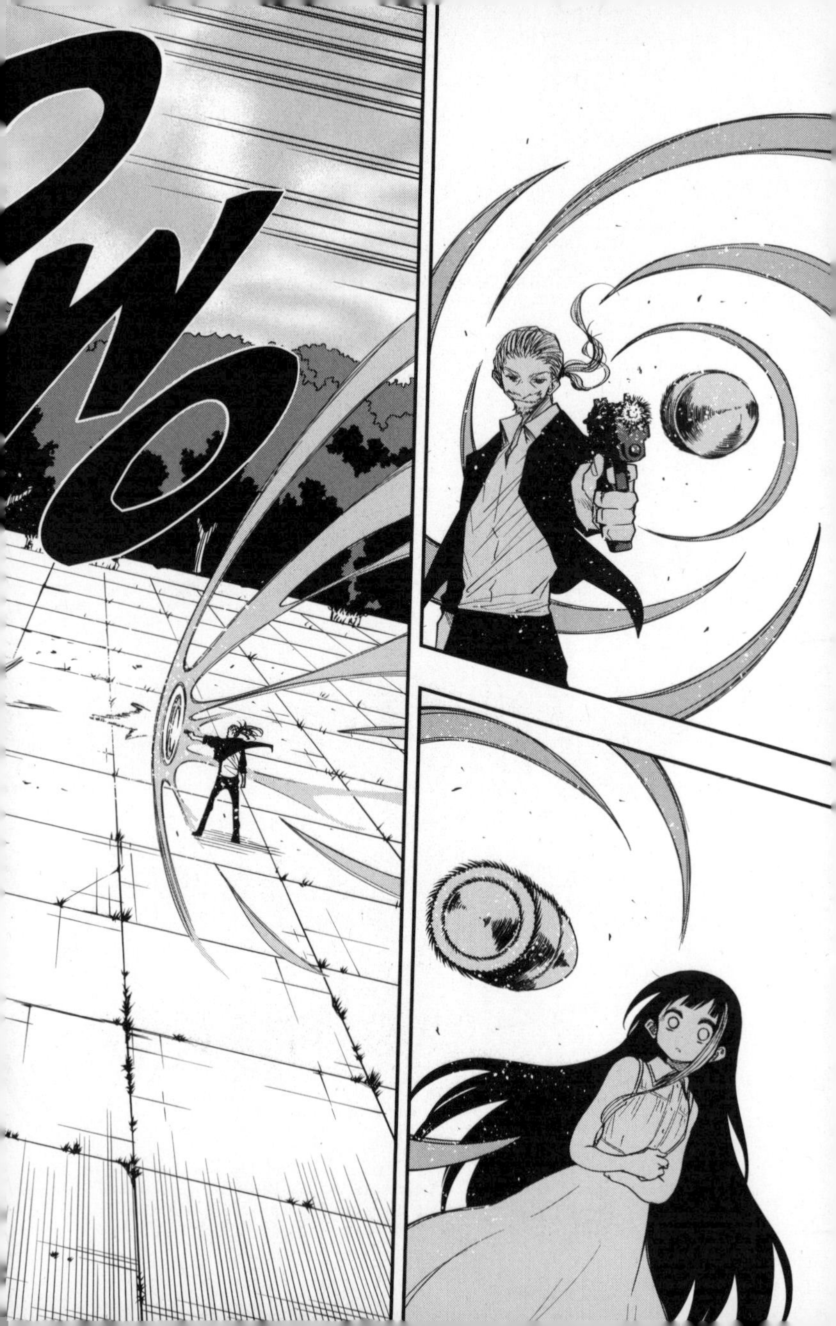

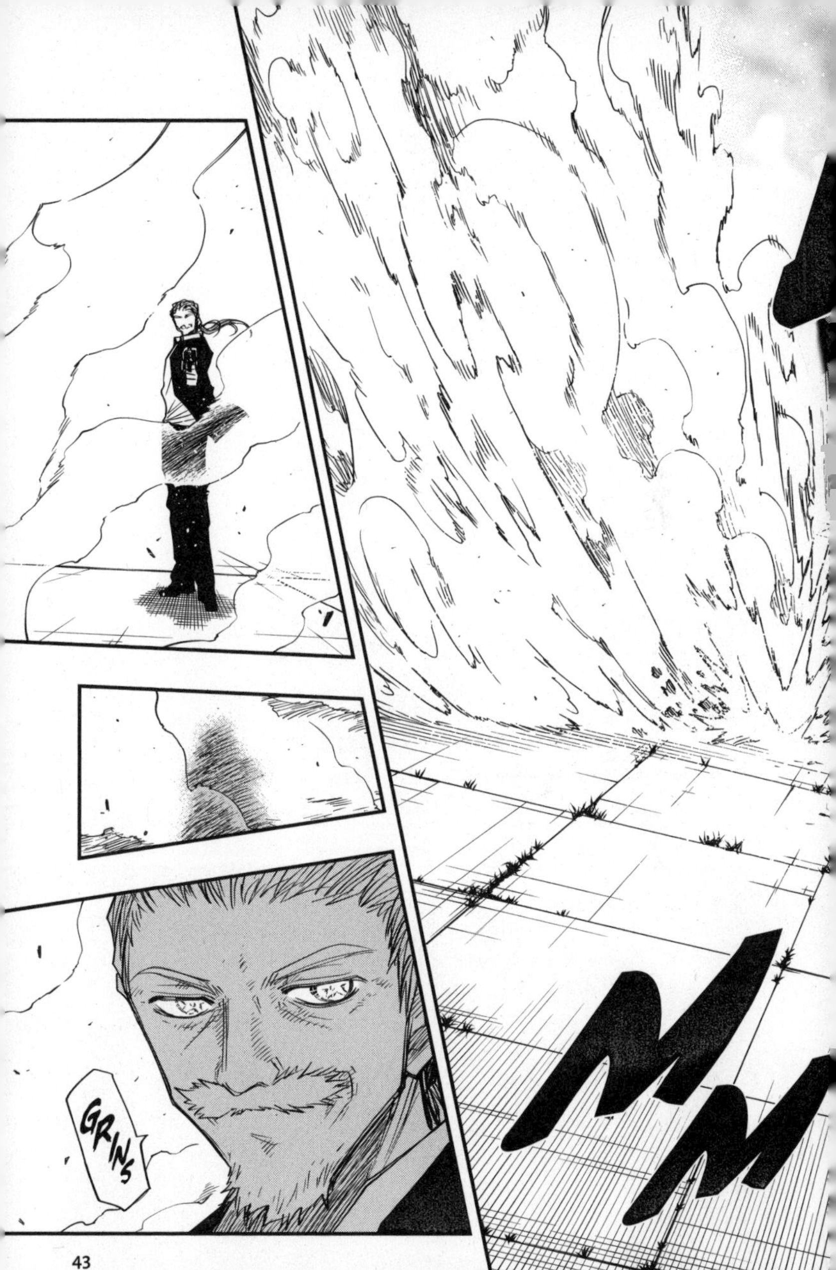
GRINS
MM

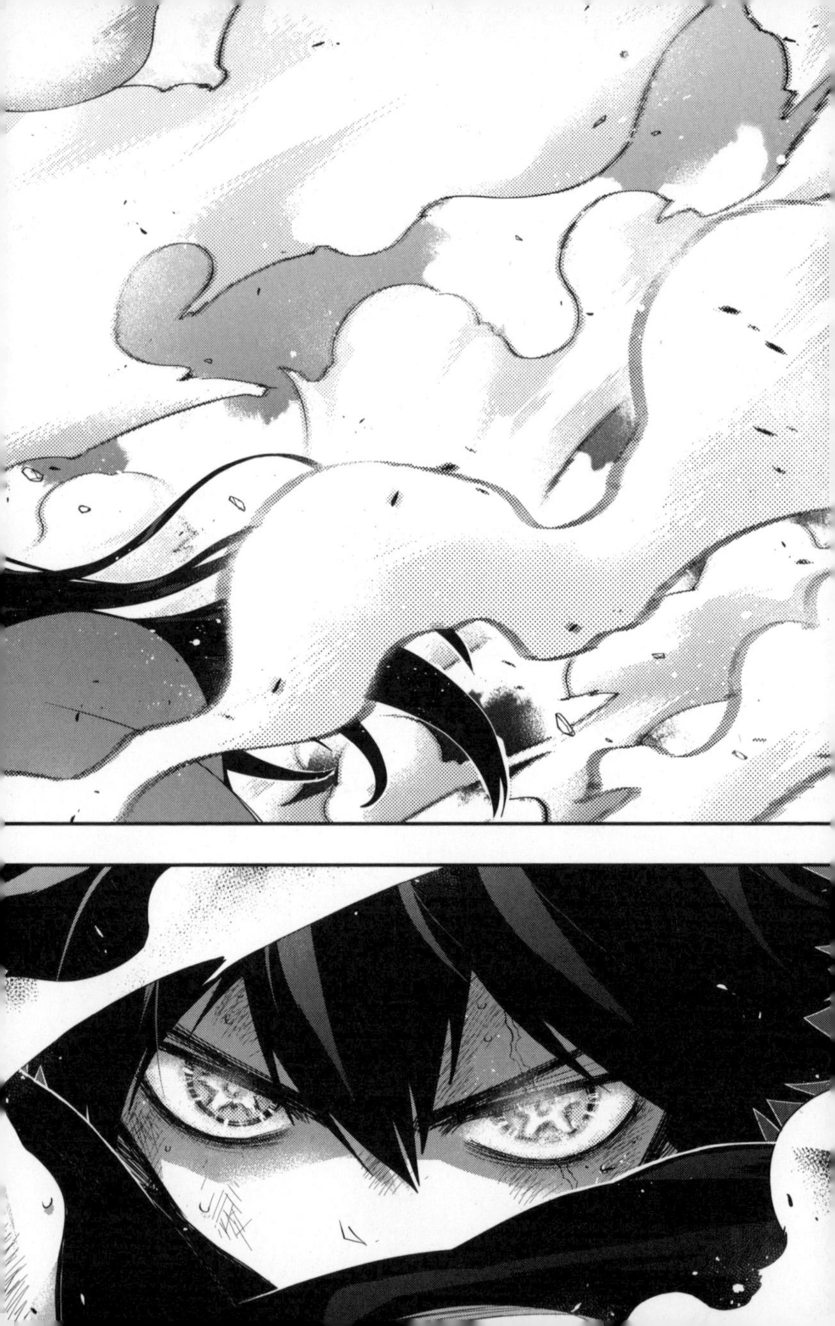

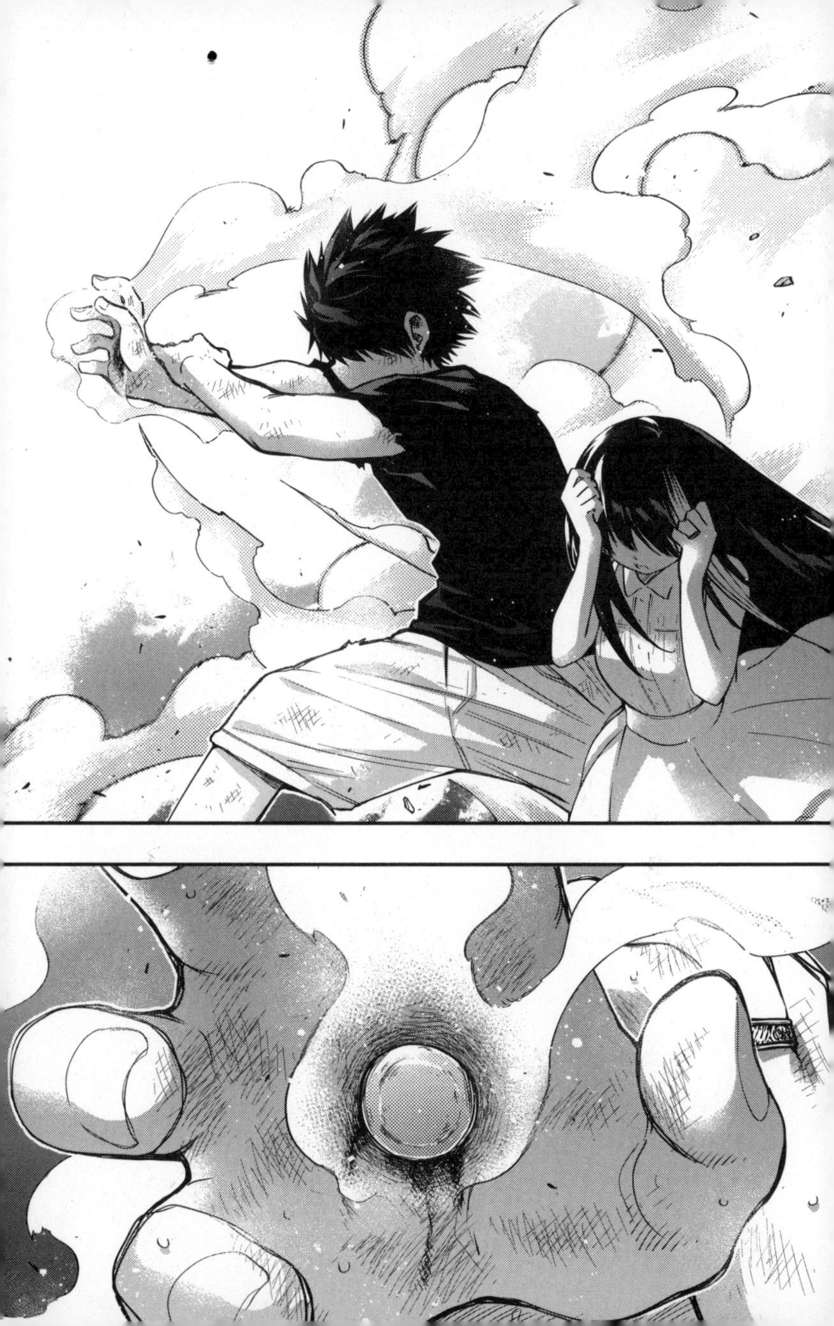

☆ Überall heiße Quellen durch Endlos

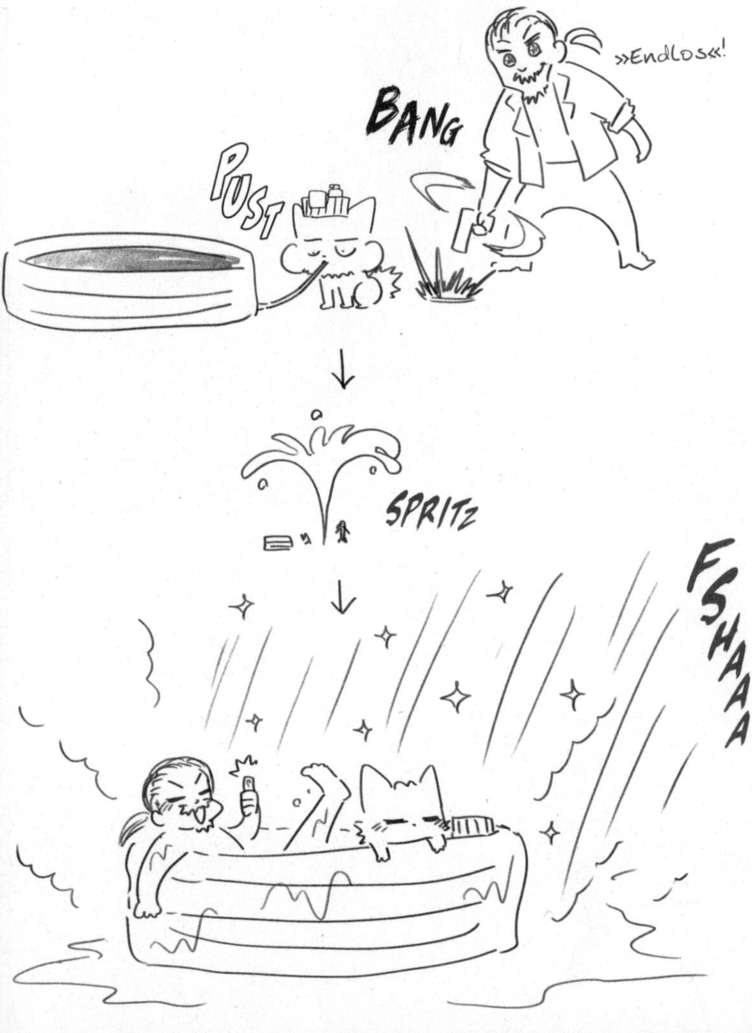

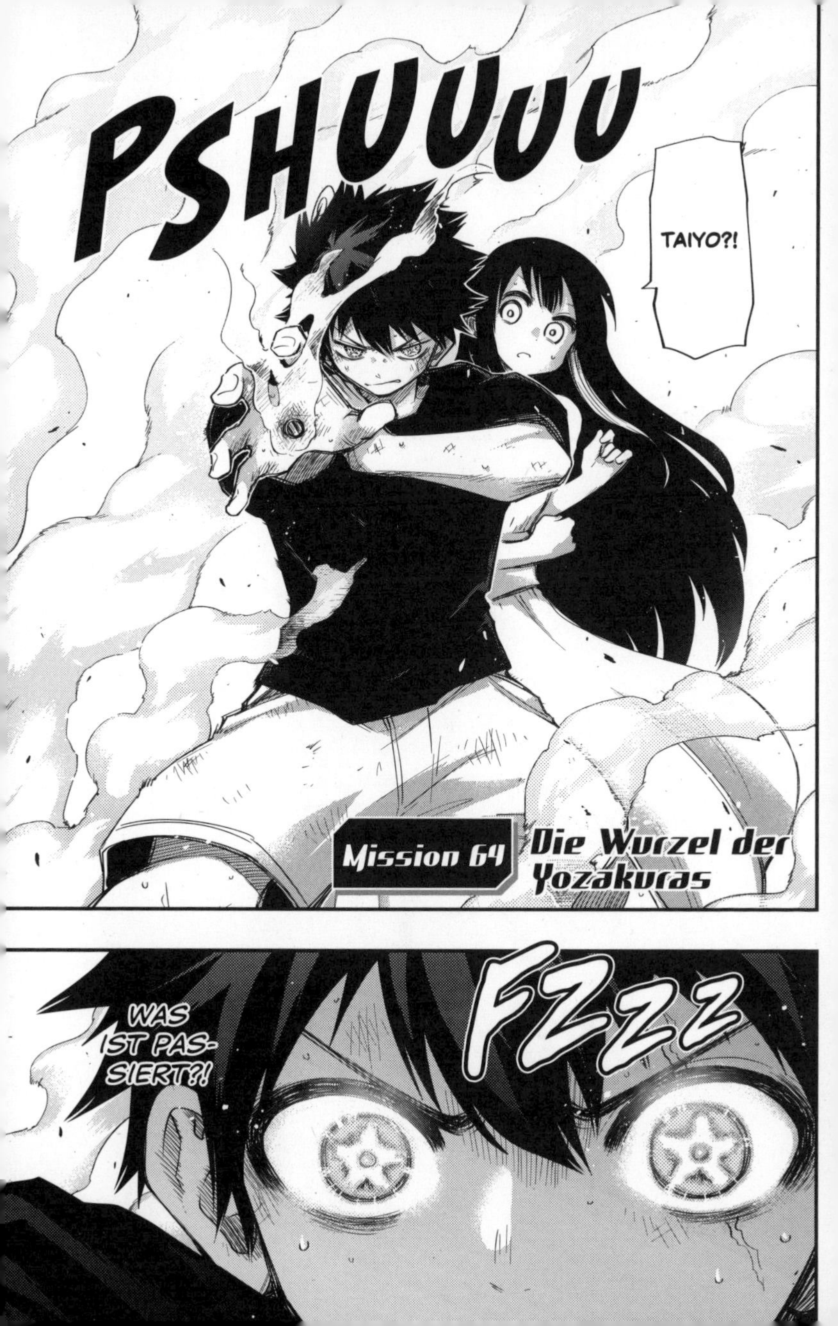
PSHUUUUU
TAIYO?!
Mission 64
Die Wurzel der Yozakuras
FZZZ
WAS IST PAS-SIERT?!

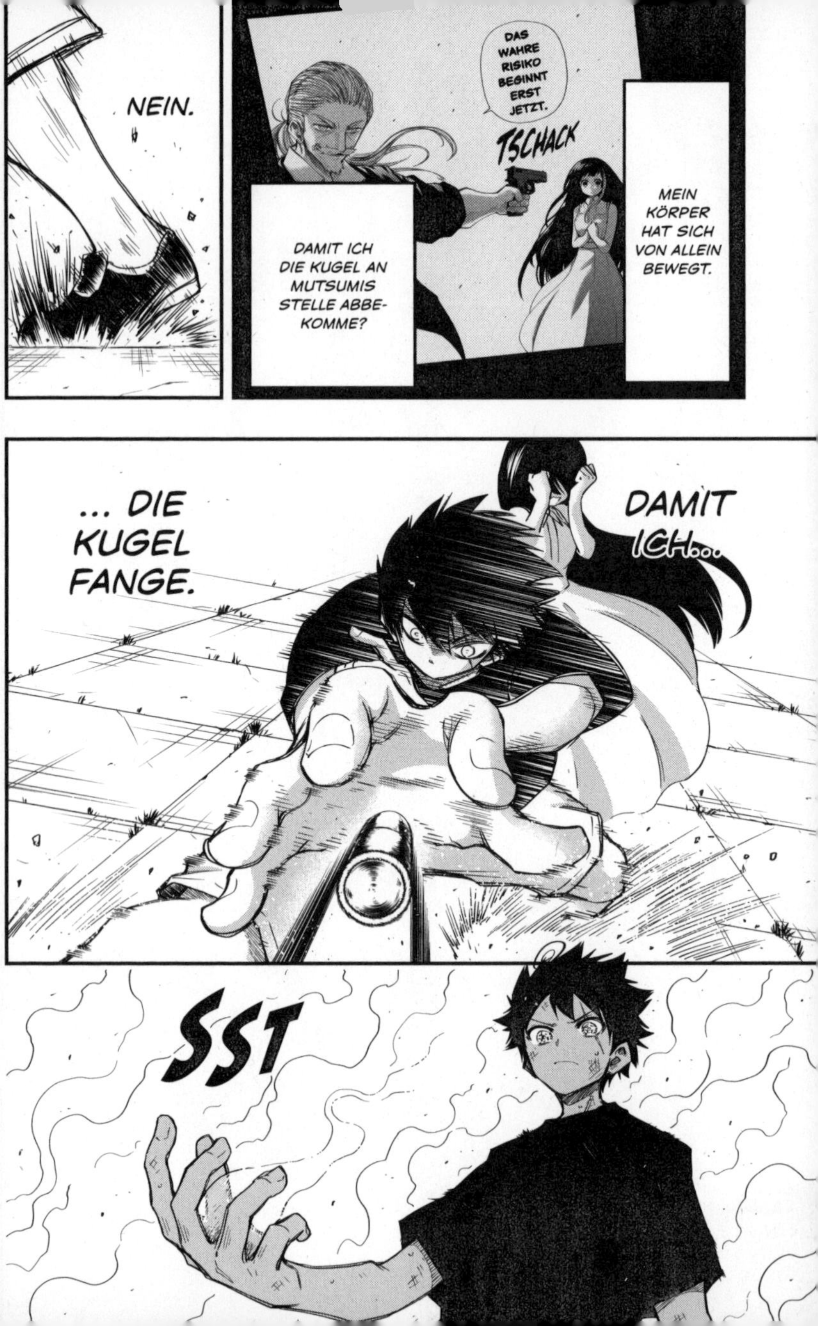
MEIN KÖRPER HAT SICH VON ALLEIN BEWEGT.
DAS WAHRE RISIKO BEGINNT ERST JETZT.
TSCHACK
DAMIT ICH DIE KUGEL AN MUTSUMIS STELLE ABBEKOMME?
NEIN.
DAMIT ICH...
... DIE KUGEL FANGE.
SST

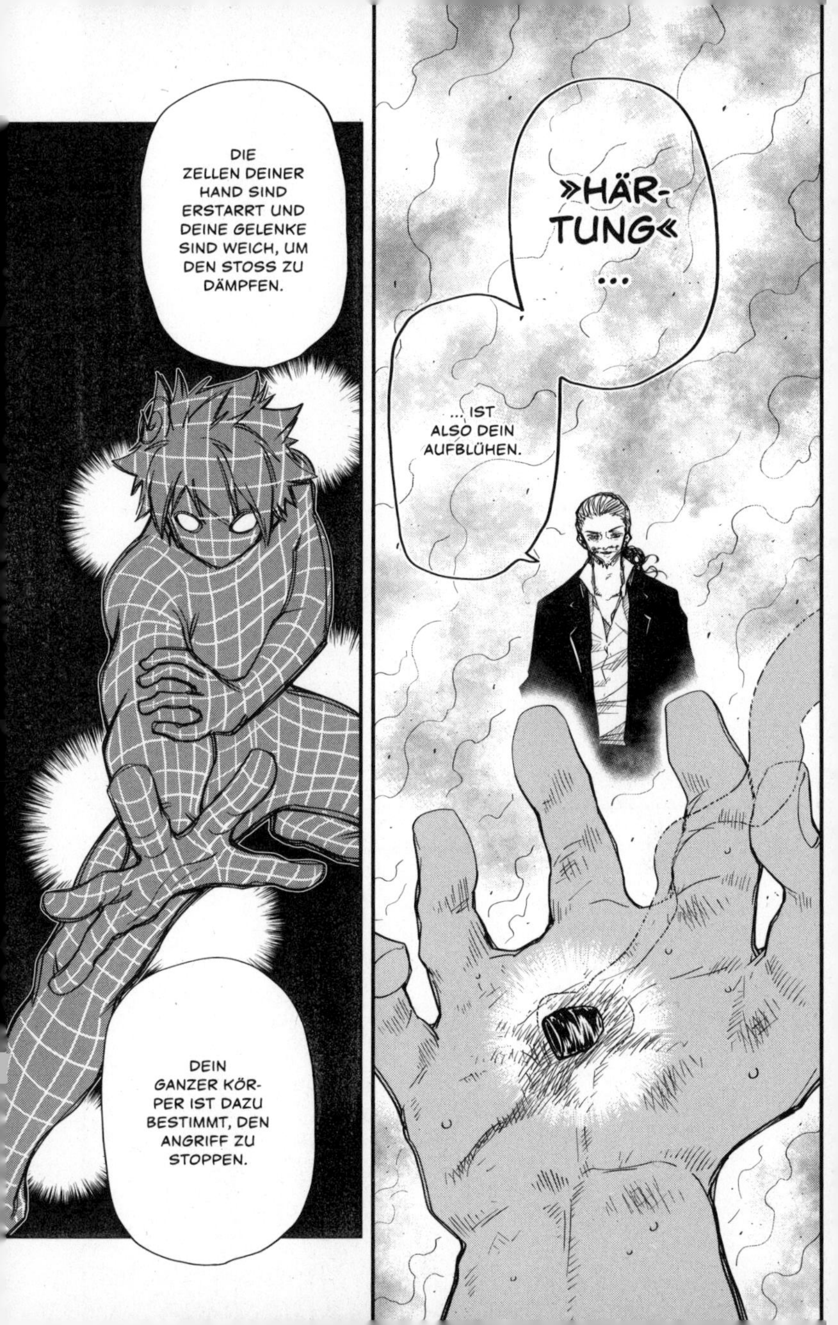
»HÄR-
TUNG«
...
... IST ALSO DEIN AUFBLÜHEN.
DIE ZELLEN DEINER HAND SIND ERSTARRT UND DEINE GELENKE SIND WEICH, UM DEN STOSS ZU DÄMPFEN.
DEIN GANZER KÖR-PER IST DAZU BESTIMMT, DEN ANGRIFF ZU STOPPEN.

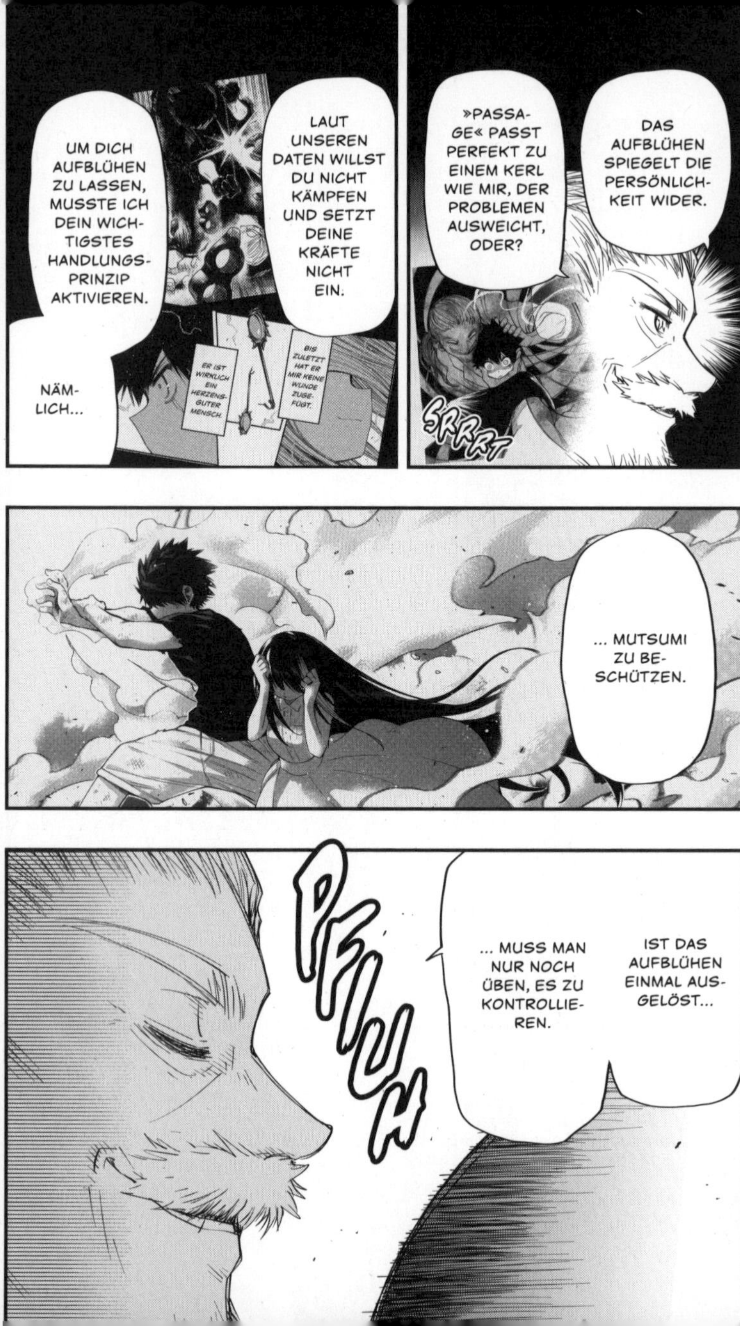
DAS AUFBLÜHEN SPIEGELT DIE PERSÖNLICHKEIT WIDER.
»PASSAGE« PASST PERFEKT ZU EINEM KERL WIE MIR, DER PROBLEMEN AUSWEICHT, ODER?
SRRRT
LAUT UNSEREN DATEN WILLST DU NICHT KÄMPFEN UND SETZT DEINE KRÄFTE NICHT EIN.
BIS ZULETZT HAT ER MIR KEINE WUNDE ZUGEFÜGT.
ER IST WIRKLICH EIN HERZENSGUTER MENSCH.
UM DICH AUFBLÜHEN ZU LASSEN, MUSSTE ICH DEIN WICHTIGSTES HANDLUNGSPRINZIP AKTIVIEREN.
NÄMLICH...
... MUTSUMI ZU BESCHÜTZEN.
IST DAS AUFBLÜHEN EINMAL AUSGELÖST...
... MUSS MAN NUR NOCH ÜBEN, ES ZU KONTROLLIEREN.
PFIUH

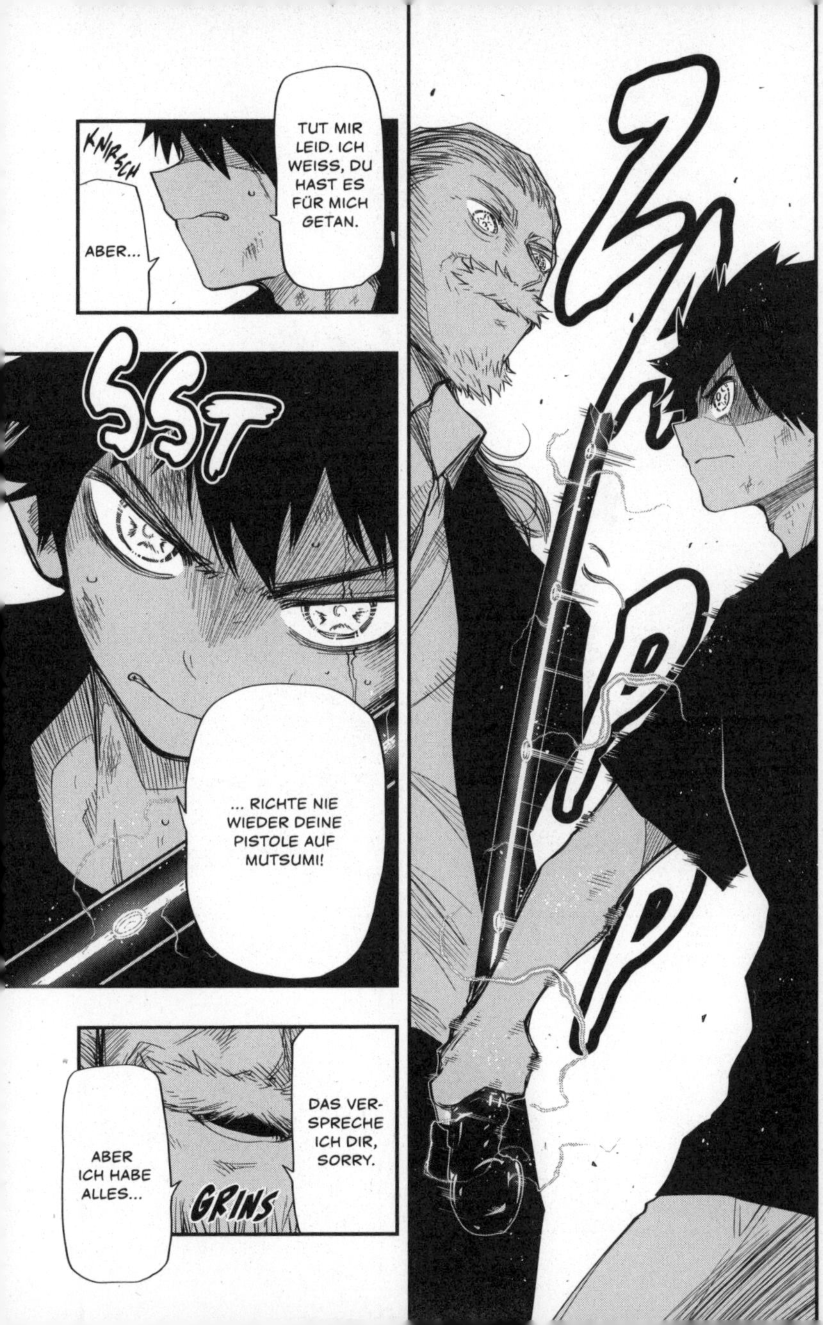
TUT MIR LEID. ICH WEISS, DU HAST ES FÜR MICH GETAN.
KNIRSCH
ABER...
SST
... RICHTE NIE WIEDER DEINE PISTOLE AUF MUTSUMI!
DAS VER-SPRECHE ICH DIR, SORRY.
GRINS
ABER ICH HABE ALLES...

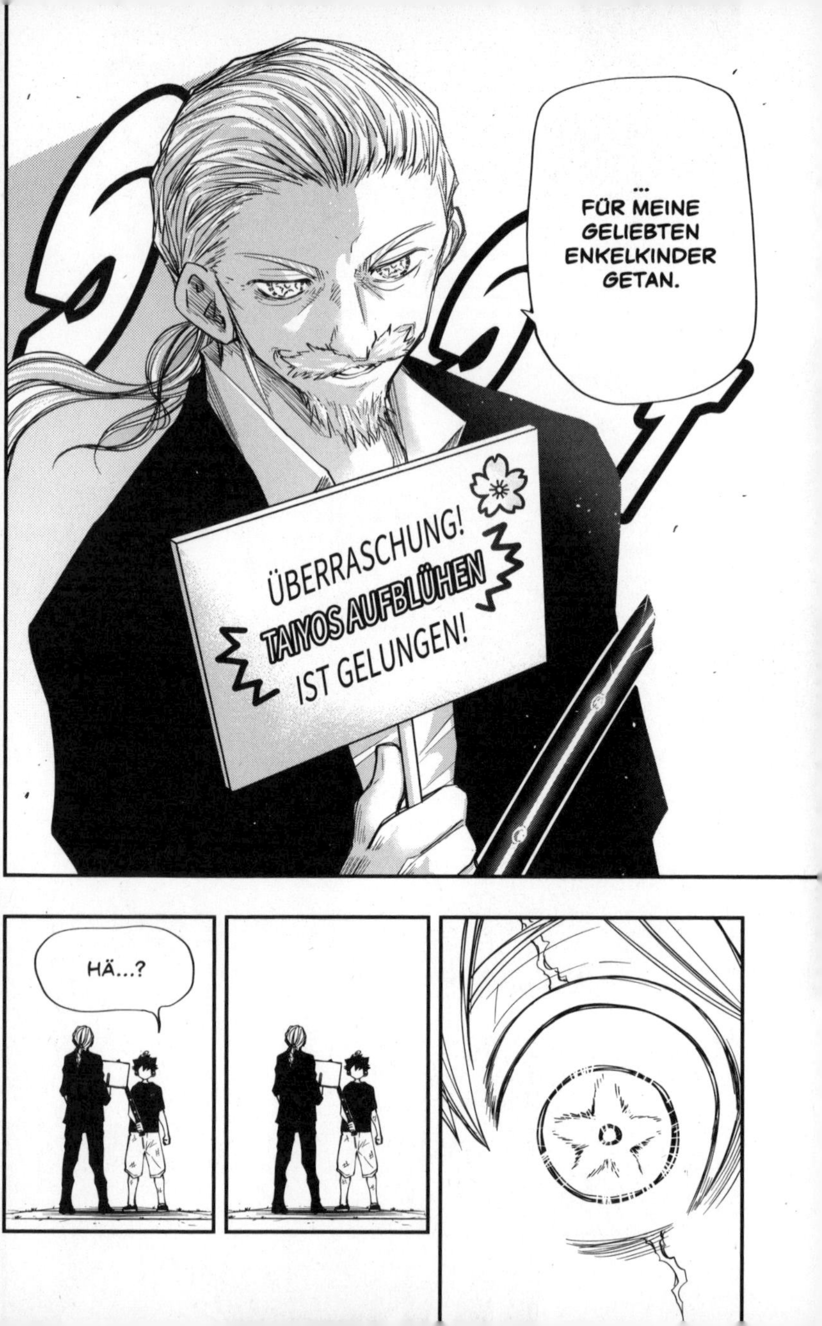
... FÜR MEINE GELIEBTEN ENKELKINDER GETAN.
ÜBERRASCHUNG! TAIYOS AUFBLÜHEN IST GELUNGEN!
HÄ...?

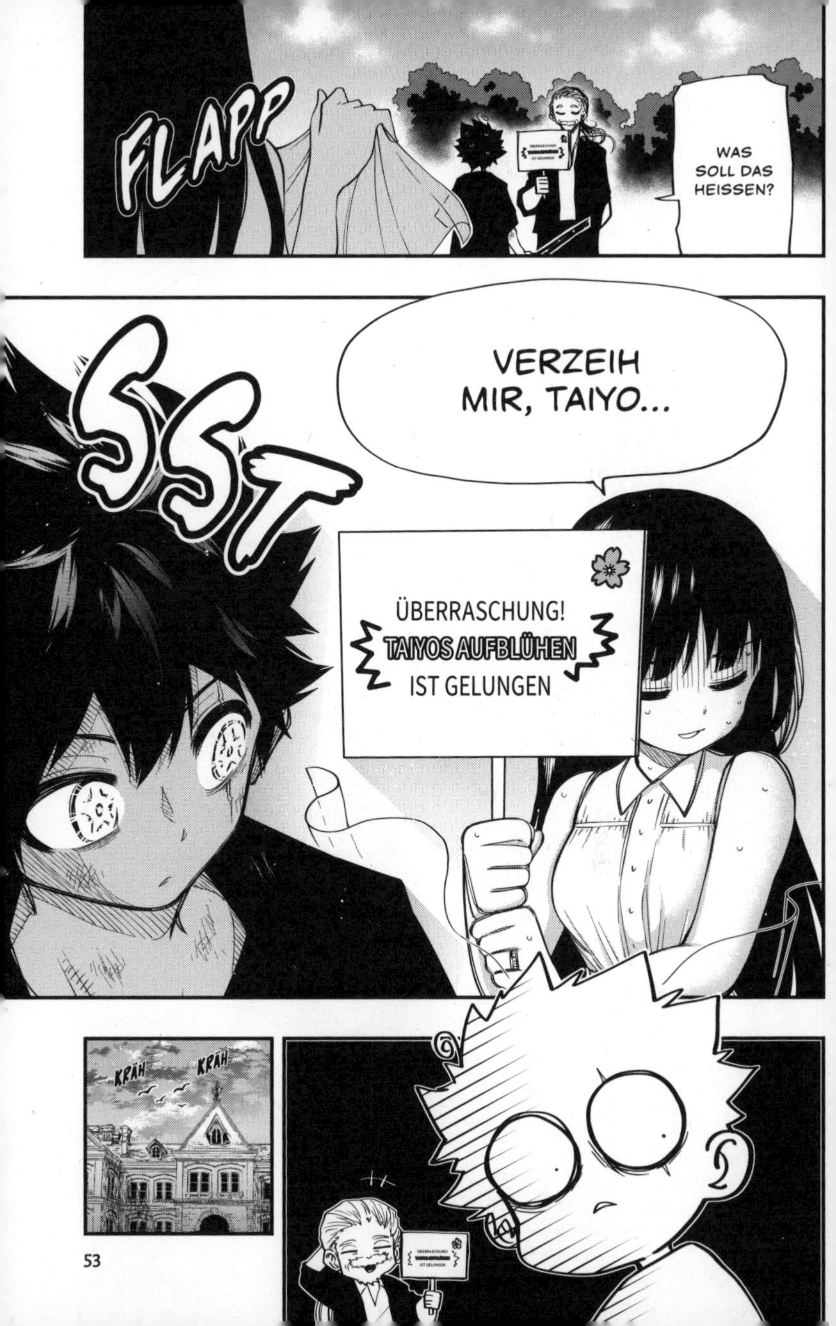
FLAPP
WAS SOLL DAS HEISSEN?
VERZEIH MIR, TAIYO...
SST
ÜBERRASCHUNG!
TAIYOS AUFBLÜHEN
IST GELUNGEN
KRÄH
KRÄH

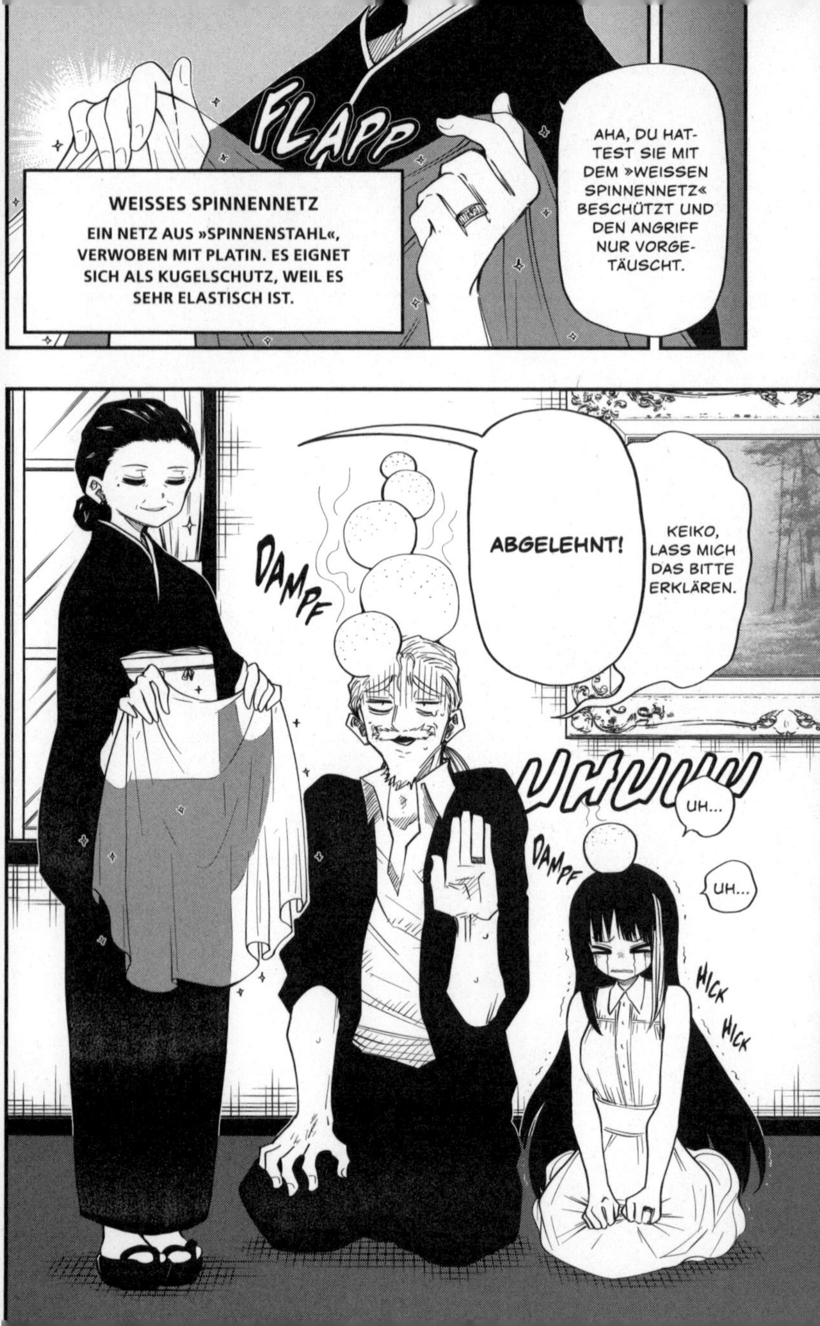
FLAPP
AHA, DU HATTEST SIE MIT DEM »WEISSEN SPINNENNETZ« BESCHÜTZT UND DEN ANGRIFF NUR VORGETÄUSCHT.
WEISSES SPINNENNETZ
EIN NETZ AUS »SPINNENSTAHL«, VERWOBEN MIT PLATIN. ES EIGNET SICH ALS KUGELSCHUTZ, WEIL ES SEHR ELASTISCH IST.
KEIKO, LASS MICH DAS BITTE ERKLÄREN.
ABGELEHNT!
DAMPF
UHUUU
UH...
UH...
DAMPF
HICK
HICK

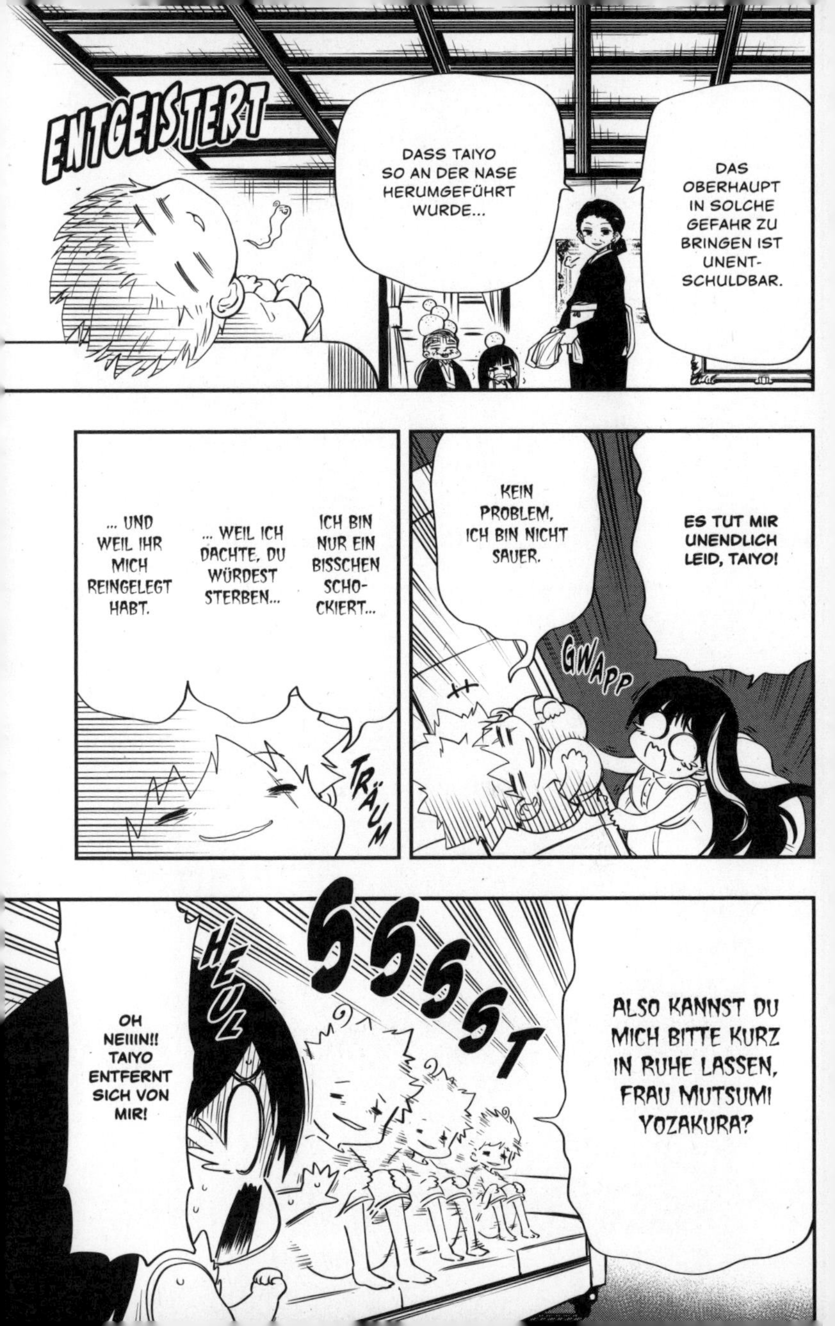
DAS OBERHAUPT IN SOLCHE GEFAHR ZU BRINGEN IST UNENT-SCHULDBAR.
DASS TAIYO SO AN DER NASE HERUMGEFÜHRT WURDE...
ENTGEISTERT
ES TUT MIR UNENDLICH LEID, TAIYO!
GWAPP
KEIN PROBLEM, ICH BIN NICHT SAUER.
ICH BIN NUR EIN BISSCHEN SCHO-CKIERT...
... WEIL ICH DACHTE, DU WÜRDEST STERBEN...
... UND WEIL IHR MICH REINGELEGT HABT.
TRÄUM
ALSO KANNST DU MICH BITTE KURZ IN RUHE LASSEN, FRAU MUTSUMI YOZAKURA?
SSSSST
HEUL
OH NEIIIN!! TAIYO ENTFERNT SICH VON MIR!

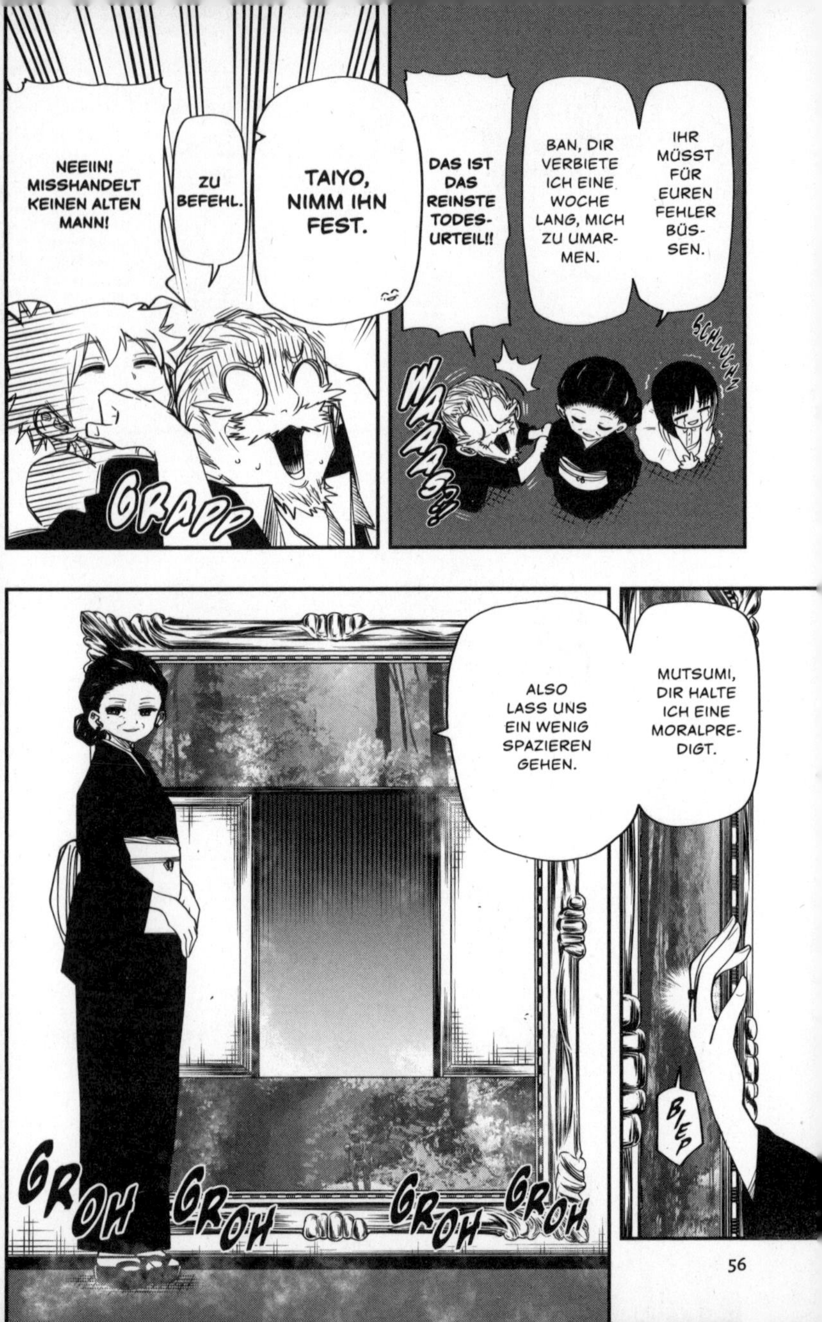
IHR MÜSST FÜR EUREN FEHLER BÜSSEN.
BAN, DIR VERBIETE ICH EINE WOCHE LANG, MICH ZU UMARMEN.
SCHLUCHZ
DAS IST DAS REINSTE TODESURTEIL!!
WAAAAS?!
TAIYO, NIMM IHN FEST.
ZU BEFEHL.
NEEIIN! MISSHANDELT KEINEN ALTEN MANN!
GRAPP
MUTSUMI, DIR HALTE ICH EINE MORALPREDIGT.
ALSO LASS UNS EIN WENIG SPAZIEREN GEHEN.
BIEP
GROH
GROH
GROH
GROH

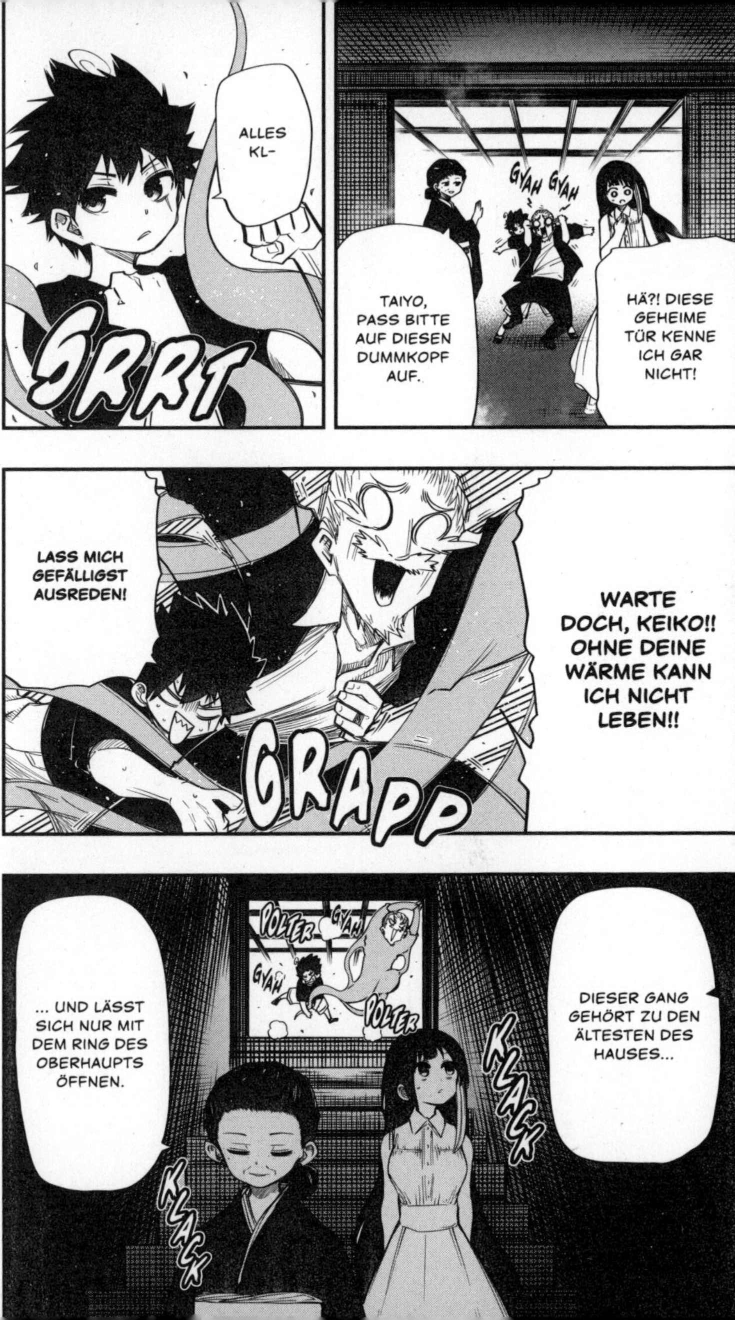
HÄ?! DIESE GEHEIME TÜR KENNE ICH GAR NICHT!
GYAH GYAH
TAIYO, PASS BITTE AUF DIESEN DUMMKOPF AUF.
ALLES KL-
GRRRT
WARTE DOCH, KEIKO!! OHNE DEINE WÄRME KANN ICH NICHT LEBEN!!
GRAPP
LASS MICH GEFÄLLIGST AUSREDEN!
DIESER GANG GEHÖRT ZU DEN ÄLTESTEN DES HAUSES…
POLTER
GYAH
GYAH
POLTER
KLACK
KLACK
… UND LÄSST SICH NUR MIT DEM RING DES OBERHAUPTS ÖFFNEN.

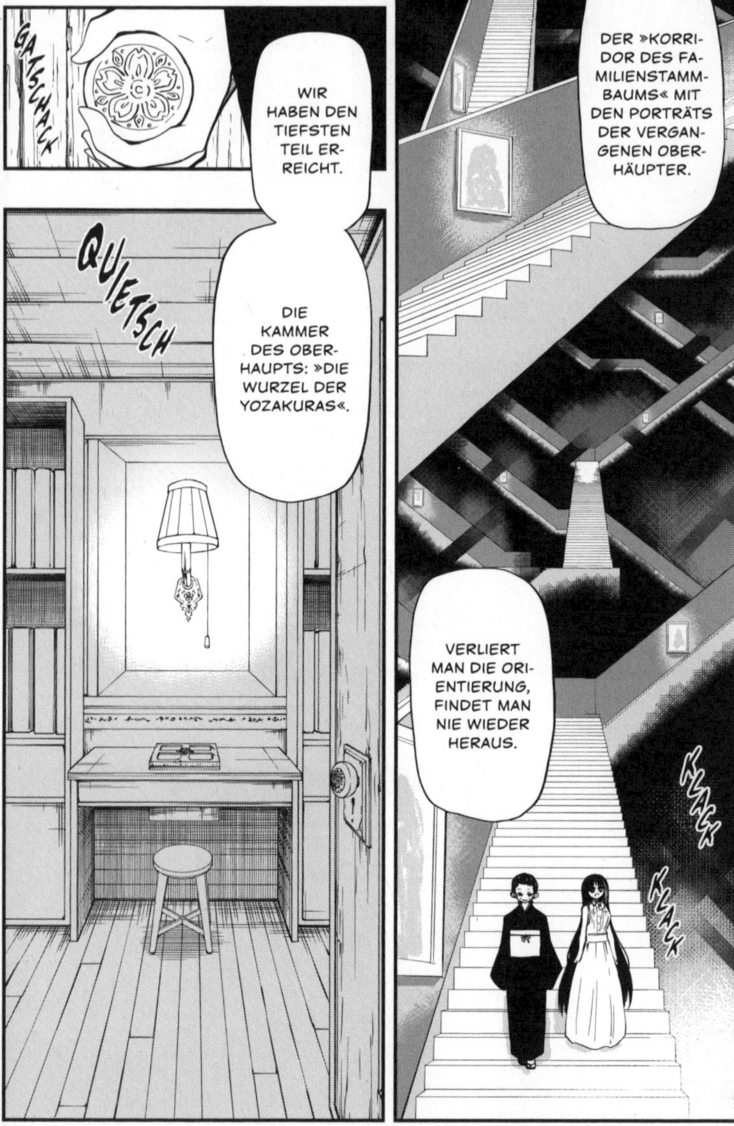
DER »KORRIDOR DES FAMILIENSTAMMBAUMS« MIT DEN PORTRÄTS DER VERGANGENEN OBERHÄUPTER.
VERLIERT MAN DIE ORIENTIERUNG, FINDET MAN NIE WIEDER HERAUS.
KLACK
KLACK
GATSCHACK
WIR HABEN DEN TIEFSTEN TEIL ERREICHT.
QUIETSCH
DIE KAMMER DES OBERHAUPTS: »DIE WURZEL DER YOZAKURAS«.

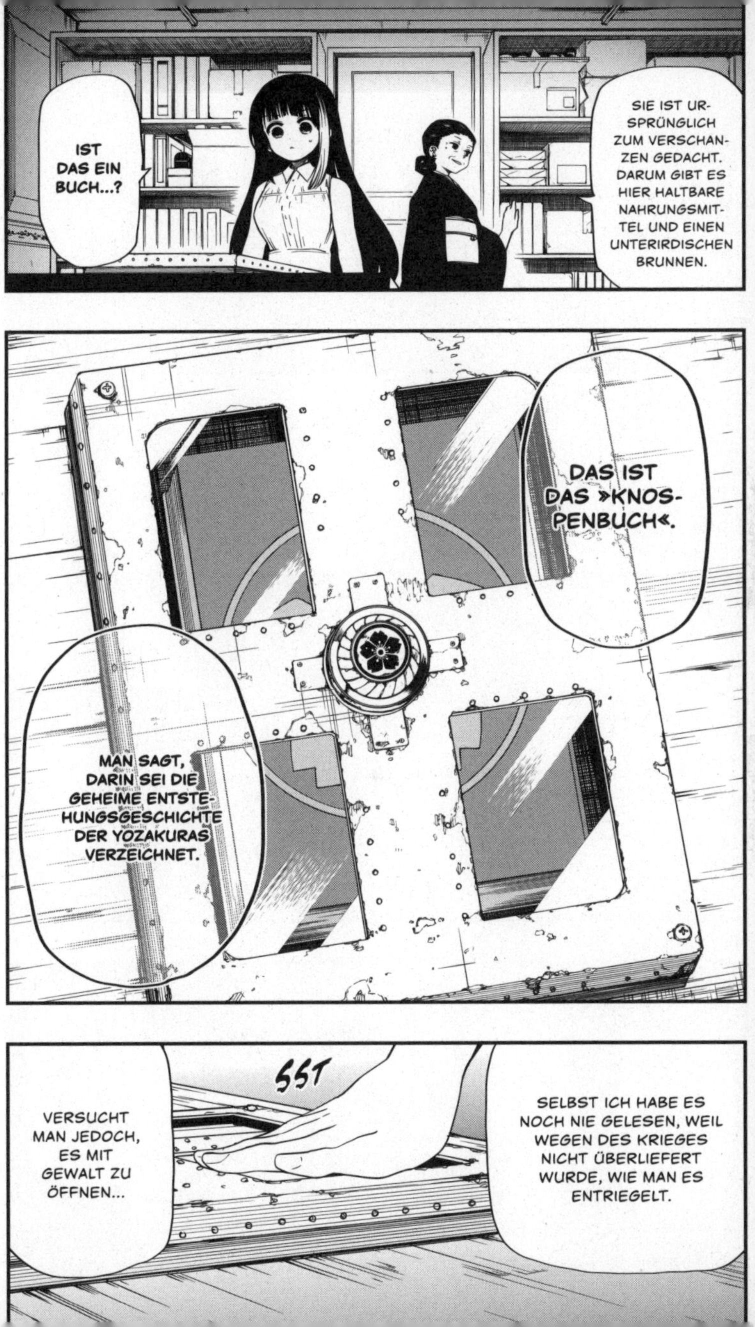
SIE IST URSPRÜNGLICH ZUM VERSCHANZEN GEDACHT. DARUM GIBT ES HIER HALTBARE NAHRUNGSMITTEL UND EINEN UNTERIRDISCHEN BRUNNEN.
IST DAS EIN BUCH…?
DAS IST DAS »KNOSPENBUCH«.
MAN SAGT, DARIN SEI DIE GEHEIME ENTSTEHUNGSGESCHICHTE DER YOZAKURAS VERZEICHNET.
SST
SELBST ICH HABE ES NOCH NIE GELESEN, WEIL WEGEN DES KRIEGES NICHT ÜBERLIEFERT WURDE, WIE MAN ES ENTRIEGELT.
VERSUCHT MAN JEDOCH, ES MIT GEWALT ZU ÖFFNEN…

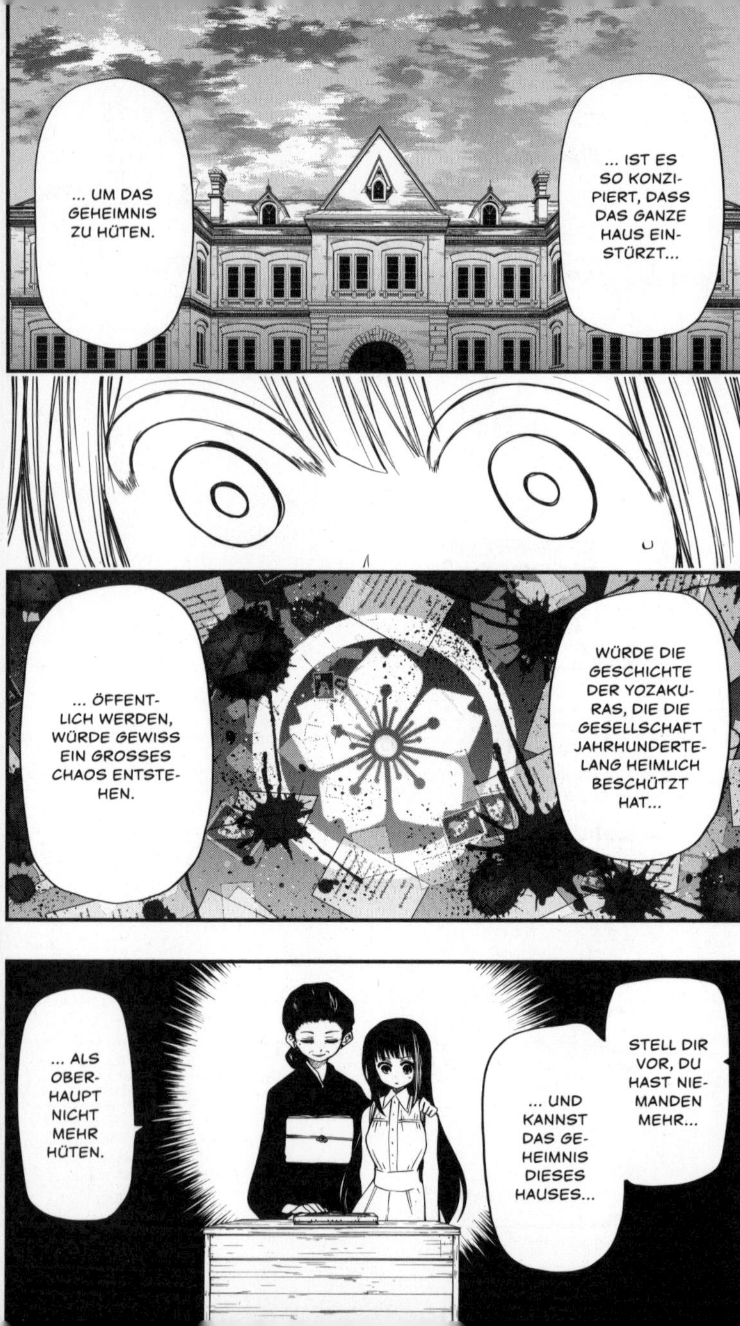
... IST ES SO KONZIPIERT, DASS DAS GANZE HAUS EINSTÜRZT...
... UM DAS GEHEIMNIS ZU HÜTEN.
WÜRDE DIE GESCHICHTE DER YOZAKURAS, DIE DIE GESELLSCHAFT JAHRHUNDERTELANG HEIMLICH BESCHÜTZT HAT...
... ÖFFENTLICH WERDEN, WÜRDE GEWISS EIN GROSSES CHAOS ENTSTEHEN.
STELL DIR VOR, DU HAST NIEMANDEN MEHR...
... UND KANNST DAS GEHEIMNIS DIESES HAUSES...
... ALS OBERHAUPT NICHT MEHR HÜTEN.

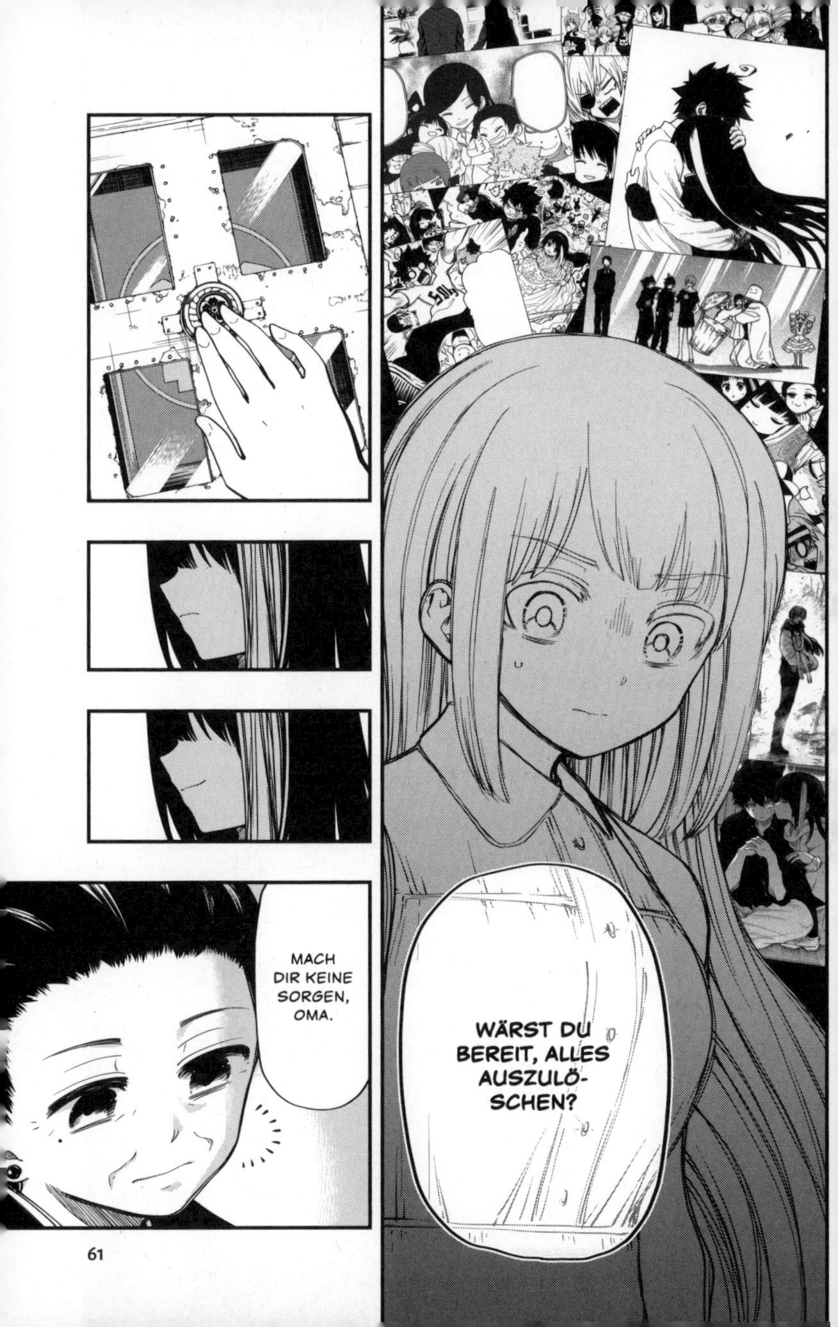
WÄRST DU BEREIT, ALLES AUSZULÖ-SCHEN?
MACH DIR KEINE SORGEN, OMA.

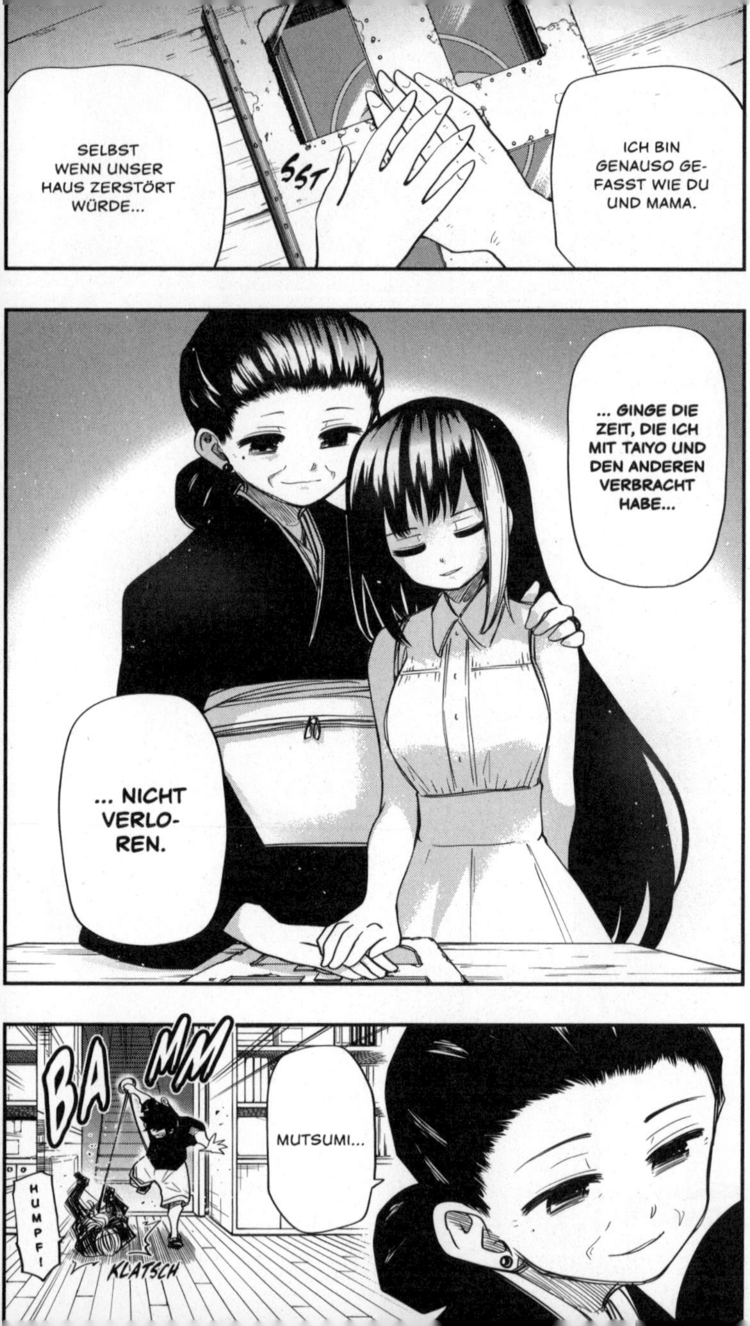
ICH BIN GENAUSO GE- FASST WIE DU UND MAMA.
SSST
SELBST WENN UNSER HAUS ZERSTÖRT WÜRDE...
... GINGE DIE ZEIT, DIE ICH MIT TAIYO UND DEN ANDEREN VERBRACHT HABE...
... NICHT VERLO- REN.
MUTSUMI...
BAMM
HUMPF!
KLATSCH

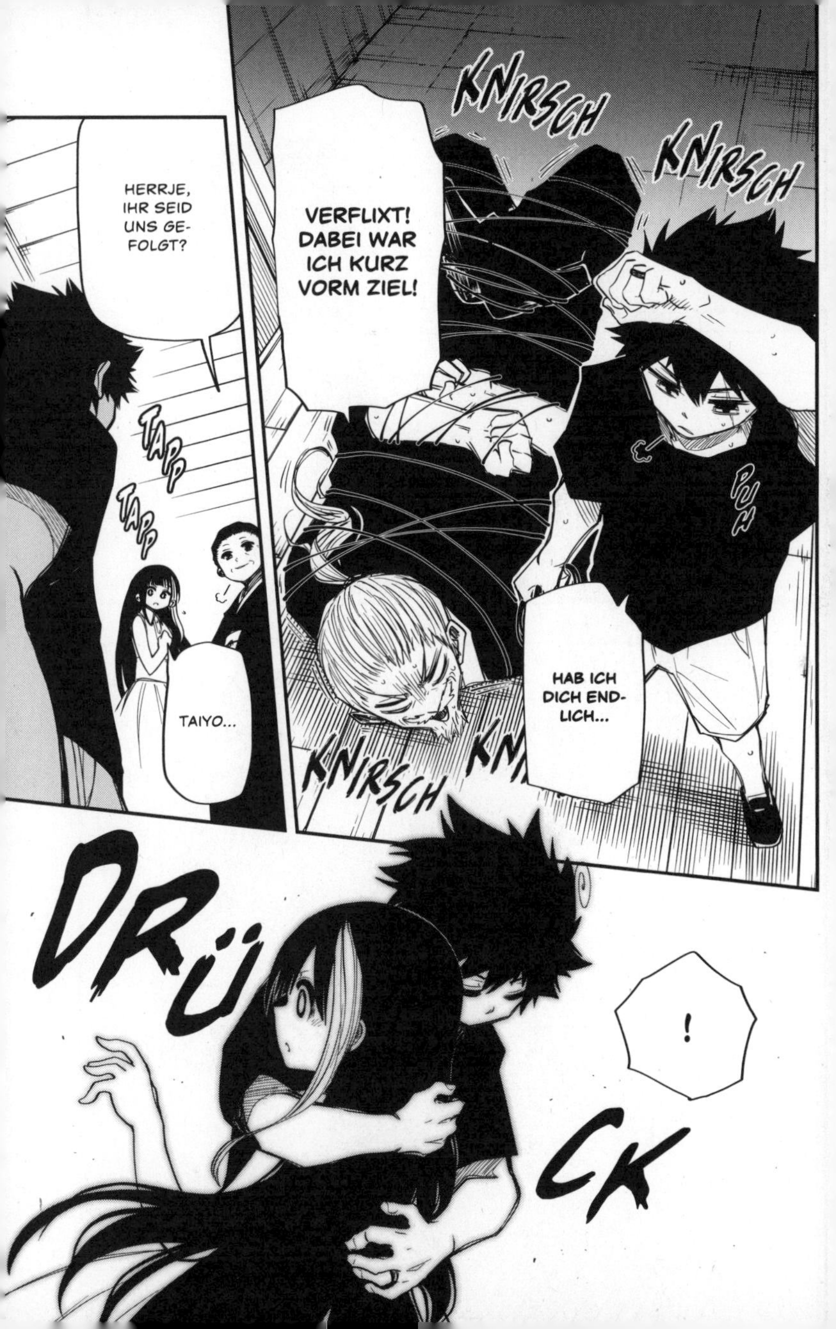
KNIRSCH
KNIRSCH
VERFLIXT! DABEI WAR ICH KURZ VORM ZIEL!
PUH
HAB ICH DICH END-LICH...
KNIRSCH
HERRJE, IHR SEID UNS GE-FOLGT?
TAPP TAPP
TAIYO...
DRÜCK
!

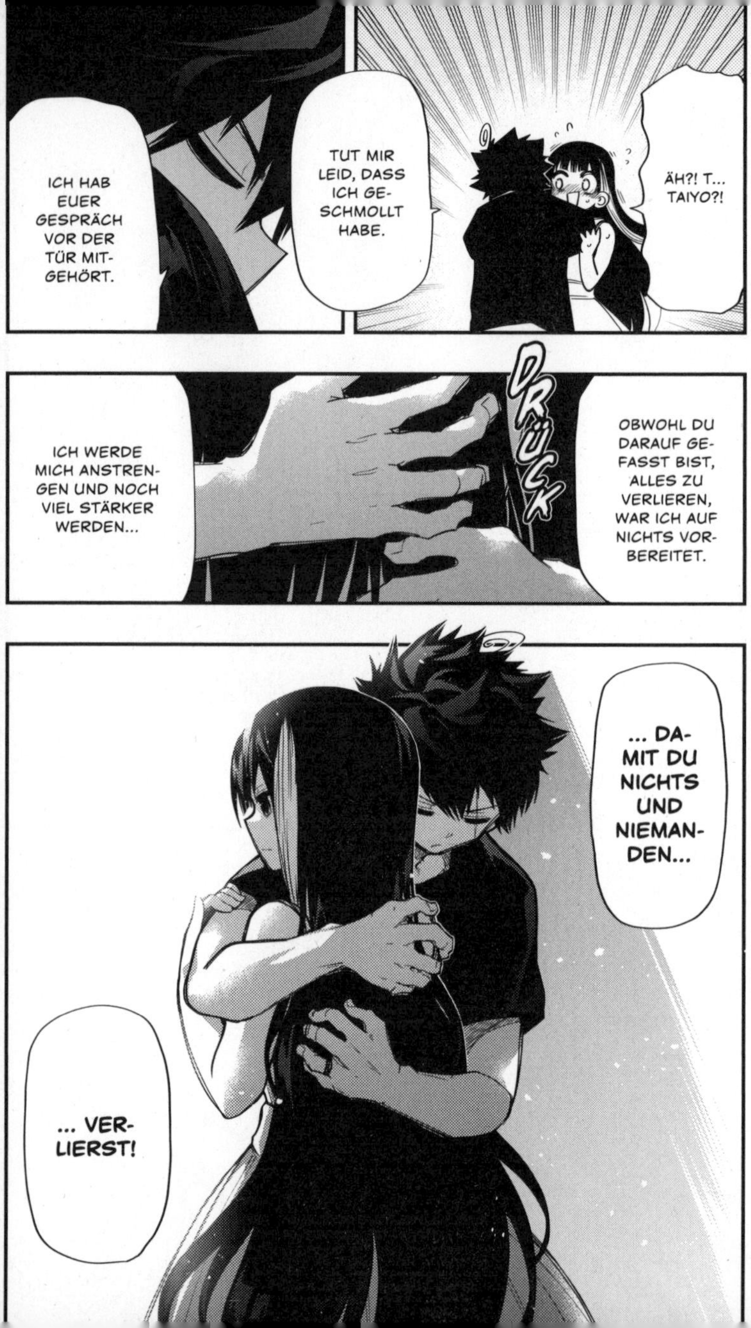
ÄH?! T... TAIYO?!
TUT MIR LEID, DASS ICH GESCHMOLLT HABE.
ICH HAB EUER GESPRÄCH VOR DER TÜR MITGEHÖRT.
DRÜCK
OBWOHL DU DARAUF GEFASST BIST, ALLES ZU VERLIEREN, WAR ICH AUF NICHTS VORBEREITET.
ICH WERDE MICH ANSTRENGEN UND NOCH VIEL STÄRKER WERDEN...
... DAMIT DU NICHTS UND NIEMANDEN...
... VERLIERST!

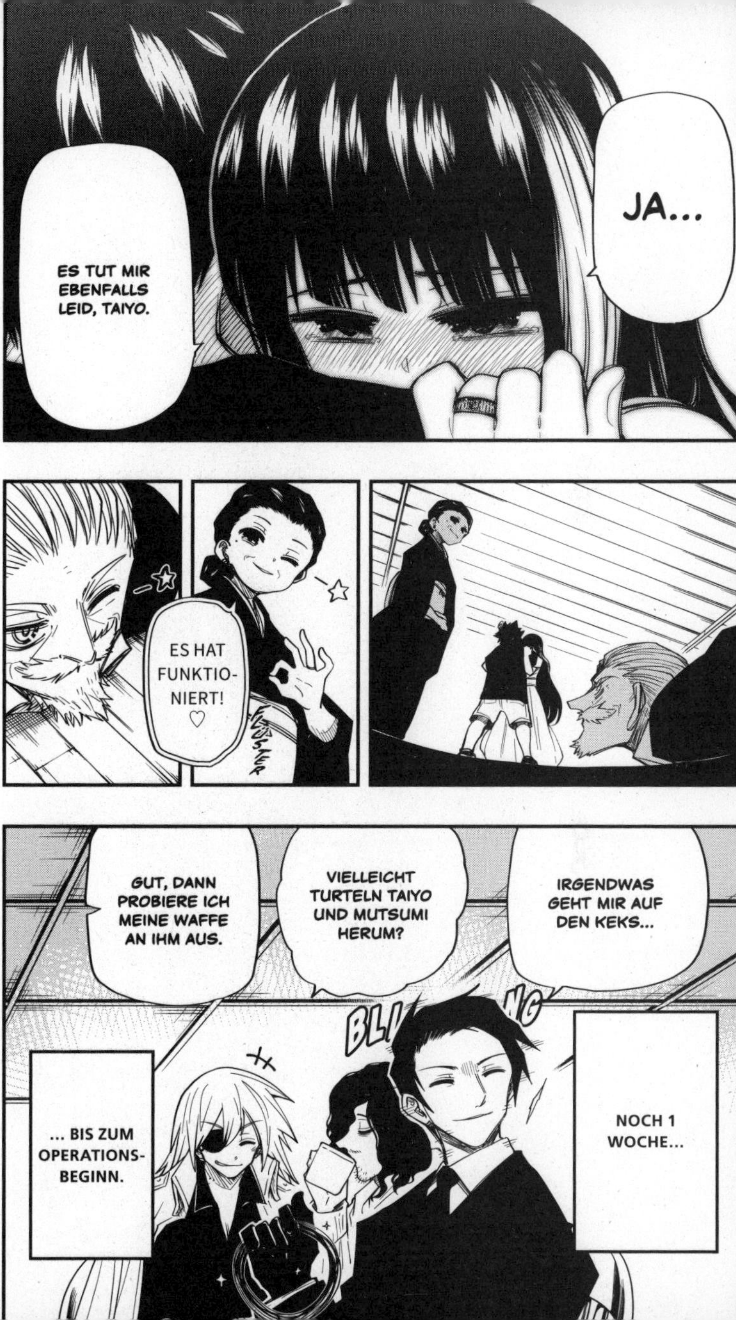
JA...
ES TUT MIR EBENFALLS LEID, TAIYO.
ES HAT FUNKTIONIERT! ♡
FLÜSTER
IRGENDWAS GEHT MIR AUF DEN KEKS...
VIELLEICHT TURTELN TAIYO UND MUTSUMI HERUM?
GUT, DANN PROBIERE ICH MEINE WAFFE AN IHM AUS.
NOCH 1 WOCHE...
... BIS ZUM OPERATIONS-BEGINN.

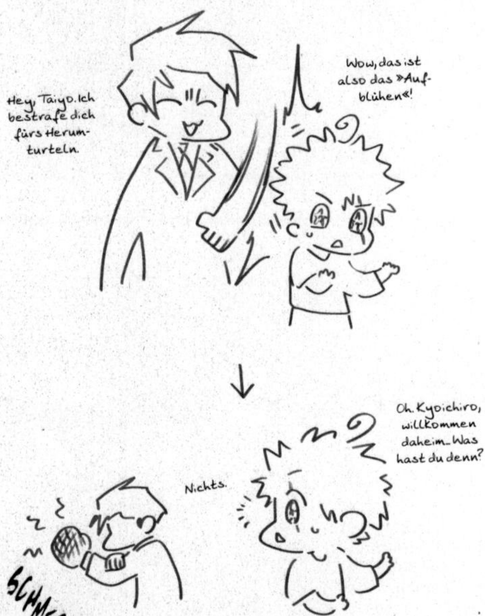
Hey, Taiyo. Ich bestrafe dich fürs Herumturteln.
Wow, das ist also das »Aufblühen«!
Oh. Kyoichiro, willkommen daheim. Was hast du denn?
Nichts.
SCHMERZ

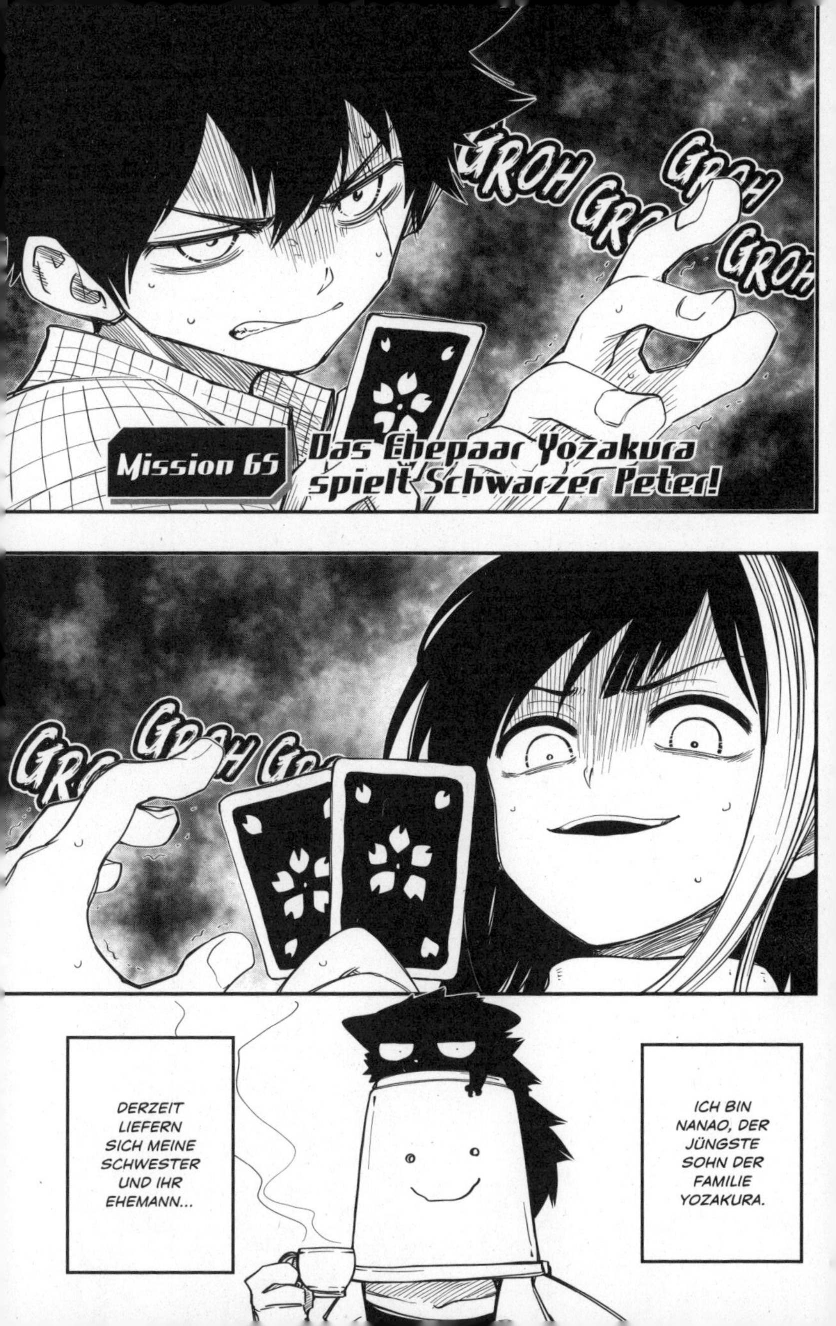
GROH GROH
GROH
GROH
Mission 65
Das Ehepaar Yozakura spielt Schwarzer Peter!
GROH
ICH BIN NANAO, DER JÜNGSTE SOHN DER FAMILIE YOZAKURA.
DERZEIT LIEFERN SICH MEINE SCHWESTER UND IHR EHEMANN...

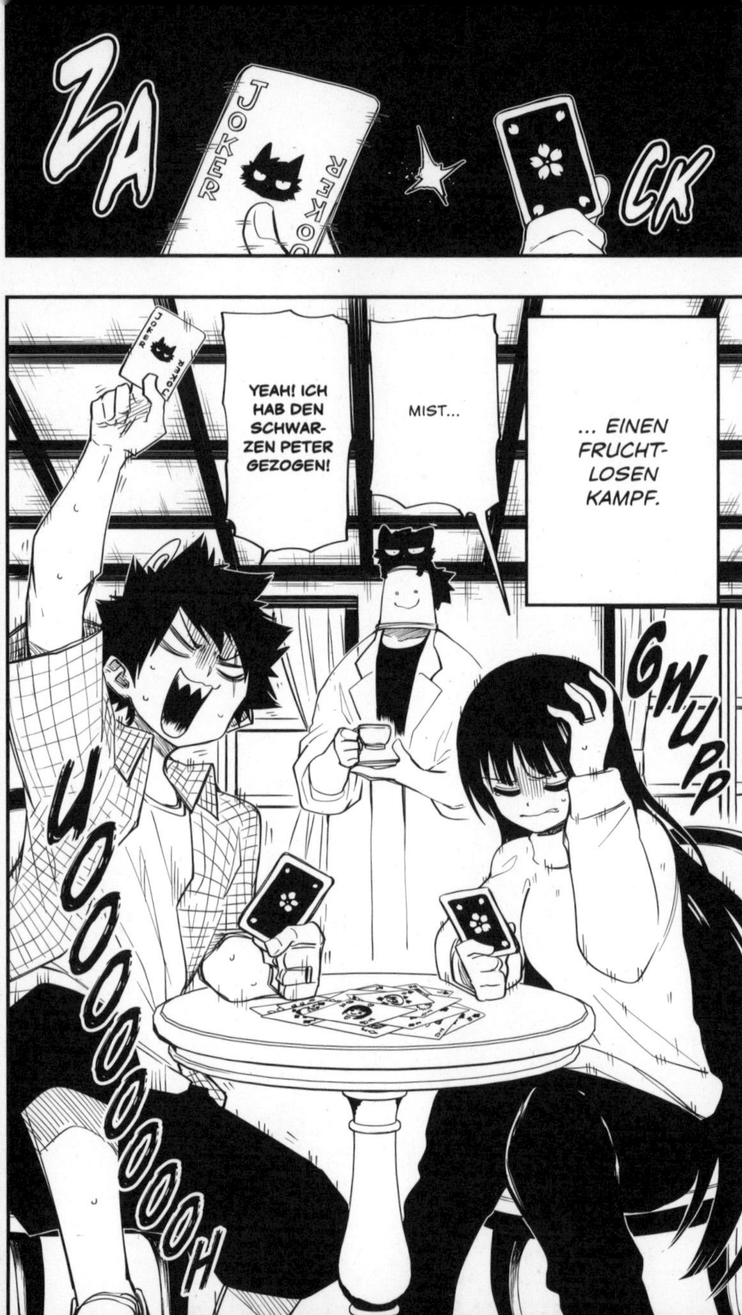
ZA
JOKER
CK
... EINEN FRUCHT-LOSEN KAMPF.
MIST...
YEAH! ICH HAB DEN SCHWAR-ZEN PETER GEZOGEN!
GWUPP
UOOOOOOOOH

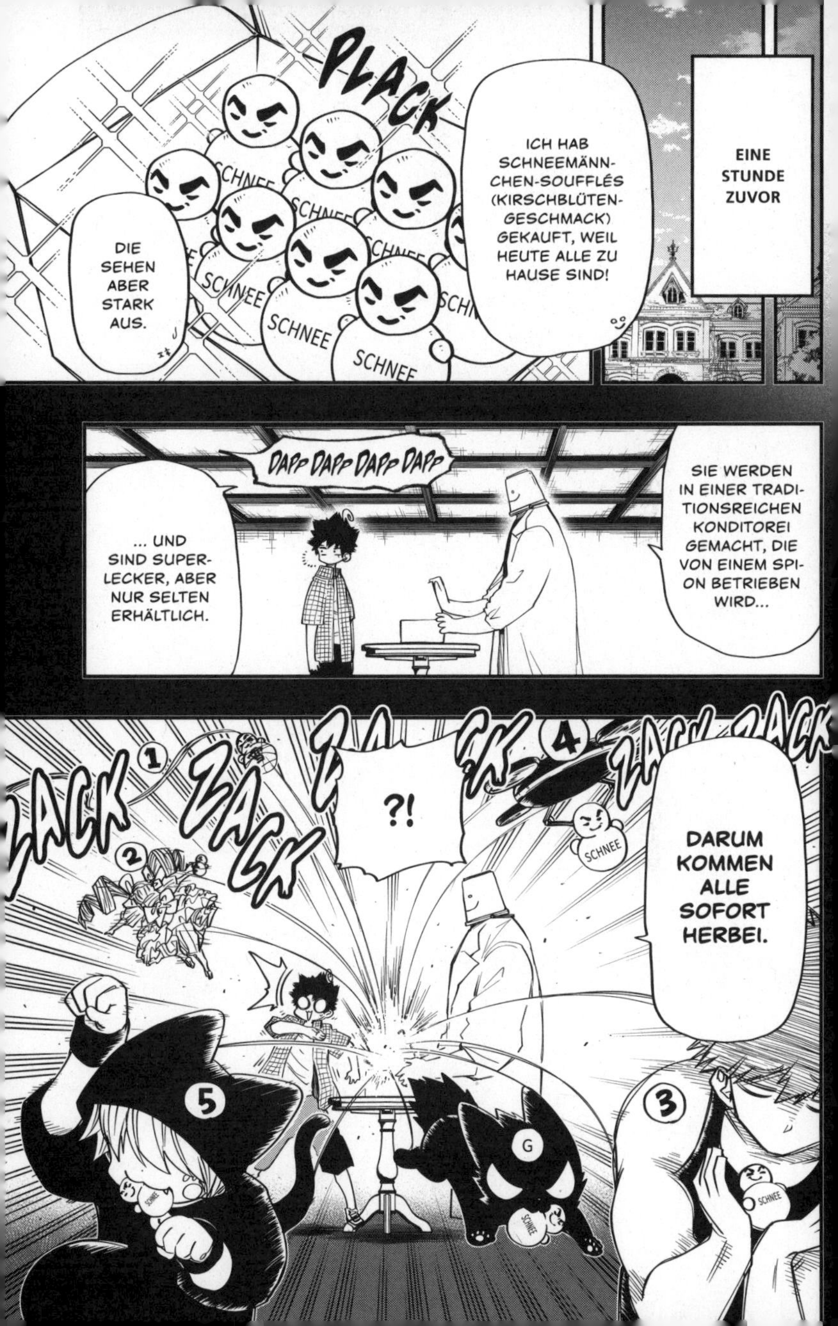

EINE STUNDE ZUVOR
ICH HAB SCHNEEMÄNNCHEN-SOUFFLÉS (KIRSCHBLÜTEN-GESCHMACK) GEKAUFT, WEIL HEUTE ALLE ZU HAUSE SIND!
PLACK
SCHNEE
DIE SEHEN ABER STARK AUS.
SIE WERDEN IN EINER TRADITIONSREICHEN KONDITOREI GEMACHT, DIE VON EINEM SPION BETRIEBEN WIRD...
DAPP DAPP DAPP DAPP
... UND SIND SUPERLECKER, ABER NUR SELTEN ERHÄLTLICH.
DARUM KOMMEN ALLE SOFORT HERBEI.
ZACK ZACK
?!
ZACK ZACK
ZACK
SCHNEE

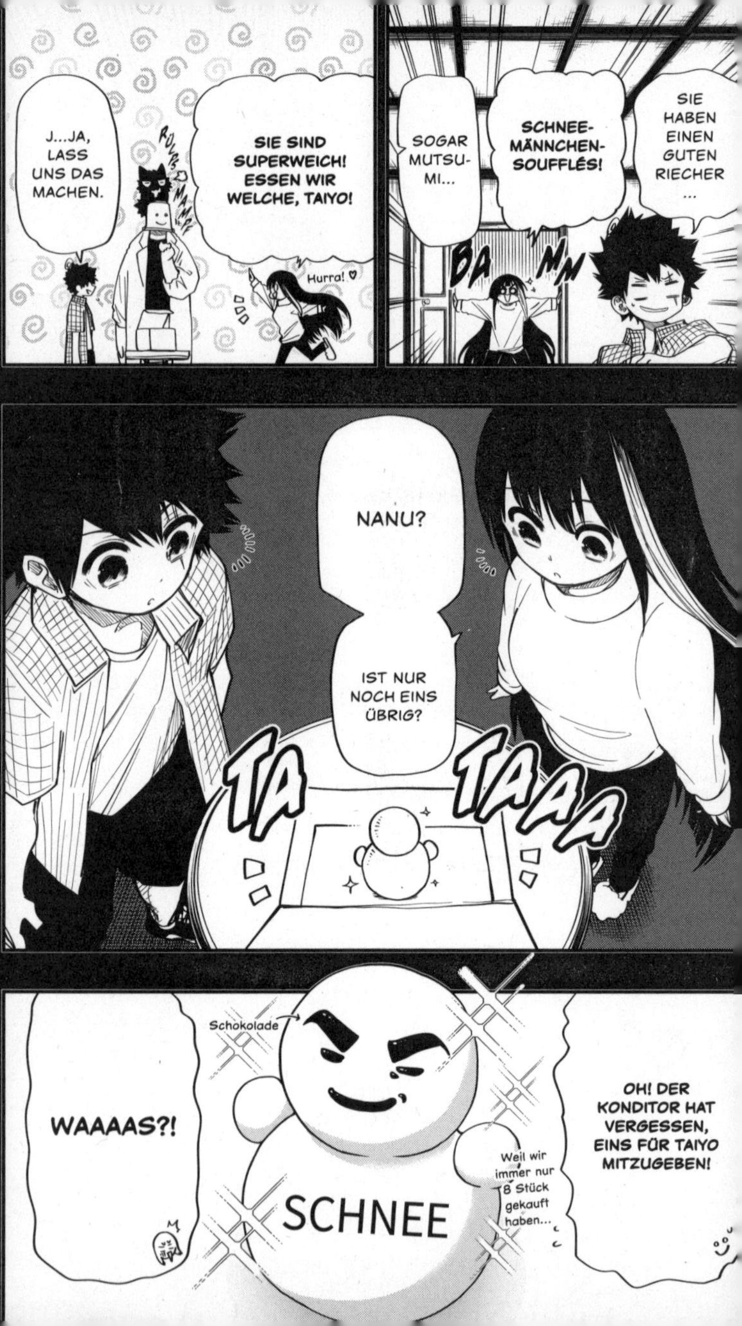
SIE HABEN EINEN GUTEN RIECHER …
SCHNEE-MÄNNCHEN-SOUFFLÉS!
SOGAR MUTSU-MI…
BAMM
SIE SIND SUPERWEICH! ESSEN WIR WELCHE, TAIYO!
Hurra! ♡
RÜLPS MAMPF
J…JA, LASS UNS DAS MACHEN.
NANU?
IST NUR NOCH EINS ÜBRIG?
TA TAAAA
OH! DER KONDITOR HAT VERGESSEN, EINS FÜR TAIYO MITZUGEBEN!
Weil wir immer nur 8 Stück gekauft haben…
Schokolade
SCHNEE
WAAAAS?!

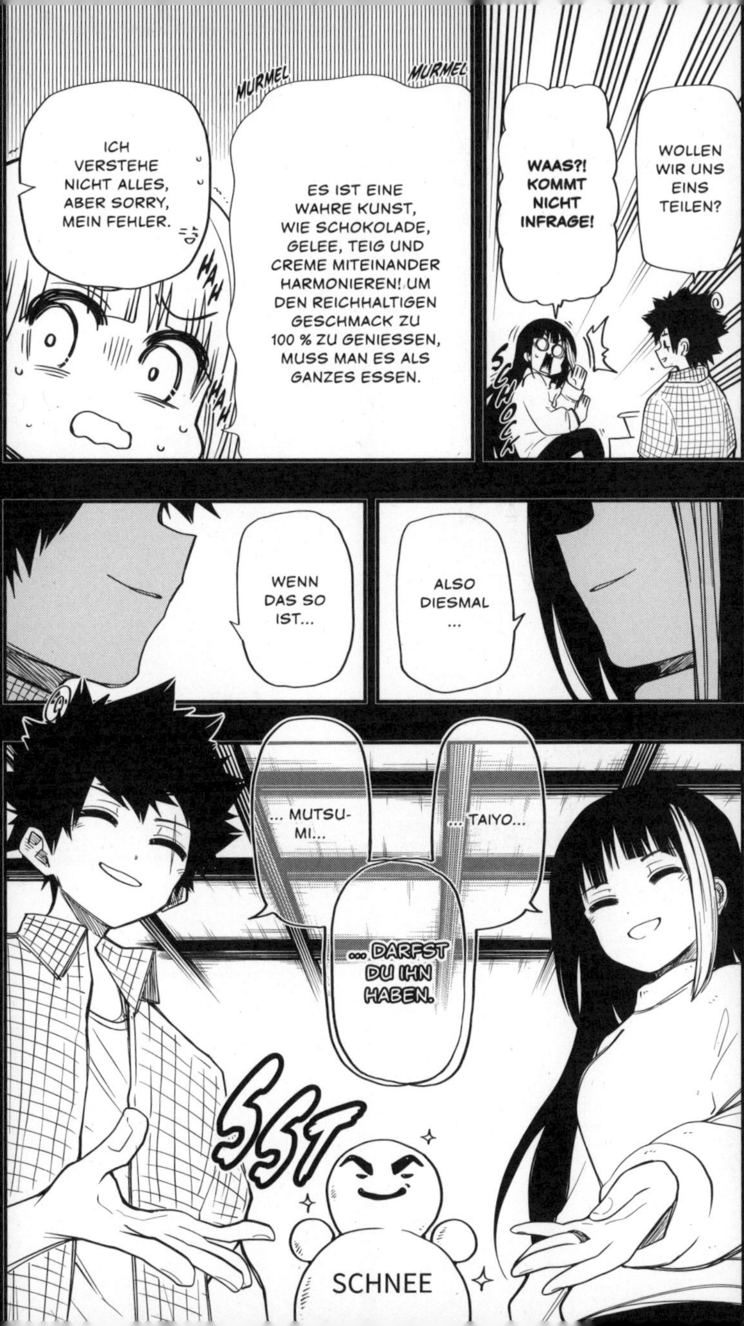
WOLLEN WIR UNS EINS TEILEN?
WAAS?! KOMMT NICHT INFRAGE!
SCHOCK
MURMEL
MURMEL
ES IST EINE WAHRE KUNST, WIE SCHOKOLADE, GELEE, TEIG UND CREME MITEINANDER HARMONIEREN! UM DEN REICHHALTIGEN GESCHMACK ZU 100 % ZU GENIESSEN, MUSS MAN ES ALS GANZES ESSEN.
ICH VERSTEHE NICHT ALLES, ABER SORRY, MEIN FEHLER.
HAH
HAH
ALSO DIESMAL ...
WENN DAS SO IST...
... TAIYO...
... MUTSU-MI...
... DARFST DU IHN HABEN.
SST
SCHNEE

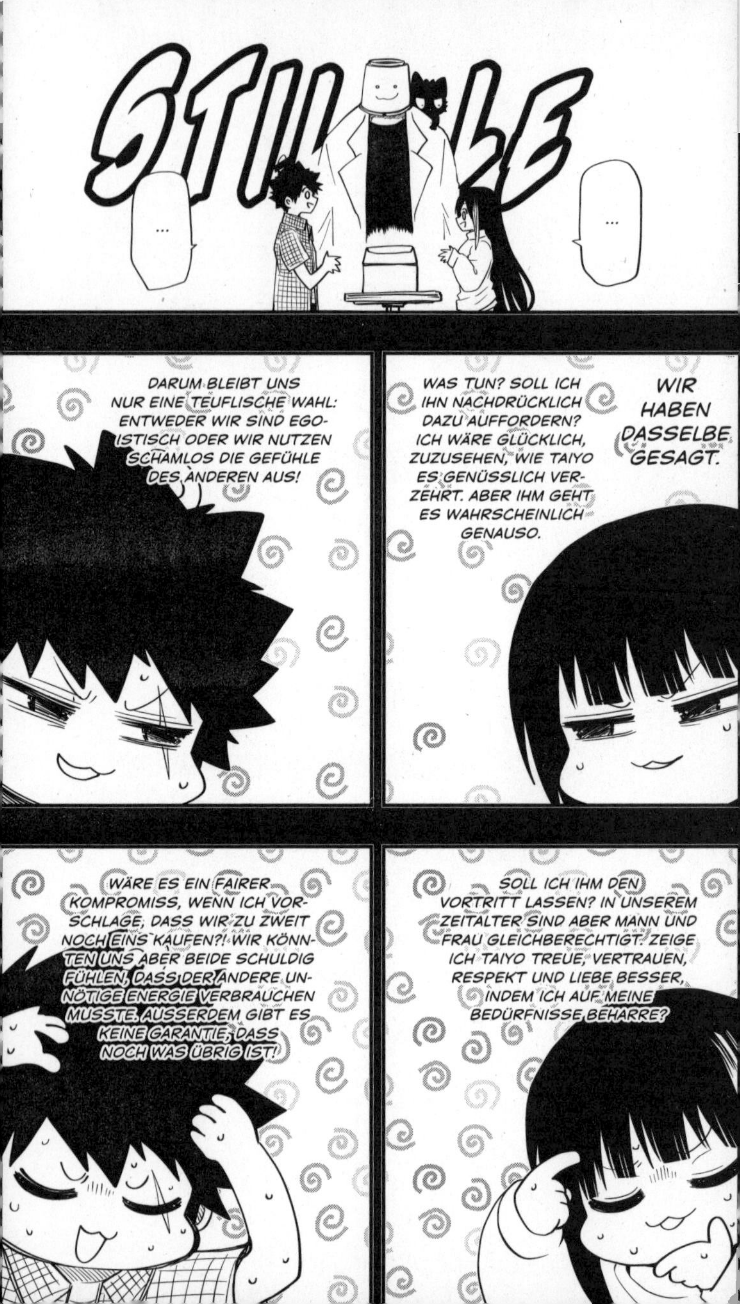

STILLE
...
...
WAS TUN? SOLL ICH IHN NACHDRÜCKLICH DAZU AUFFORDERN? ICH WÄRE GLÜCKLICH, ZUZUSEHEN, WIE TAIYO ES GENÜSSLICH VERZEHRT. ABER IHM GEHT ES WAHRSCHEINLICH GENAUSO.
WIR HABEN DASSELBE GESAGT.
DARUM BLEIBT UNS NUR EINE TEUFLISCHE WAHL: ENTWEDER WIR SIND EGOISTISCH ODER WIR NUTZEN SCHAMLOS DIE GEFÜHLE DES ANDEREN AUS!
SOLL ICH IHM DEN VORTRITT LASSEN? IN UNSEREM ZEITALTER SIND ABER MANN UND FRAU GLEICHBERECHTIGT. ZEIGE ICH TAIYO TREUE, VERTRAUEN, RESPEKT UND LIEBE BESSER, INDEM ICH AUF MEINE BEDÜRFNISSE BEHARRE?
WÄRE ES EIN FAIRER KOMPROMISS, WENN ICH VORSCHLAGE, DASS WIR ZU ZWEIT NOCH EINS KAUFEN?! WIR KÖNNTEN UNS ABER BEIDE SCHULDIG FÜHLEN, DASS DER ANDERE UNNÖTIGE ENERGIE VERBRAUCHEN MUSSTE. AUSSERDEM GIBT ES KEINE GARANTIE, DASS NOCH WAS ÜBRIG IST!

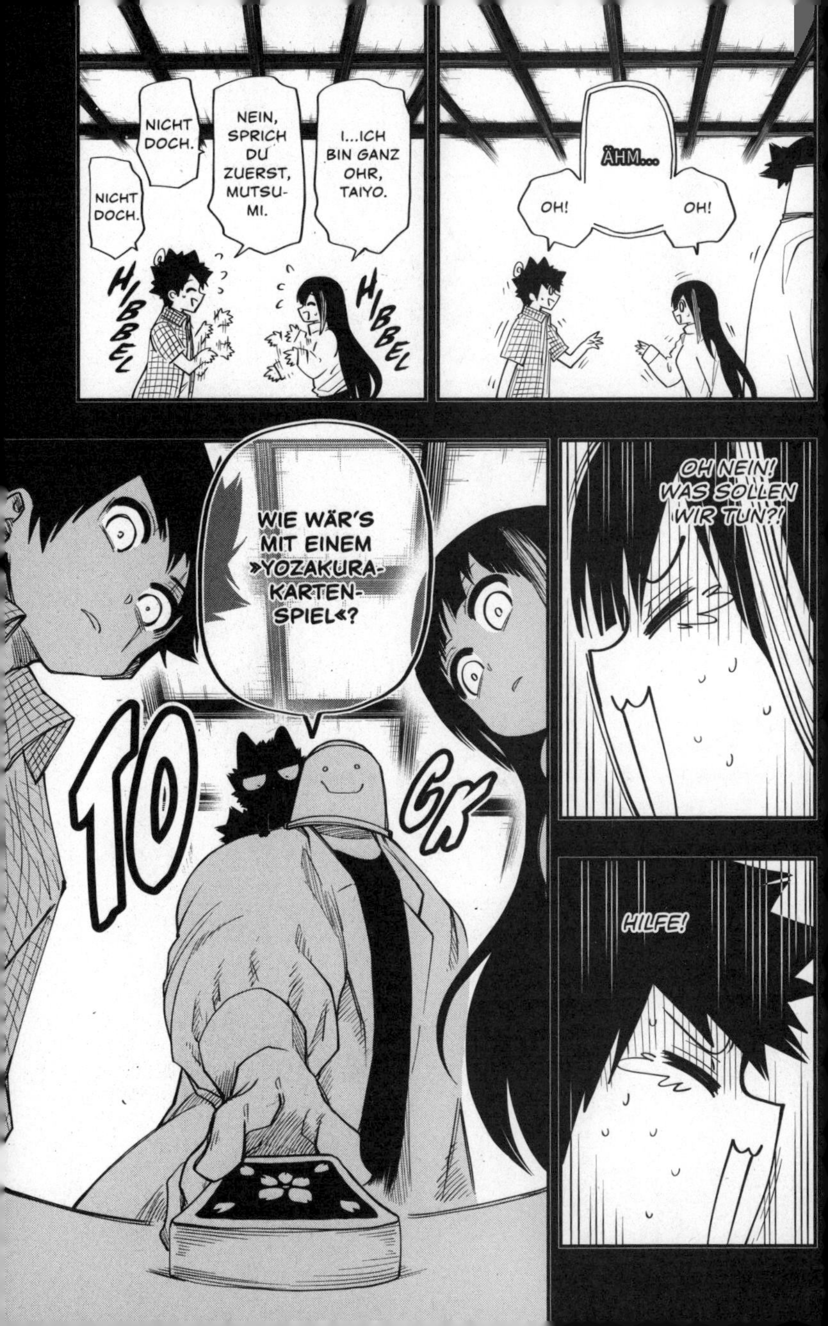
ÄHM...
OH!
OH!
I...ICH BIN GANZ OHR, TAIYO.
NEIN, SPRICH DU ZUERST, MUTSU-MI.
NICHT DOCH.
NICHT DOCH.
HIBBEL
HIBBEL
WIE WÄR'S MIT EINEM »YOZAKURA-KARTEN-SPIEL«?
TOCK
OH NEIN! WAS SOLLEN WIR TUN?!
HILFE!

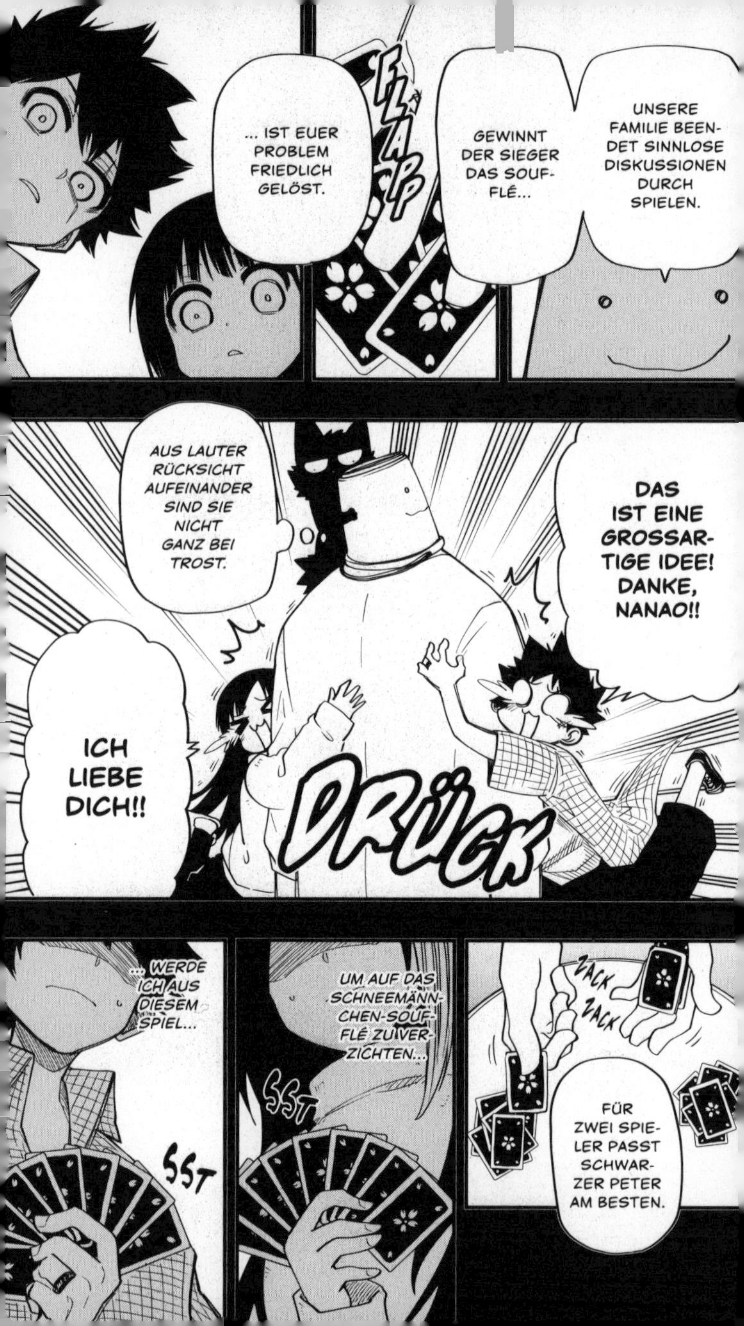

UNSERE FAMILIE BEENDET SINNLOSE DISKUSSIONEN DURCH SPIELEN.
GEWINNT DER SIEGER DAS SOUFFLÉ...
FLAPP
... IST EUER PROBLEM FRIEDLICH GELÖST.
DAS IST EINE GROSSARTIGE IDEE! DANKE, NANAO!!
AUS LAUTER RÜCKSICHT AUFEINANDER SIND SIE NICHT GANZ BEI TROST.
ICH LIEBE DICH!!
DRÜCK
ZACK ZACK
FÜR ZWEI SPIELER PASST SCHWARZER PETER AM BESTEN.
UM AUF DAS SCHNEEMÄNNCHEN-SOUFFLÉ ZU VERZICHTEN...
SST
... WERDE ICH AUS DIESEM SPIEL...
SST

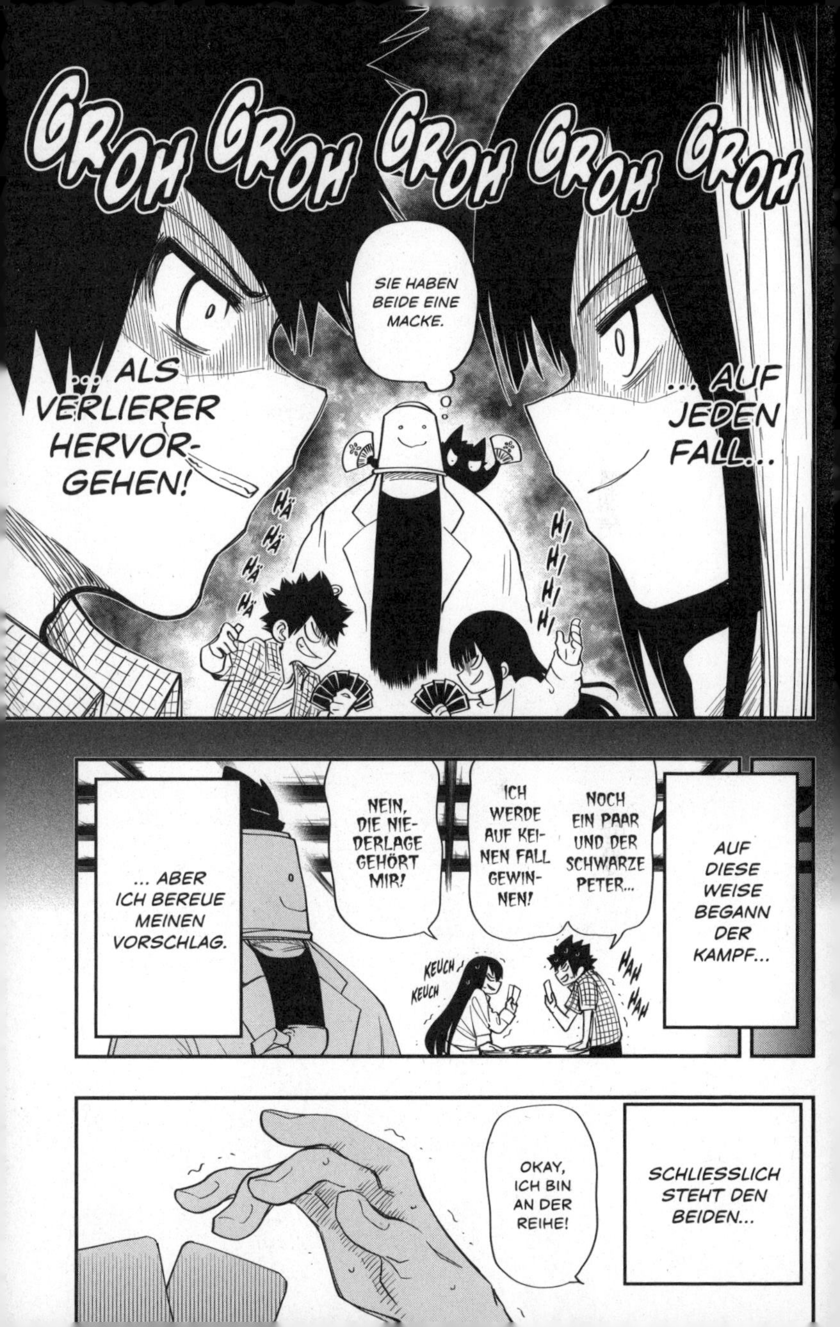
GROH GROH GROH GROH GROH
... AUF JEDEN FALL...
... ALS VERLIERER HERVORGEHEN!
SIE HABEN BEIDE EINE MACKE.
HI HI HI HI HI
HÄ HÄ HÄ HÄ HÄ
AUF DIESE WEISE BEGANN DER KAMPF...
NOCH EIN PAAR UND DER SCHWARZE PETER...
ICH WERDE AUF KEINEN FALL GEWINNEN!
NEIN, DIE NIEDERLAGE GEHÖRT MIR!
HAH HAH
KEUCH KEUCH
... ABER ICH BEREUE MEINEN VORSCHLAG.
SCHLIESSLICH STEHT DEN BEIDEN...
OKAY, ICH BIN AN DER REIHE!

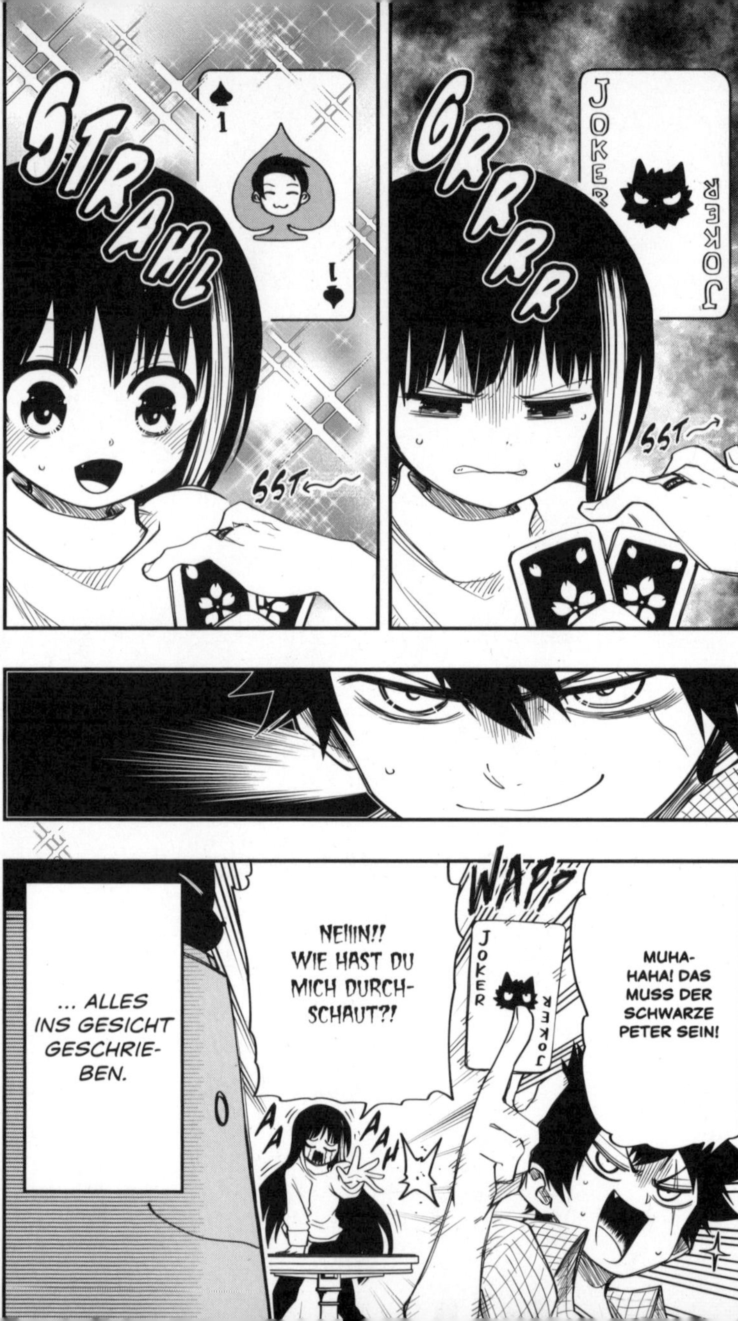
GRRRR
JOKER
SST
STRAHL
1
SST
WAPP
JOKER
MUHA-HAHA! DAS MUSS DER SCHWARZE PETER SEIN!
NEIIIN!! WIE HAST DU MICH DURCHSCHAUT?!
AAAAH
... ALLES INS GESICHT GESCHRIEBEN.

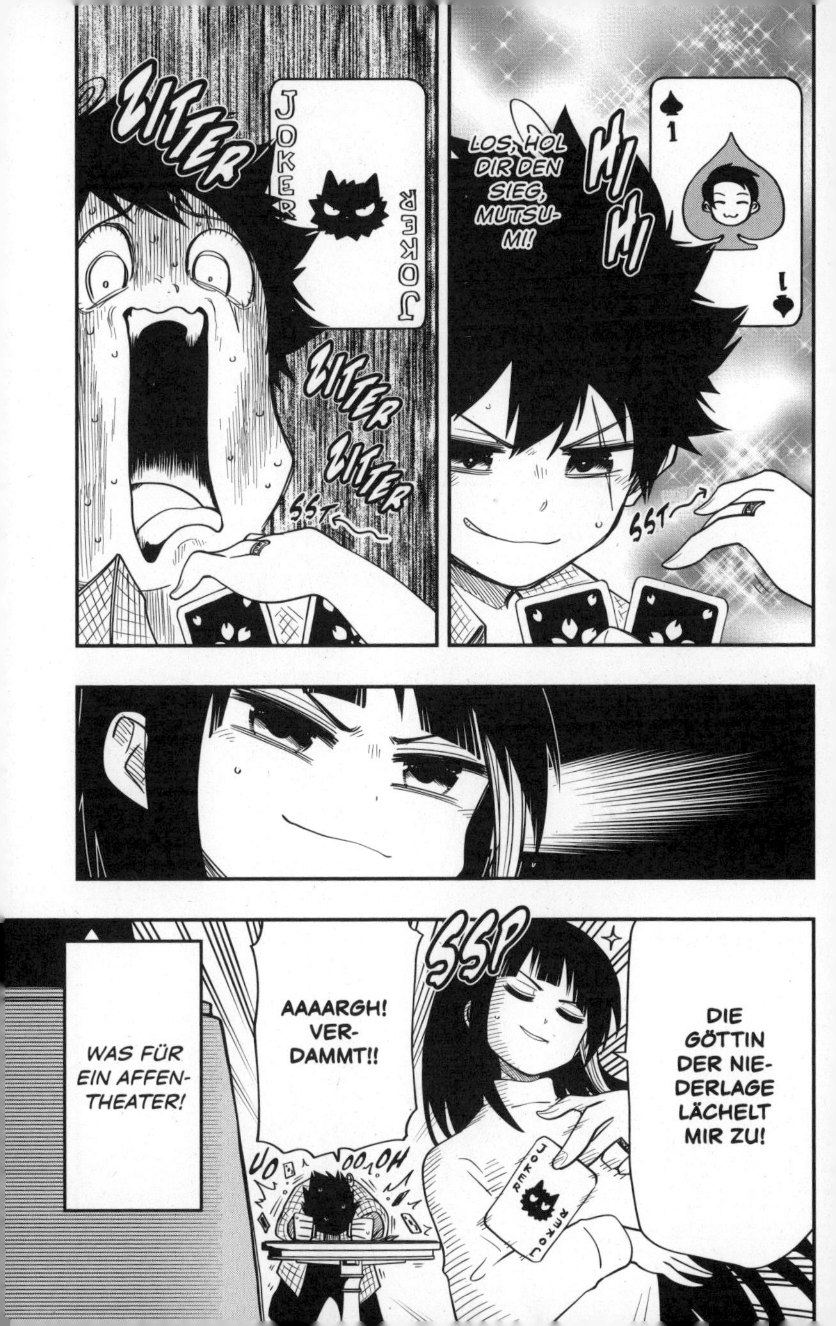
LOS, HOL DIR DEN SIEG, MUTSUMI!
HI HI
ZITTER
ZITTER ZITTER
SST
SST
SSP
DIE GÖTTIN DER NIEDERLAGE LÄCHELT MIR ZU!
AAAARGH! VERDAMMT!!
WAS FÜR EIN AFFENTHEATER!

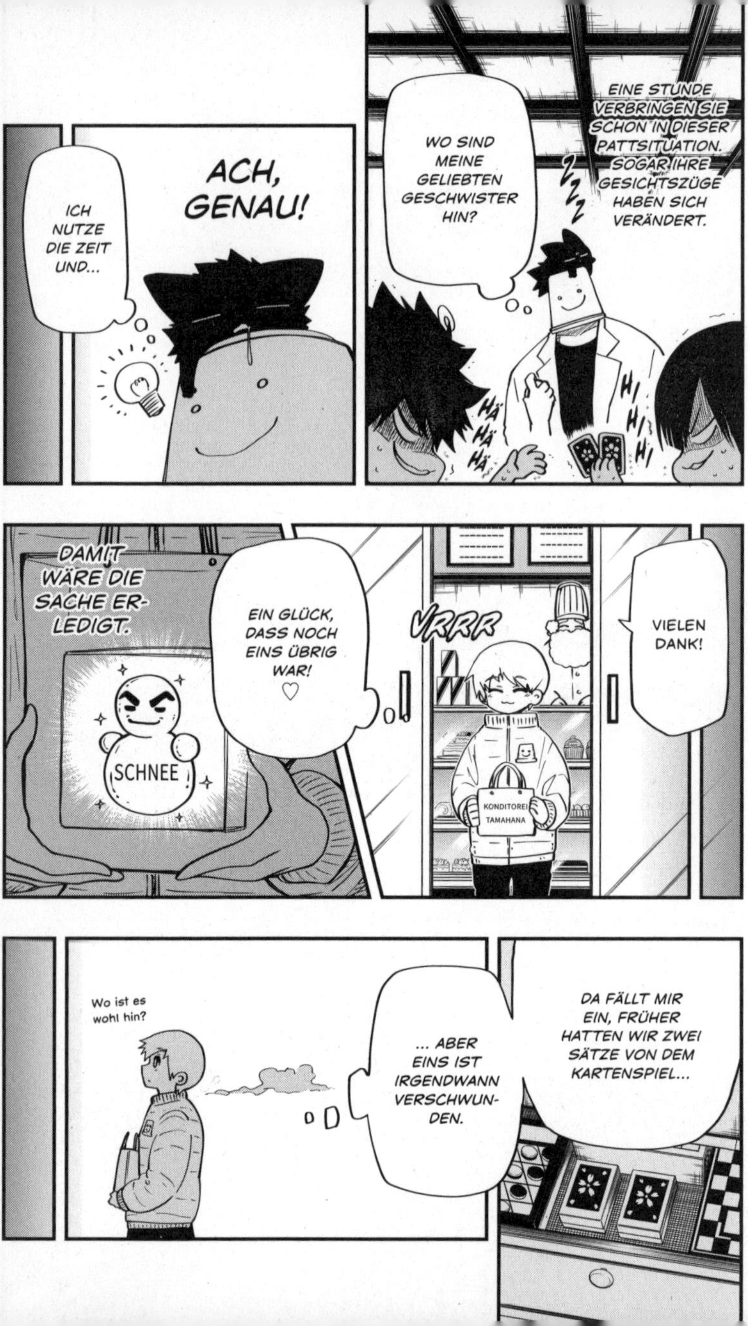
EINE STUNDE VERBRINGEN SIE SCHON IN DIESER PATTSITUATION. SOGAR IHRE GESICHTSZÜGE HABEN SICH VERÄNDERT.
WO SIND MEINE GELIEBTEN GESCHWISTER HIN?
HI HI HI HI
HÄ HÄ HÄ HÄ
ACH, GENAU!
ICH NUTZE DIE ZEIT UND...
VIELEN DANK!
VRRR
KONDITOREI TAMAHANA
EIN GLÜCK, DASS NOCH EINS ÜBRIG WAR! ♡
DAMIT WÄRE DIE SACHE ER- LEDIGT.
SCHNEE
DA FÄLLT MIR EIN, FRÜHER HATTEN WIR ZWEI SÄTZE VON DEM KARTENSPIEL...
... ABER EINS IST IRGENDWANN VERSCHWUN- DEN.
Wo ist es wohl hin?

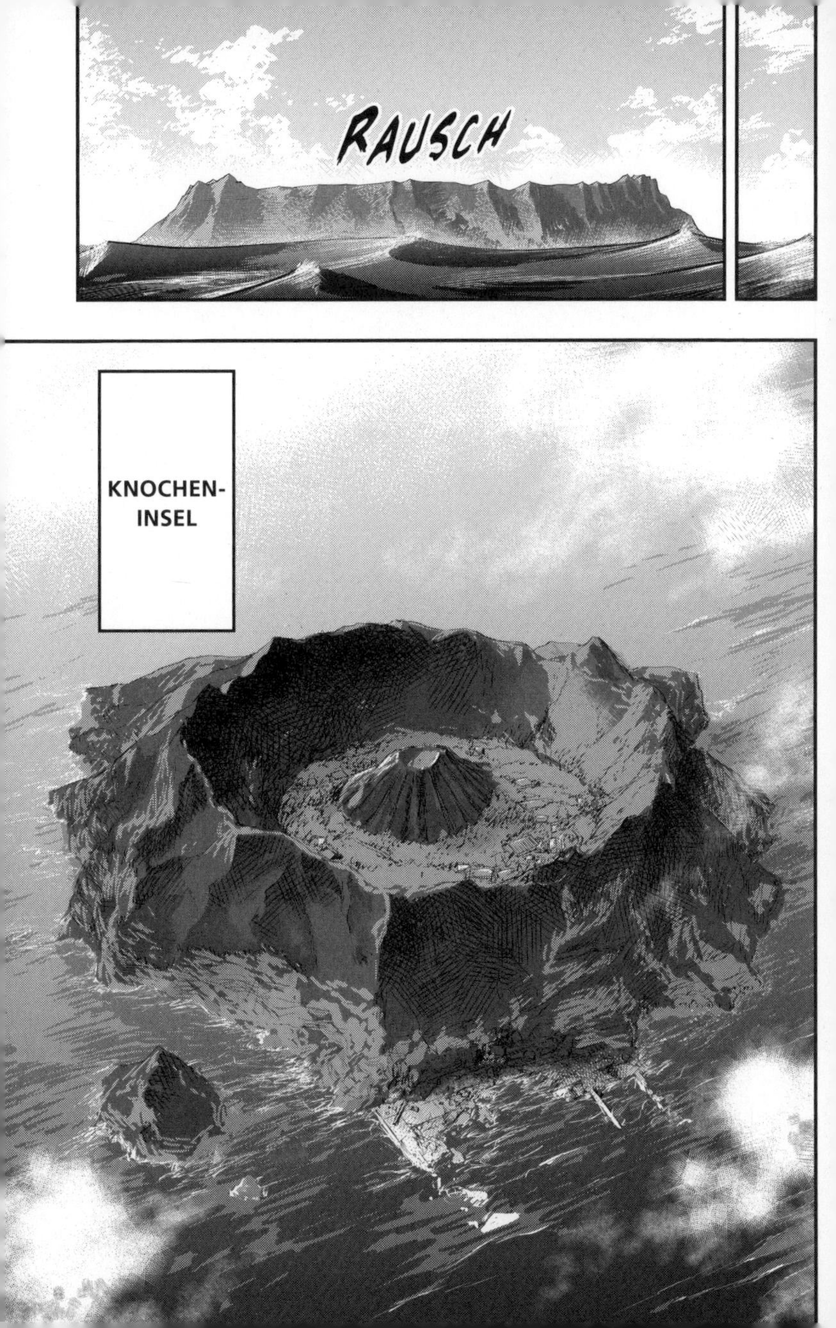
RAUSCH
KNOCHEN-
INSEL

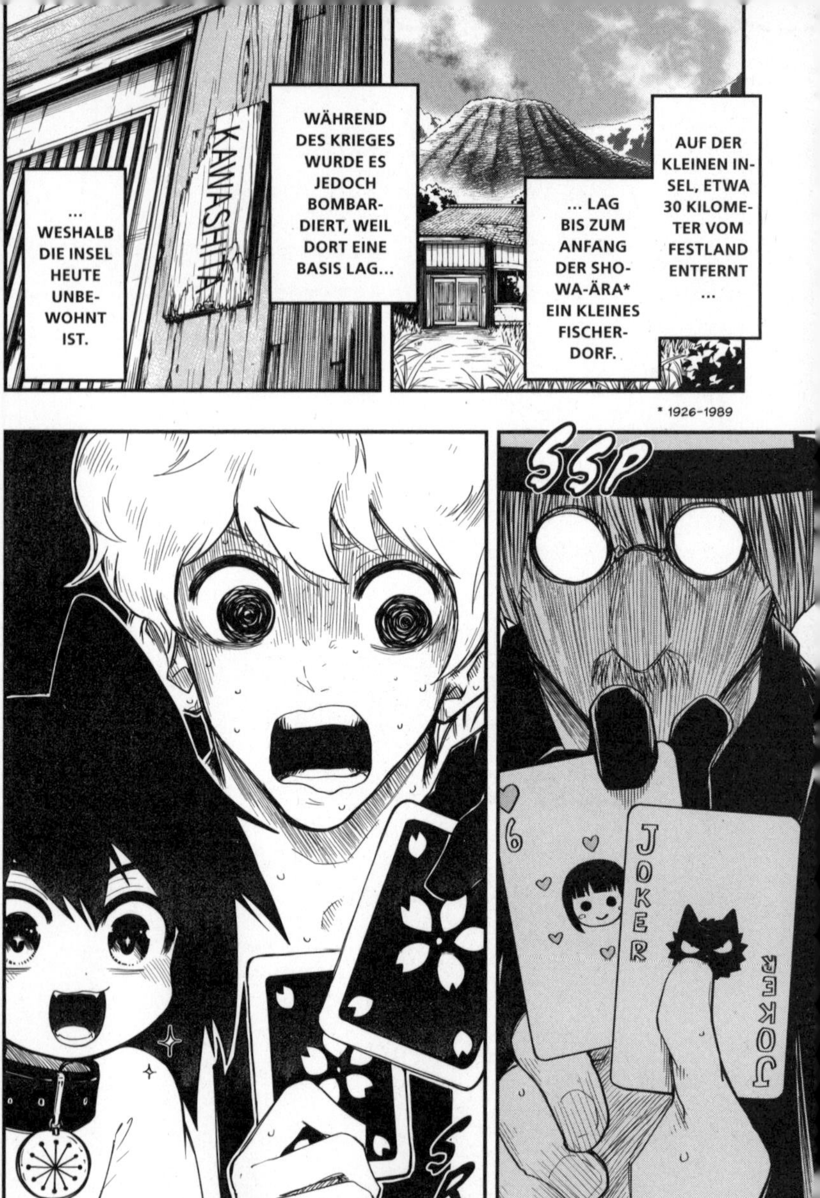
AUF DER KLEINEN INSEL, ETWA 30 KILOMETER VOM FESTLAND ENTFERNT …
… LAG BIS ZUM ANFANG DER SHOWA-ÄRA* EIN KLEINES FISCHERDORF.
WÄHREND DES KRIEGES WURDE ES JEDOCH BOMBARDIERT, WEIL DORT EINE BASIS LAG…
KAWASHITA
… WESHALB DIE INSEL HEUTE UNBEWOHNT IST.
SSP
6
JOKER
SRT

* 1926–1989

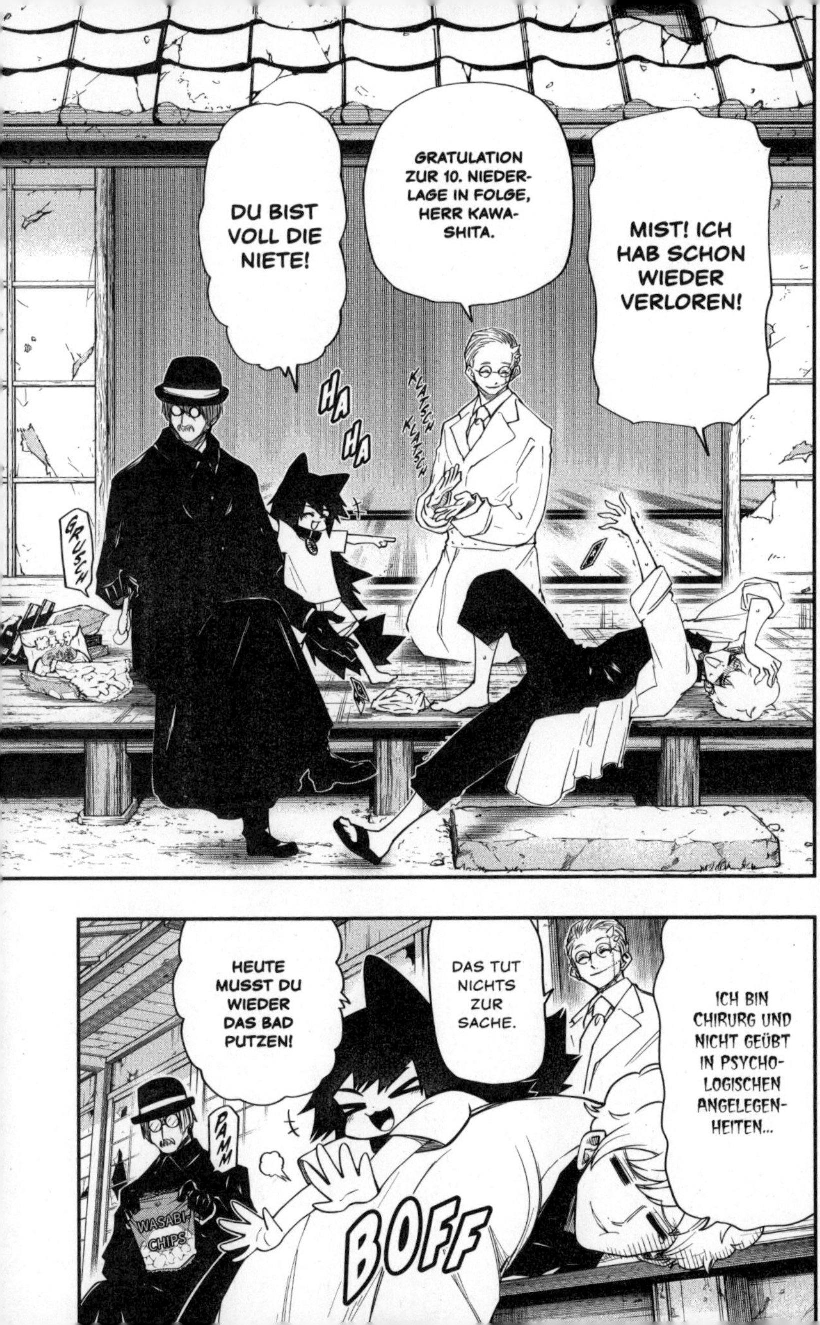
MIST! ICH HAB SCHON WIEDER VERLOREN!
GRATULATION ZUR 10. NIEDERLAGE IN FOLGE, HERR KAWASHITA.
DU BIST VOLL DIE NIETE!
HA HA
KLATSCH KLATSCH
GRUSCH
ICH BIN CHIRURG UND NICHT GEÜBT IN PSYCHOLOGISCHEN ANGELEGENHEITEN...
DAS TUT NICHTS ZUR SACHE.
HEUTE MUSST DU WIEDER DAS BAD PUTZEN!
BOFF
PAMM
WASABI-CHIPS

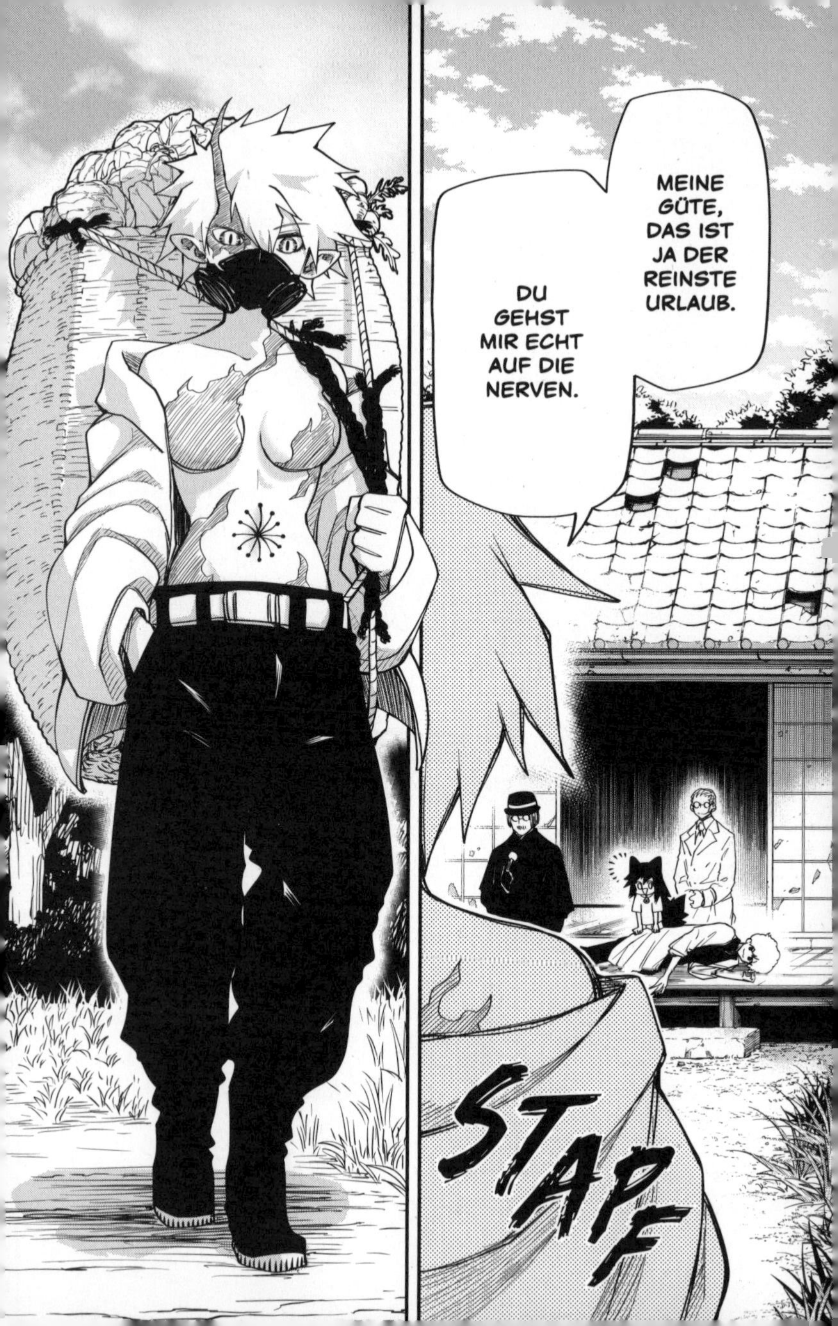
MEINE GÜTE, DAS IST JA DER REINSTE URLAUB.
DU GEHST MIR ECHT AUF DIE NERVEN.
STAPF

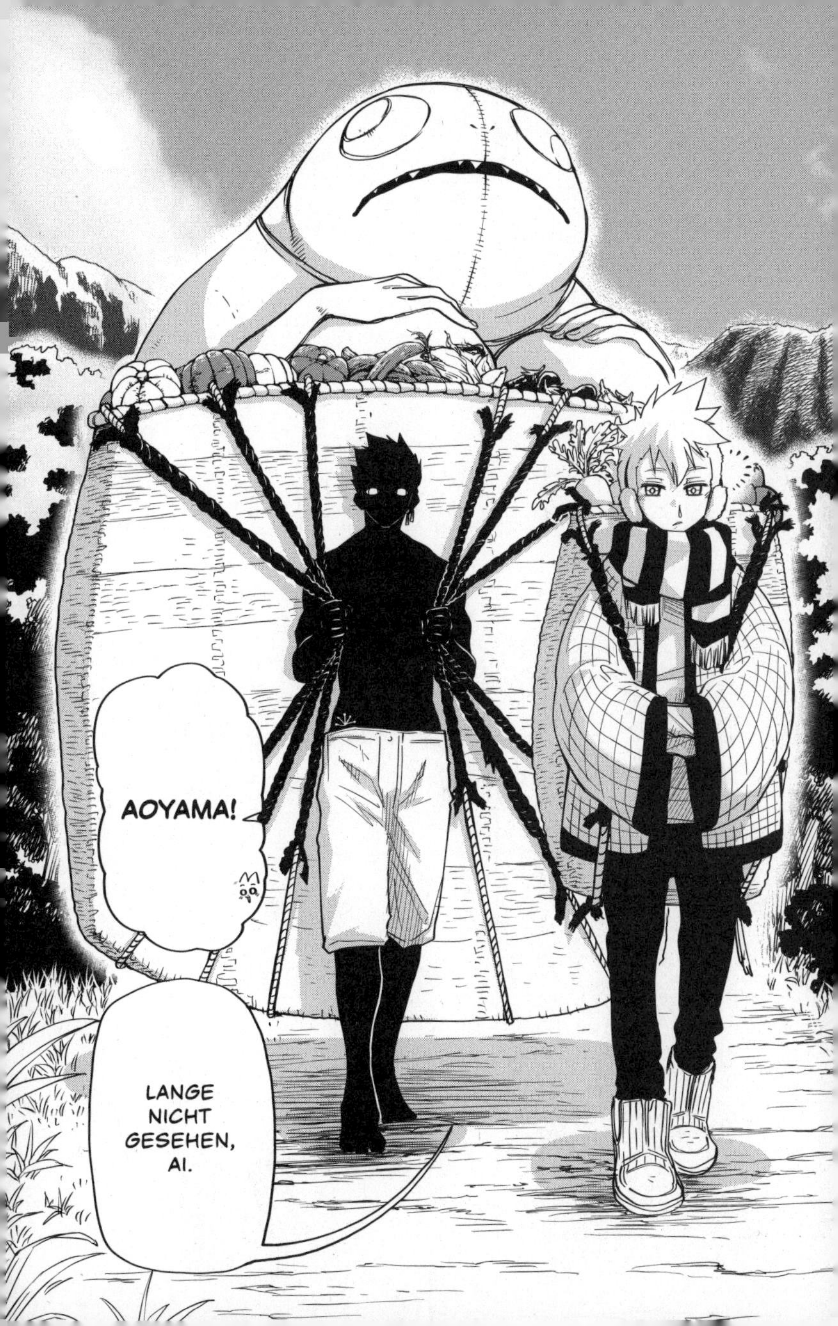
AOYAMA!
LANGE NICHT GESEHEN, AI.

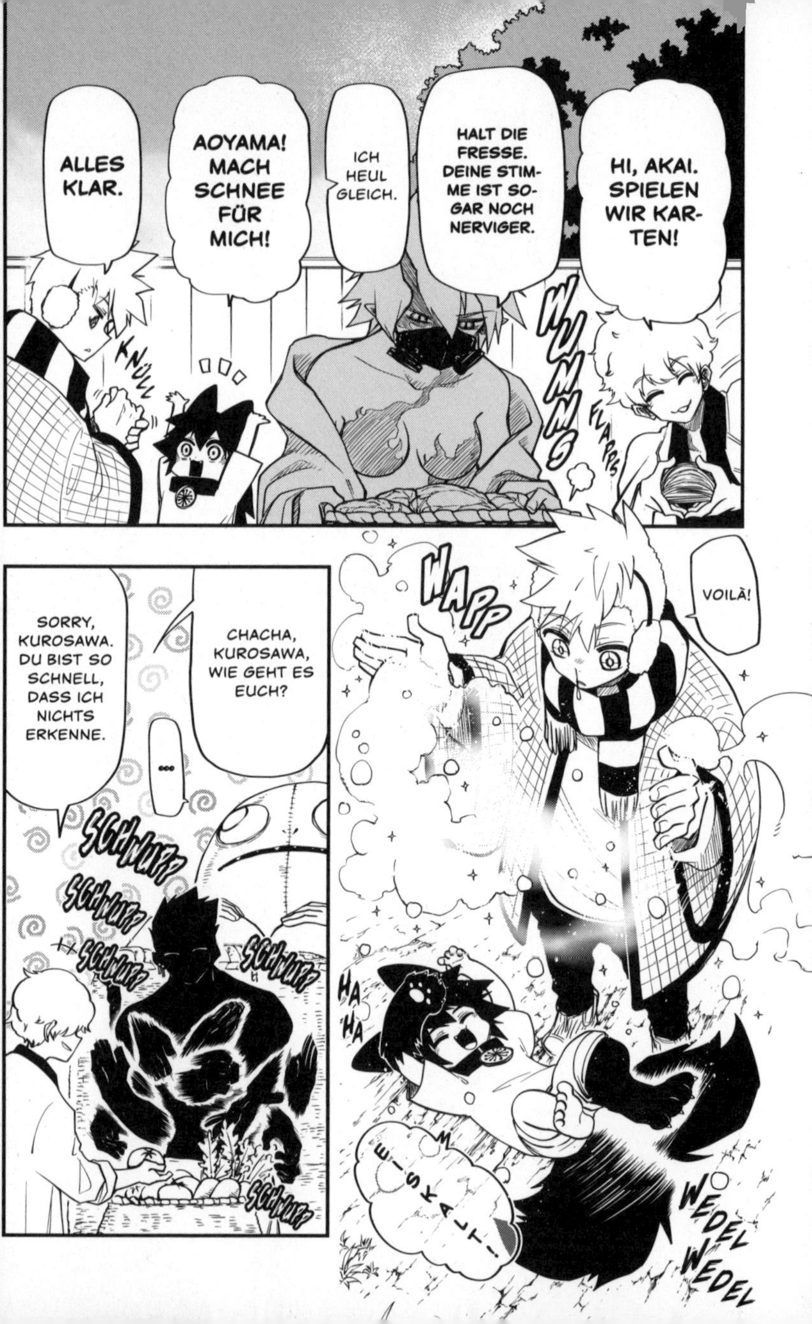
HI, AKAI. SPIELEN WIR KARTEN!
WUMMS
FLAPPS
HALT DIE FRESSE. DEINE STIMME IST SOGAR NOCH NERVIGER.
ICH HEUL GLEICH.
AOYAMA! MACH SCHNEE FÜR MICH!
ALLES KLAR.
KNÜLL
WAPP
VOILÀ!
HA HA
EISKALT!
WEDEL WEDEL
CHACHA, KUROSAWA, WIE GEHT ES EUCH?
...
SORRY, KUROSAWA. DU BIST SO SCHNELL, DASS ICH NICHTS ERKENNE.
SCHWUPP
SCHWUPP
SCHWUPP
SCHWUPP
SCHWUPP

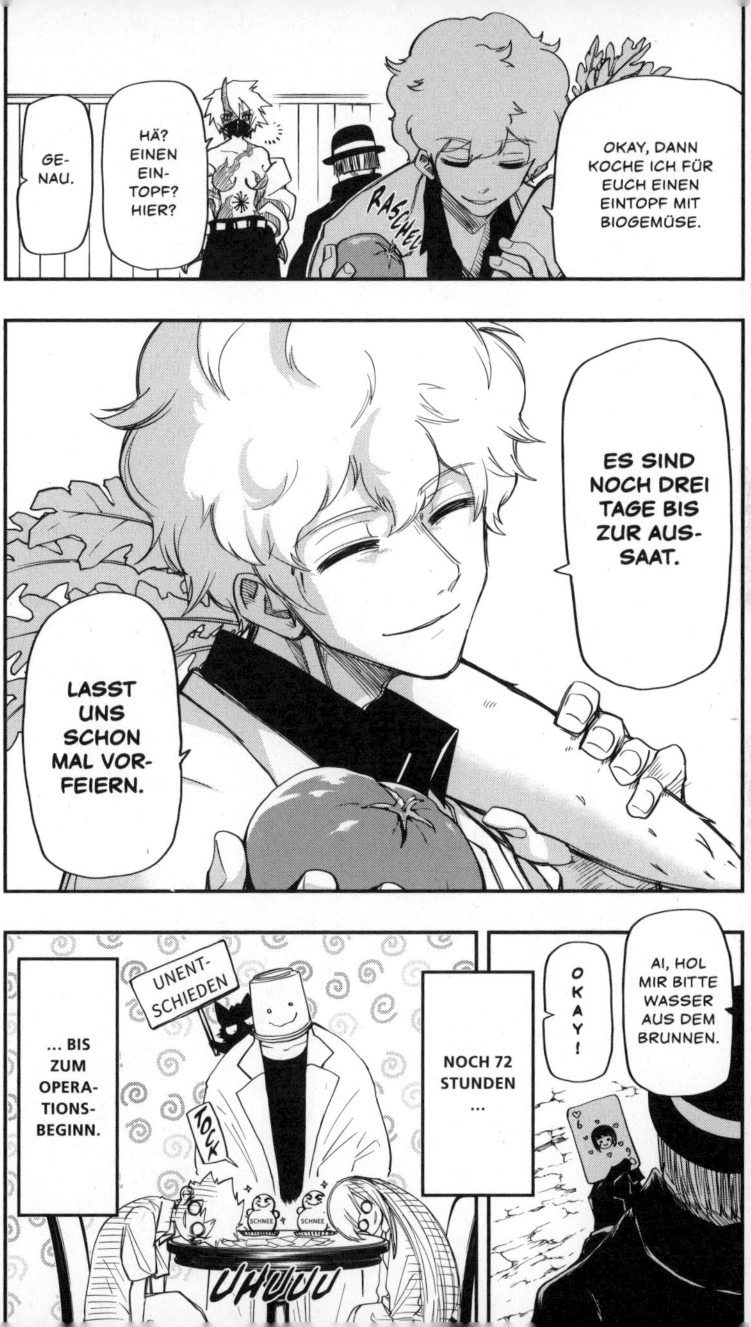
OKAY, DANN KOCHE ICH FÜR EUCH EINEN EINTOPF MIT BIOGEMÜSE.
RASCHEL
HÄ? EINEN EIN-TOPF? HIER?
GE-NAU.
ES SIND NOCH DREI TAGE BIS ZUR AUS-SAAT.
LASST UNS SCHON MAL VOR-FEIERN.
AI, HOL MIR BITTE WASSER AUS DEM BRUNNEN.
OKAY!
NOCH 72 STUNDEN ...
... BIS ZUM OPERA-TIONS-BEGINN.
UNENT-SCHIEDEN
SCHNEE
SCHNEE

☆ Yozakura-Kartenspiel

☆ Auf jede Karte ist ein Gesicht gezeichnet (jeweils das gleiche für eine Zahl, unabhängig vom Muster).

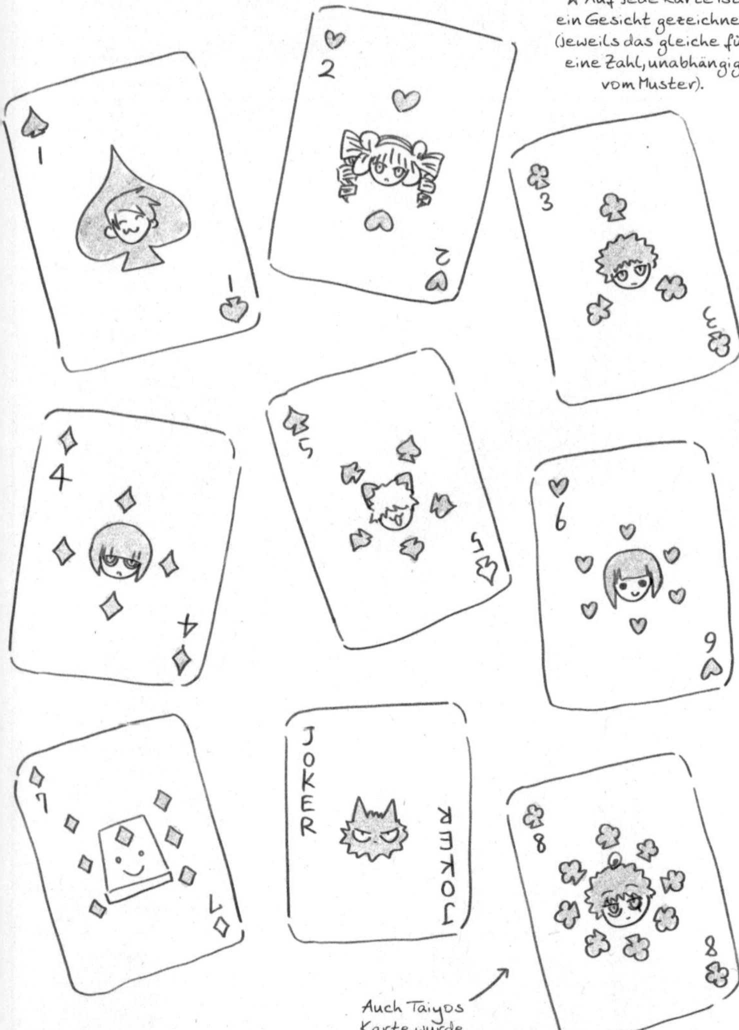

Auch Taiyos Karte wurde hinzugefügt.

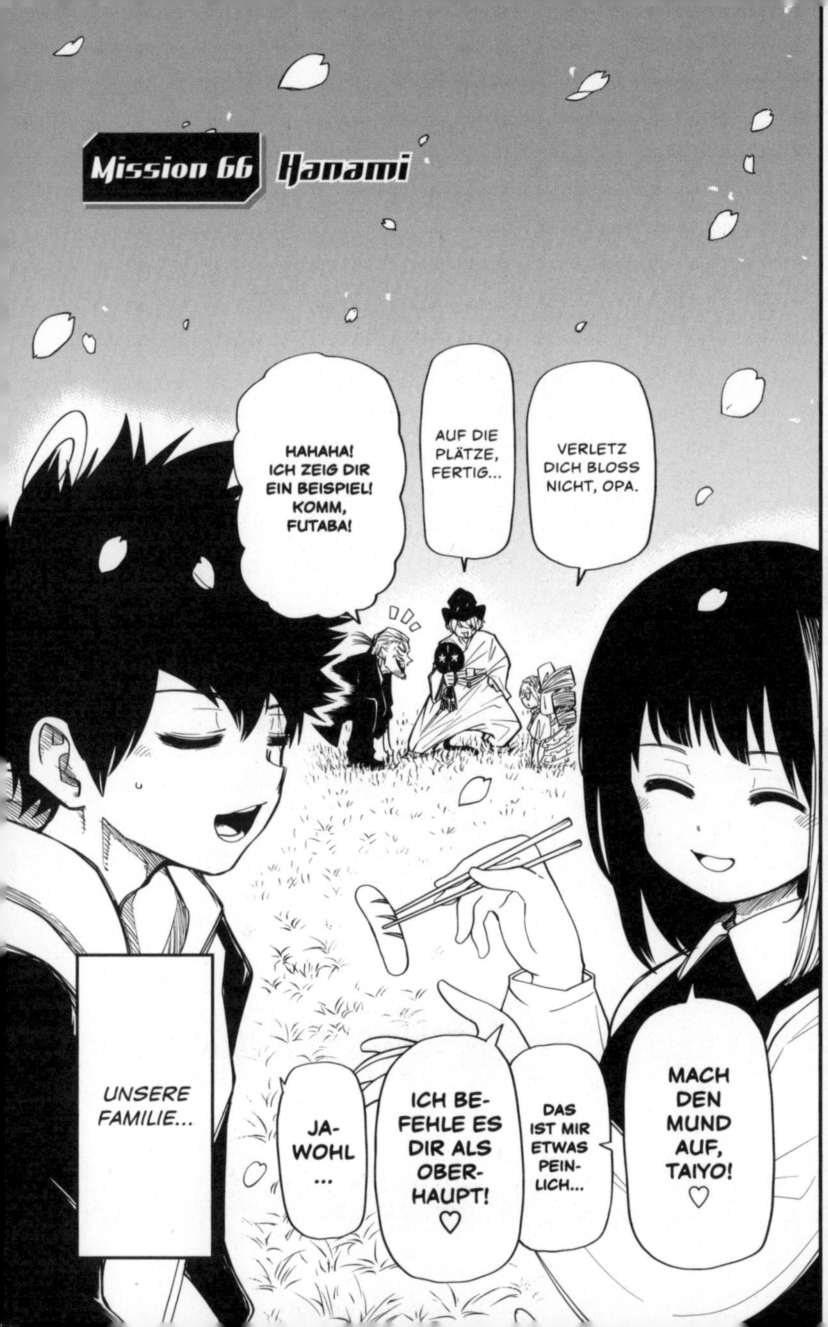
Mission 66 Hanami
VERLETZ DICH BLOSS NICHT, OPA.
AUF DIE PLÄTZE, FERTIG...
HAHAHA! ICH ZEIG DIR EIN BEISPIEL! KOMM, FUTABA!
MACH DEN MUND AUF, TAIYO! ♡
DAS IST MIR ETWAS PEIN-LICH...
ICH BE-FEHLE ES DIR ALS OBER-HAUPT! ♡
JA-WOHL ...
UNSERE FAMILIE...

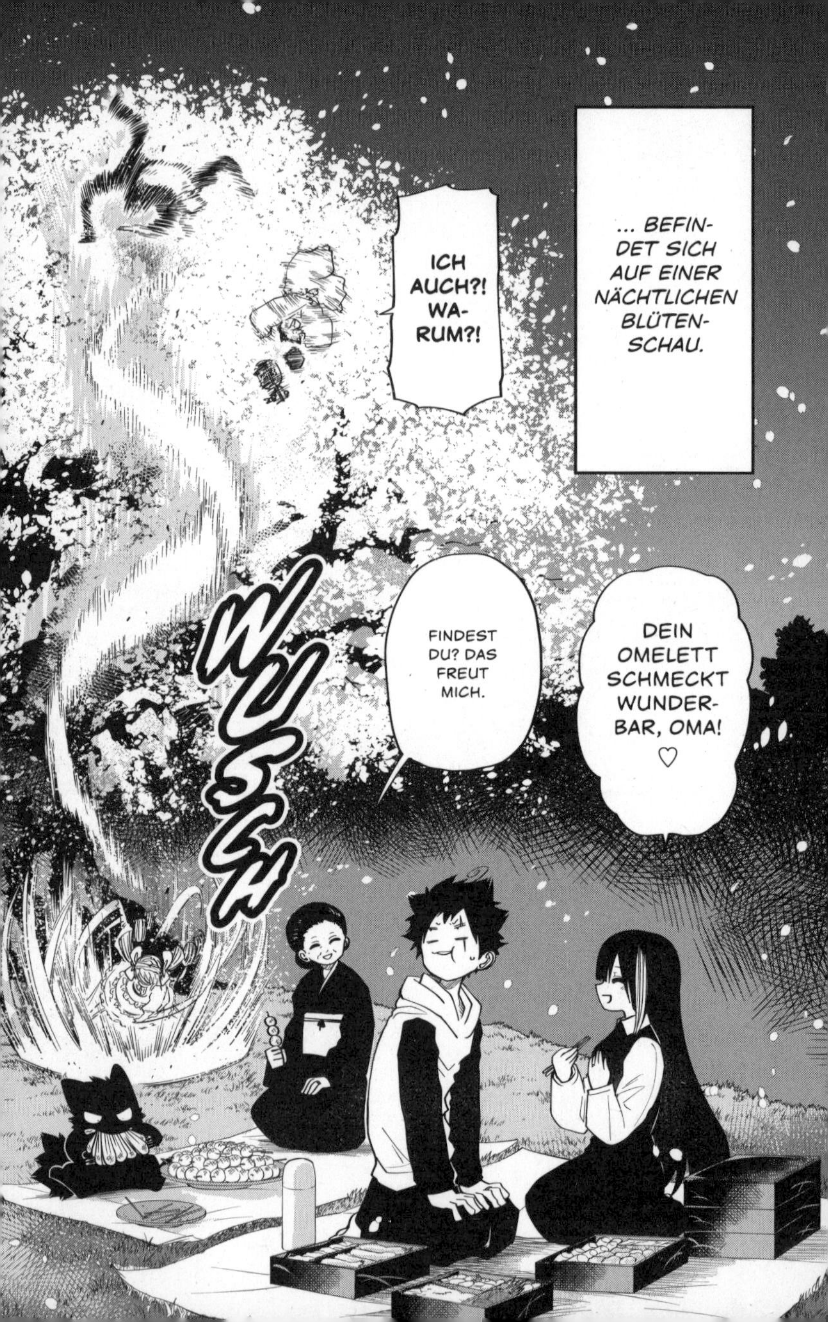
... BEFIN-
DET SICH
AUF EINER
NÄCHTLICHEN
BLÜTEN-
SCHAU.
ICH AUCH?! WA-RUM?!
DEIN OMELETT SCHMECKT WUNDER-BAR, OMA! ♡
FINDEST DU? DAS FREUT MICH.
WUUSCHH

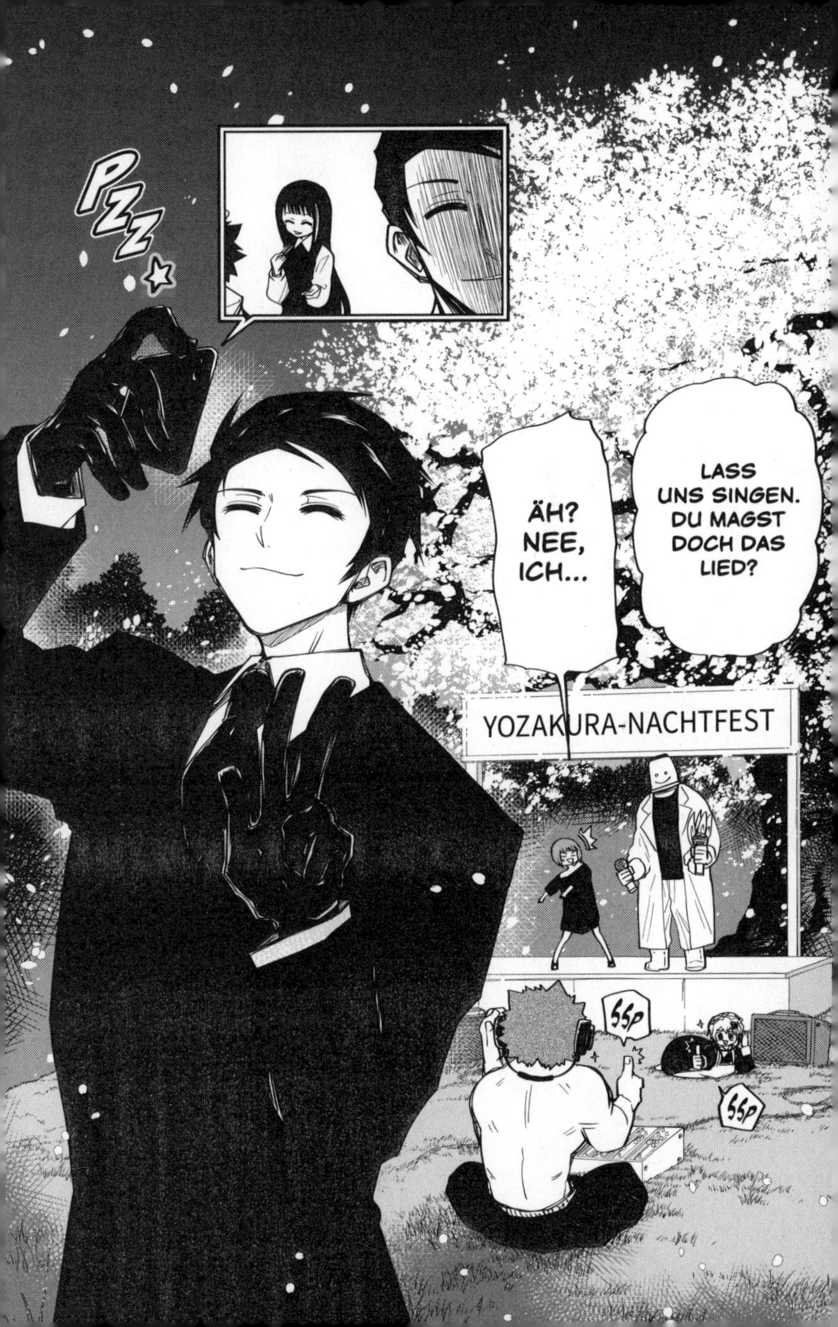
PZZ
LASS UNS SINGEN. DU MAGST DOCH DAS LIED?
ÄH? NEE, ICH...
YOZAKURA-NACHTFEST
SSP
SSP

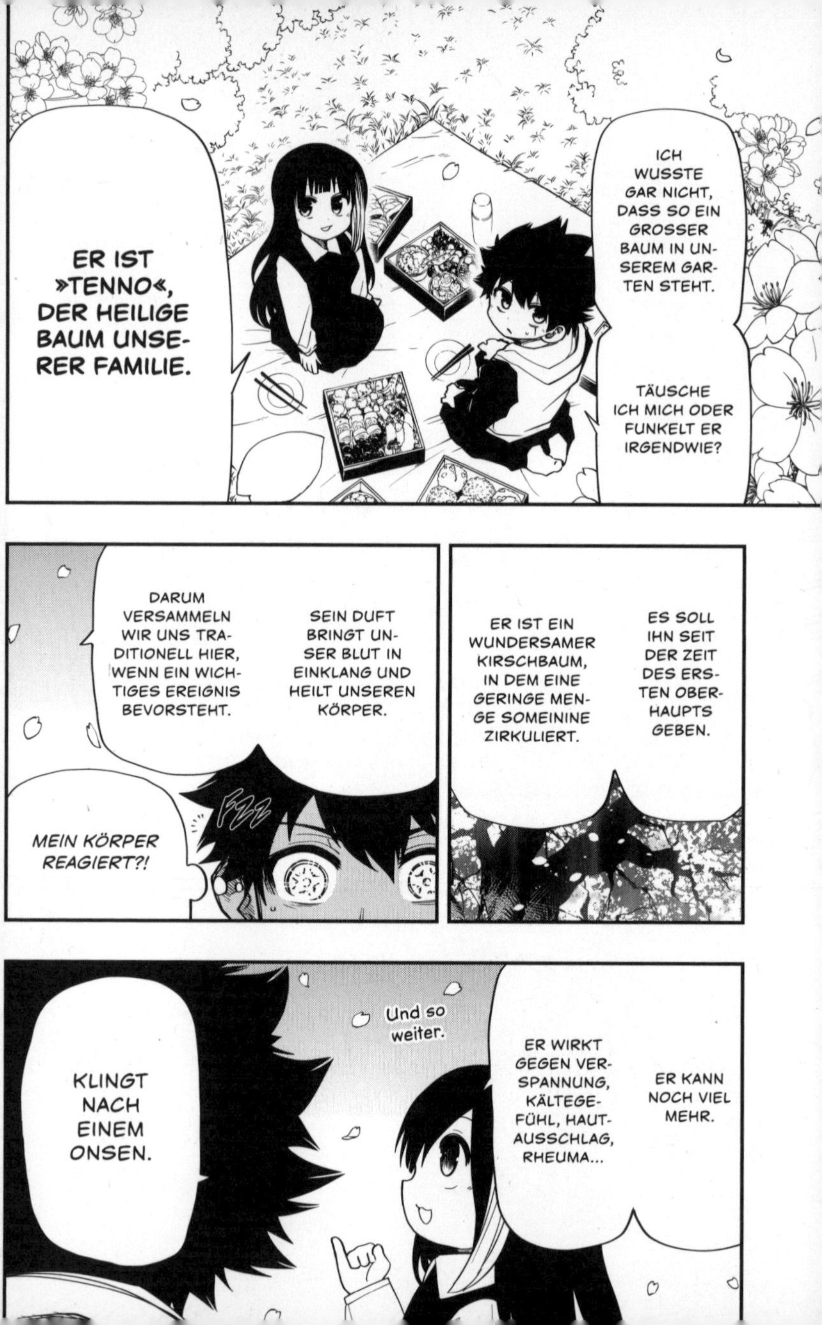
ICH WUSSTE GAR NICHT, DASS SO EIN GROSSER BAUM IN UNSEREM GARTEN STEHT.
TÄUSCHE ICH MICH ODER FUNKELT ER IRGENDWIE?
ER IST »TENNO«, DER HEILIGE BAUM UNSERER FAMILIE.
ES SOLL IHN SEIT DER ZEIT DES ERSTEN OBERHAUPTS GEBEN.
ER IST EIN WUNDERSAMER KIRSCHBAUM, IN DEM EINE GERINGE MENGE SOMEININE ZIRKULIERT.
SEIN DUFT BRINGT UNSER BLUT IN EINKLANG UND HEILT UNSEREN KÖRPER.
DARUM VERSAMMELN WIR UNS TRADITIONELL HIER, WENN EIN WICHTIGES EREIGNIS BEVORSTEHT.
MEIN KÖRPER REAGIERT?!
ER KANN NOCH VIEL MEHR.
ER WIRKT GEGEN VERSPANNUNG, KÄLTEGEFÜHL, HAUTAUSSCHLAG, RHEUMA…
Und so weiter.
KLINGT NACH EINEM ONSEN.

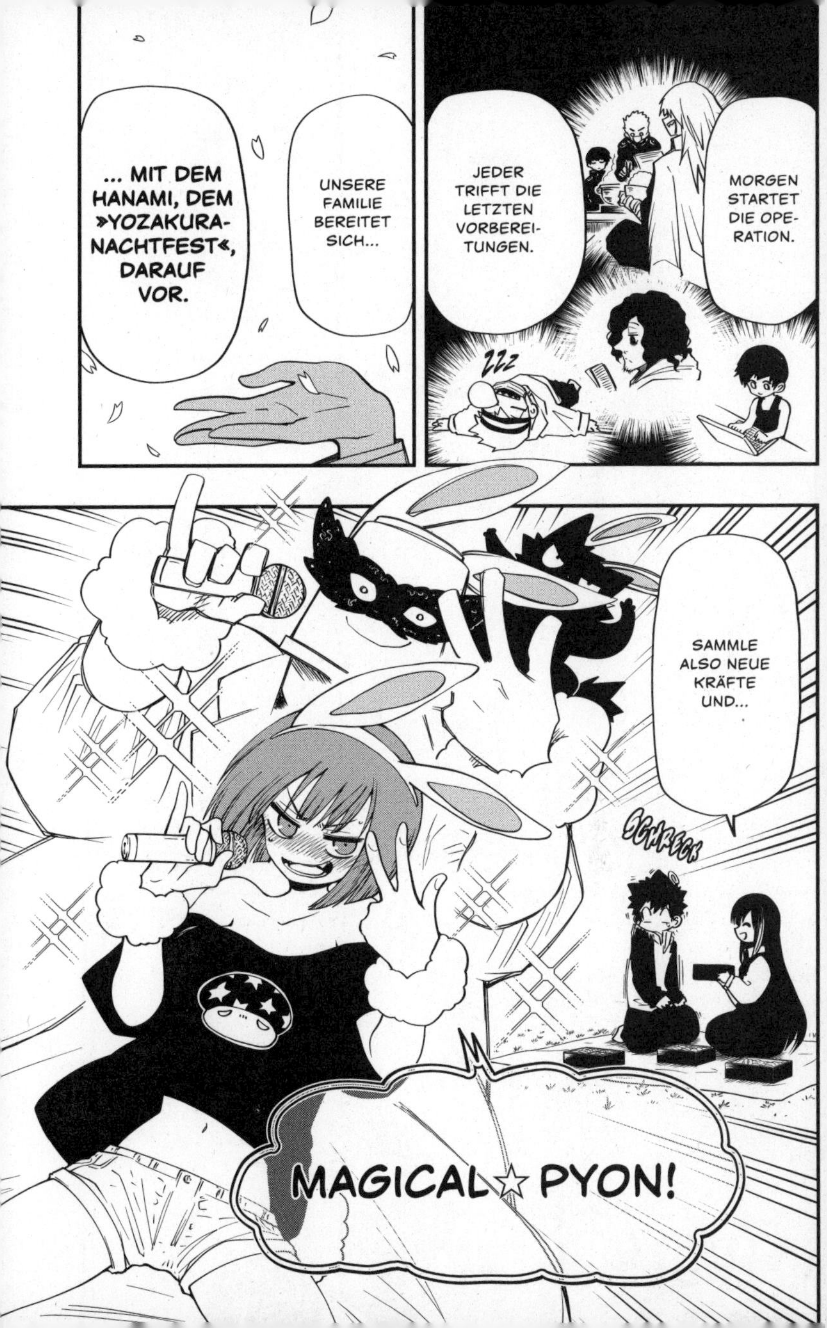
MORGEN STARTET DIE OPE-RATION.
JEDER TRIFFT DIE LETZTEN VORBEREI-TUNGEN.
ZZZ
UNSERE FAMILIE BEREITET SICH...
... MIT DEM HANAMI, DEM »YOZAKURA-NACHTFEST«, DARAUF VOR.
SAMMLE ALSO NEUE KRÄFTE UND...
SCHRECK
MAGICAL☆PYON!

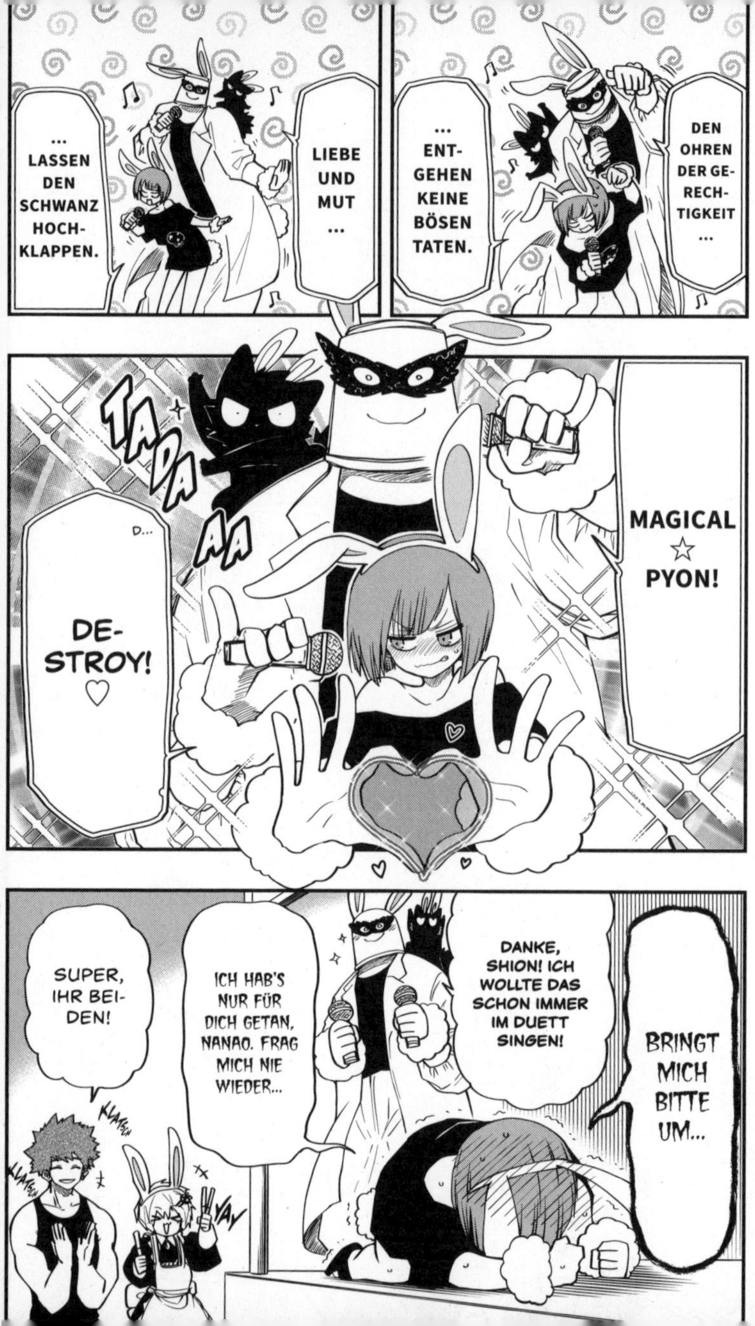

DEN OHREN DER GE-RECH-TIGKEIT ...
... ENT-GEHEN KEINE BÖSEN TATEN.
LIEBE UND MUT ...
... LASSEN DEN SCHWANZ HOCH-KLAPPEN.
MAGICAL ☆ PYON!
TADAAA
D... DE-STROY! ♡
BRINGT MICH BITTE UM...
DANKE, SHION! ICH WOLLTE DAS SCHON IMMER IM DUETT SINGEN!
ICH HAB'S NUR FÜR DICH GETAN, NANAO. FRAG MICH NIE WIEDER...
SUPER, IHR BEI-DEN!
KLATSCH
KLATSCH
YAY

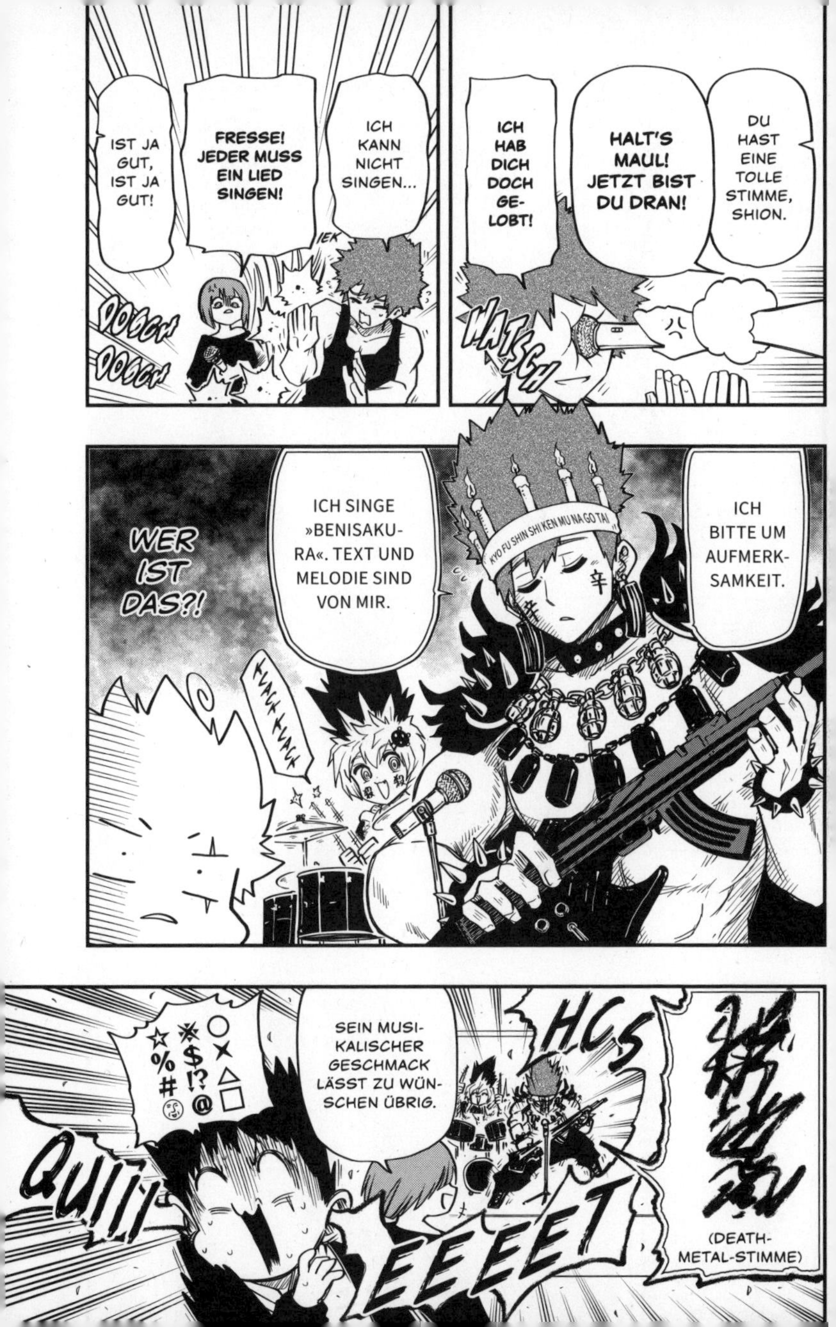
DU HAST EINE TOLLE STIMME, SHION.
HALT'S MAUL! JETZT BIST DU DRAN!
ICH HAB DICH DOCH GE-LOBT!
WATSCH
ICH KANN NICHT SINGEN…
IEK
FRESSE! JEDER MUSS EIN LIED SINGEN!
IST JA GUT, IST JA GUT!
DOGGH
DOGGH
ICH BITTE UM AUFMERK-SAMKEIT.
ICH SINGE »BENISAKU-RA«. TEXT UND MELODIE SIND VON MIR.
KYO FU SHIN SHI KEN MU NA GO TAI
WER IST DAS?!
KLACK KLACK
(DEATH-METAL-STIMME)
SEIN MUSI-KALISCHER GESCHMACK LÄSST ZU WÜN-SCHEN ÜBRIG.
○ × △ □ ※ $!? @ ☆ % #
QUIIIEEEEET

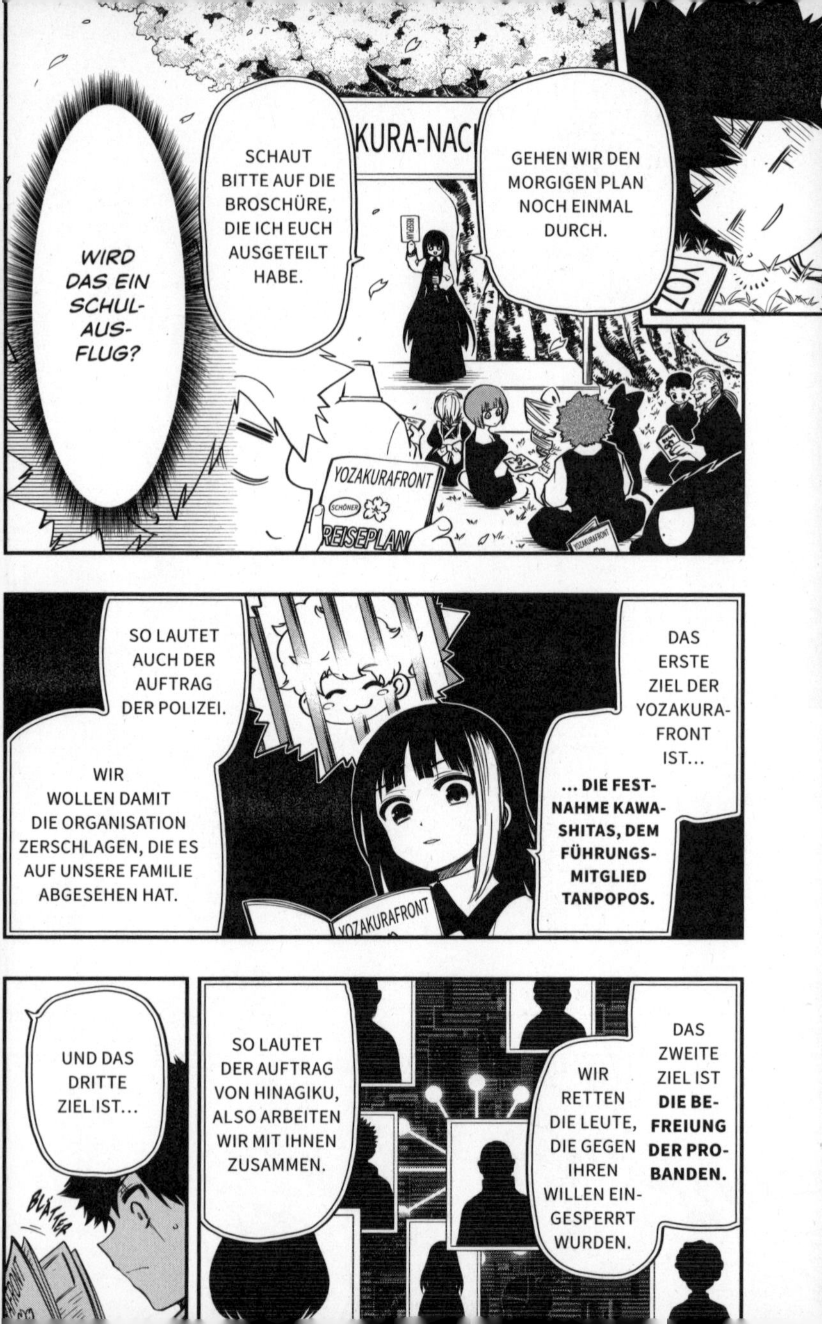
GEHEN WIR DEN MORGIGEN PLAN NOCH EINMAL DURCH.
KURA-NACH
SCHAUT BITTE AUF DIE BROSCHÜRE, DIE ICH EUCH AUSGETEILT HABE.
WIRD DAS EIN SCHULAUSFLUG?
YOZAKURAFRONT SCHÖNER REISEPLAN
DAS ERSTE ZIEL DER YOZAKURA-FRONT IST…
… **DIE FESTNAHME KAWASHITAS, DEM FÜHRUNGSMITGLIED TANPOPOS.**
SO LAUTET AUCH DER AUFTRAG DER POLIZEI.
WIR WOLLEN DAMIT DIE ORGANISATION ZERSCHLAGEN, DIE ES AUF UNSERE FAMILIE ABGESEHEN HAT.
YOZAKURAFRONT
DAS ZWEITE ZIEL IST **DIE BEFREIUNG DER PROBANDEN.**
WIR RETTEN DIE LEUTE, DIE GEGEN IHREN WILLEN EINGESPERRT WURDEN.
SO LAUTET DER AUFTRAG VON HINAGIKU, ALSO ARBEITEN WIR MIT IHNEN ZUSAMMEN.
UND DAS DRITTE ZIEL IST…
BLÄTTER

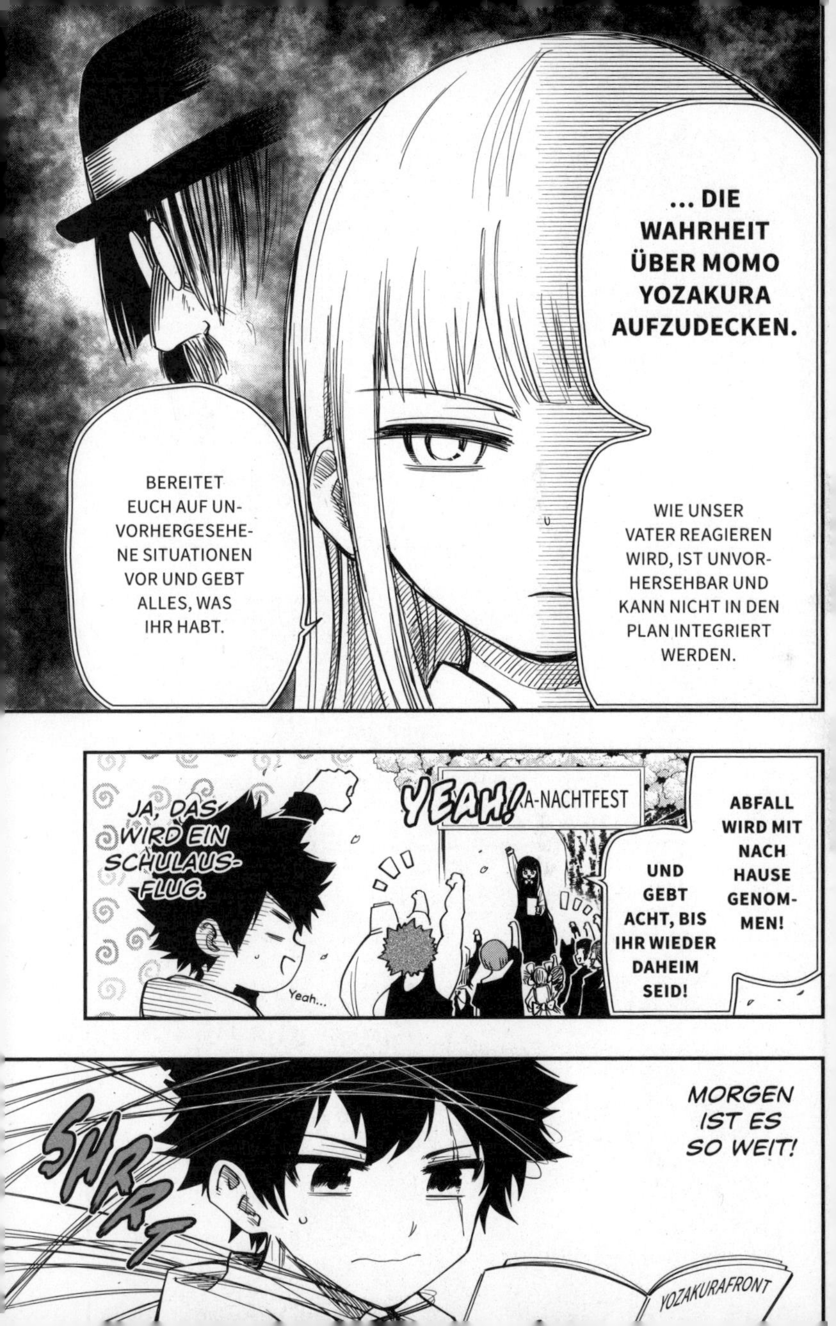
... DIE WAHRHEIT ÜBER MOMO YOZAKURA AUFZUDECKEN.
WIE UNSER VATER REAGIEREN WIRD, IST UNVORHERSEHBAR UND KANN NICHT IN DEN PLAN INTEGRIERT WERDEN.
BEREITET EUCH AUF UNVORHERGESEHENE SITUATIONEN VOR UND GEBT ALLES, WAS IHR HABT.
ABFALL WIRD MIT NACH HAUSE GENOMMEN!
UND GEBT ACHT, BIS IHR WIEDER DAHEIM SEID!
A-NACHTFEST
YEAH!
JA, DAS WIRD EIN SCHULAUSFLUG.
Yeah...
MORGEN IST ES SO WEIT!
SHRRT
YOZAKURAFRONT

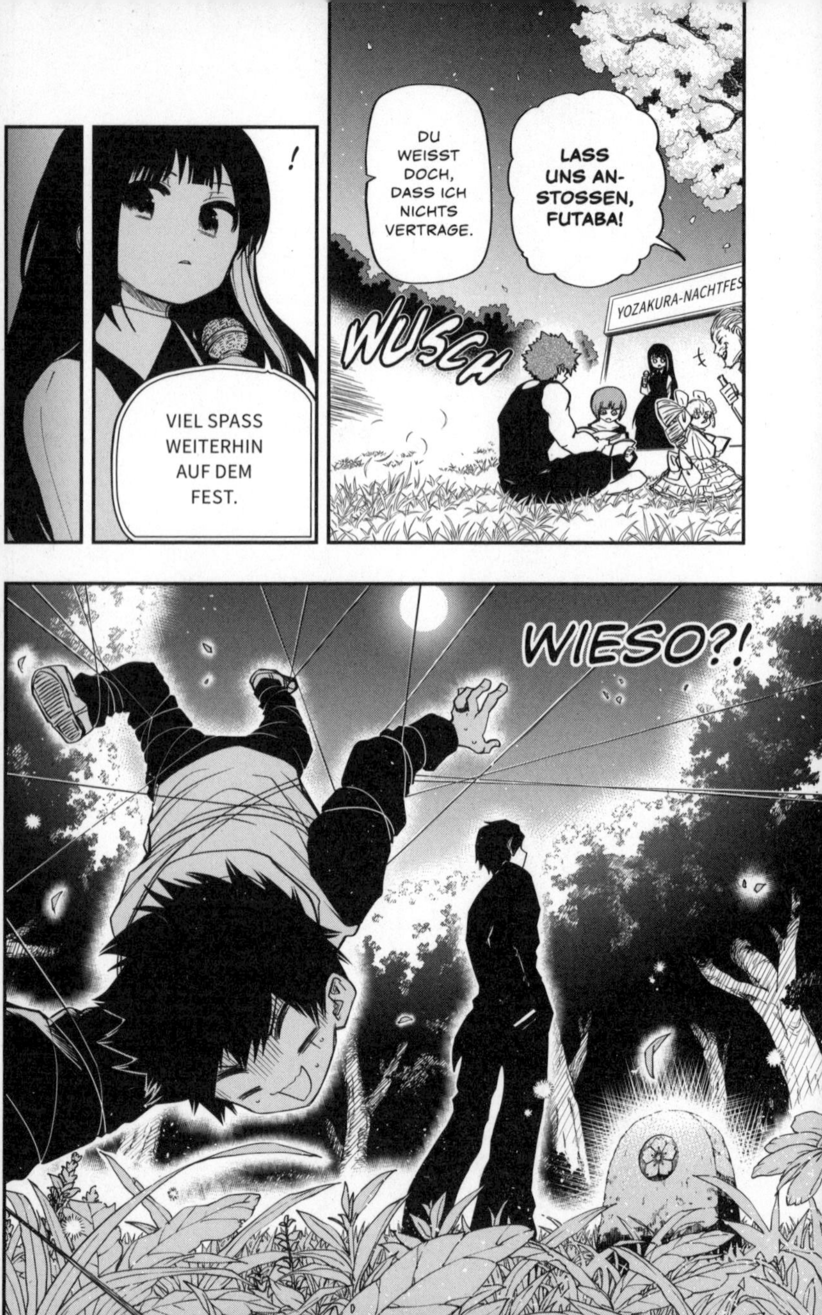
LASS UNS AN-STOSSEN, FUTABA!
DU WEISST DOCH, DASS ICH NICHTS VERTRAGE.
YOZAKURA-NACHTFES
WUSCH
!
VIEL SPASS WEITERHIN AUF DEM FEST.
WIESO?!

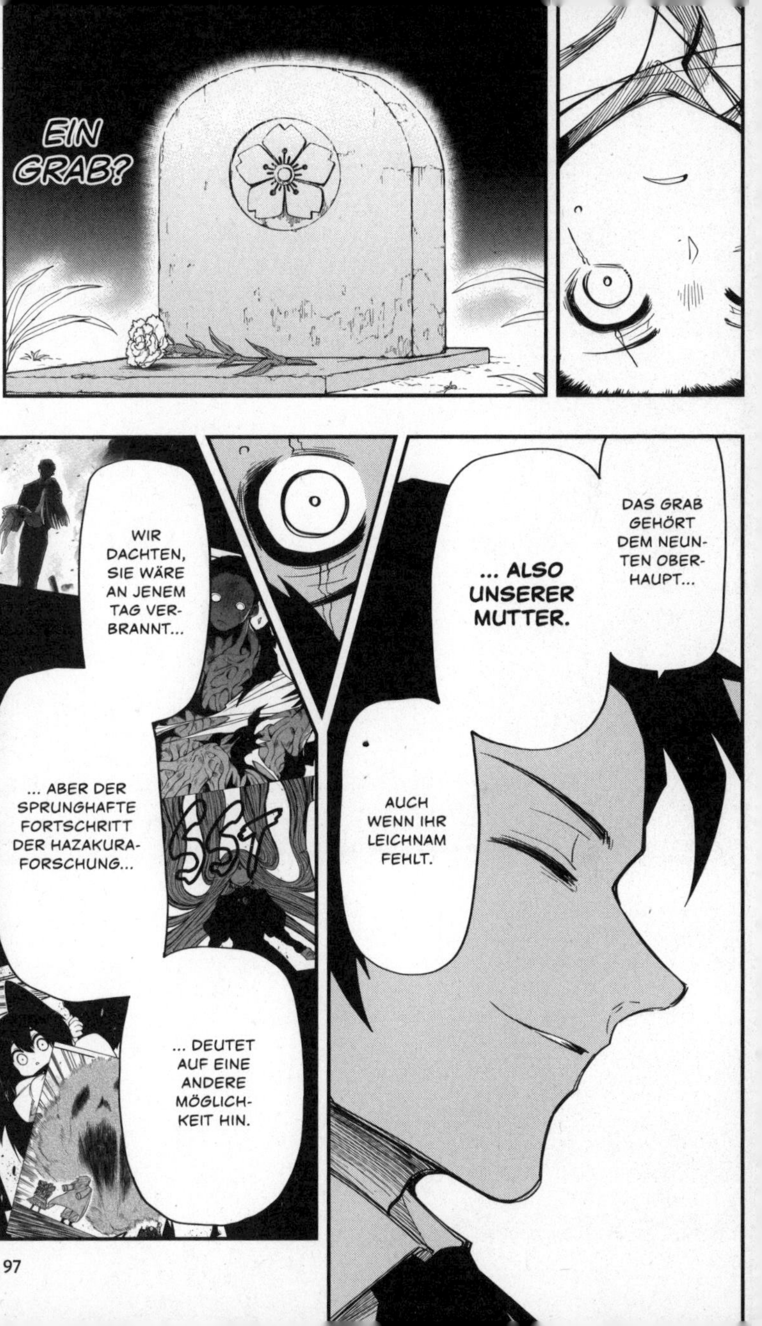
EIN GRAB?
DAS GRAB GEHÖRT DEM NEUNTEN OBERHAUPT...
... ALSO UNSERER MUTTER.
AUCH WENN IHR LEICHNAM FEHLT.
WIR DACHTEN, SIE WÄRE AN JENEM TAG VERBRANNT...
... ABER DER SPRUNGHAFTE FORTSCHRITT DER HAZAKURA-FORSCHUNG...
... DEUTET AUF EINE ANDERE MÖGLICHKEIT HIN.

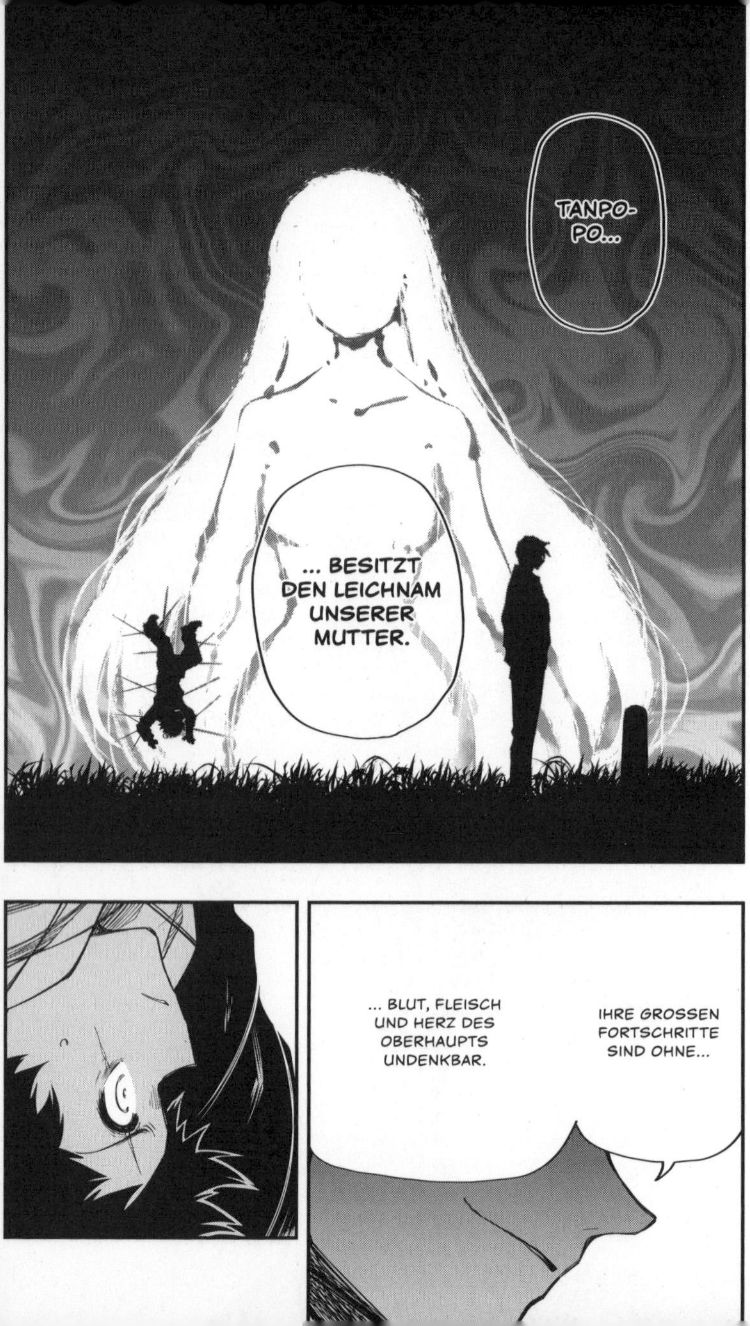
TANPO-PO...
... BESITZT DEN LEICHNAM UNSERER MUTTER.
IHRE GROSSEN FORTSCHRITTE SIND OHNE...
... BLUT, FLEISCH UND HERZ DES OBERHAUPTS UNDENKBAR.

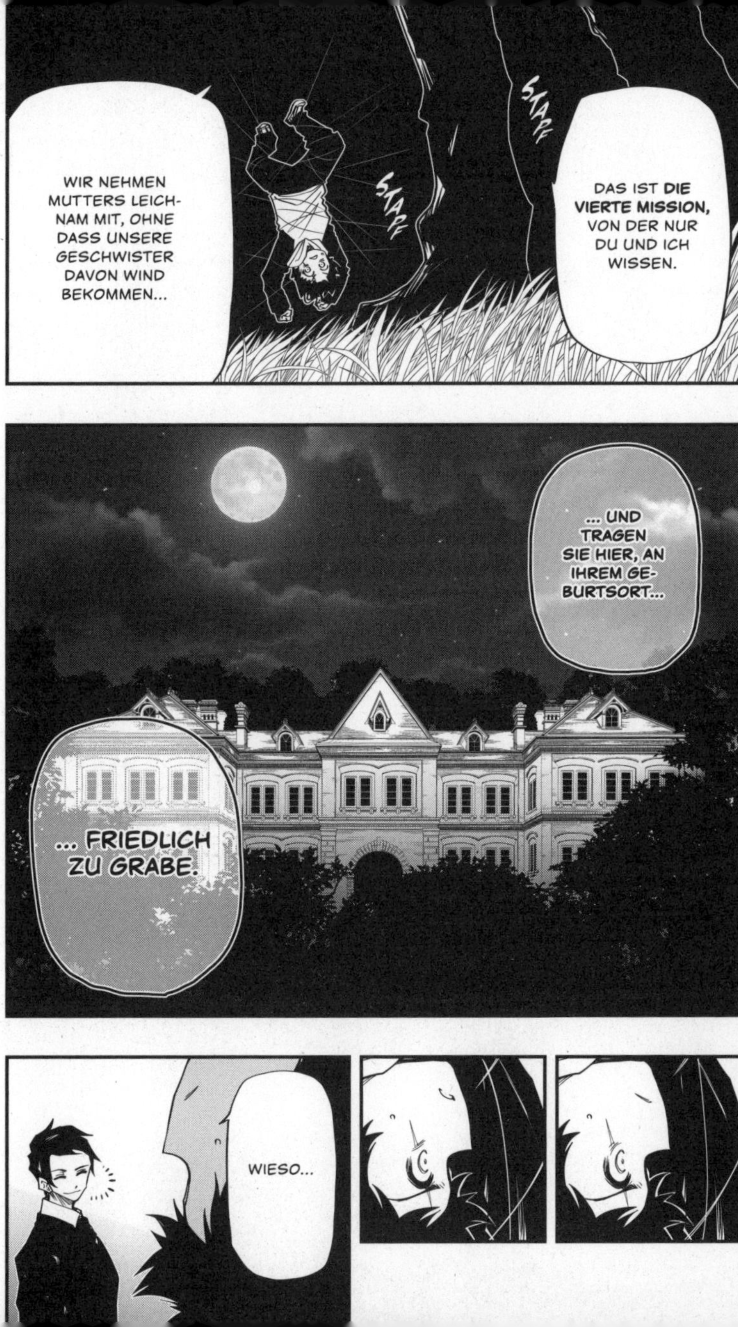
STAPF
STAPF
DAS IST DIE VIERTE MISSION, VON DER NUR DU UND ICH WISSEN.
WIR NEHMEN MUTTERS LEICHNAM MIT, OHNE DASS UNSERE GESCHWISTER DAVON WIND BEKOMMEN...
... UND TRAGEN SIE HIER, AN IHREM GEBURTSORT...
... FRIEDLICH ZU GRABE.
WIESO...

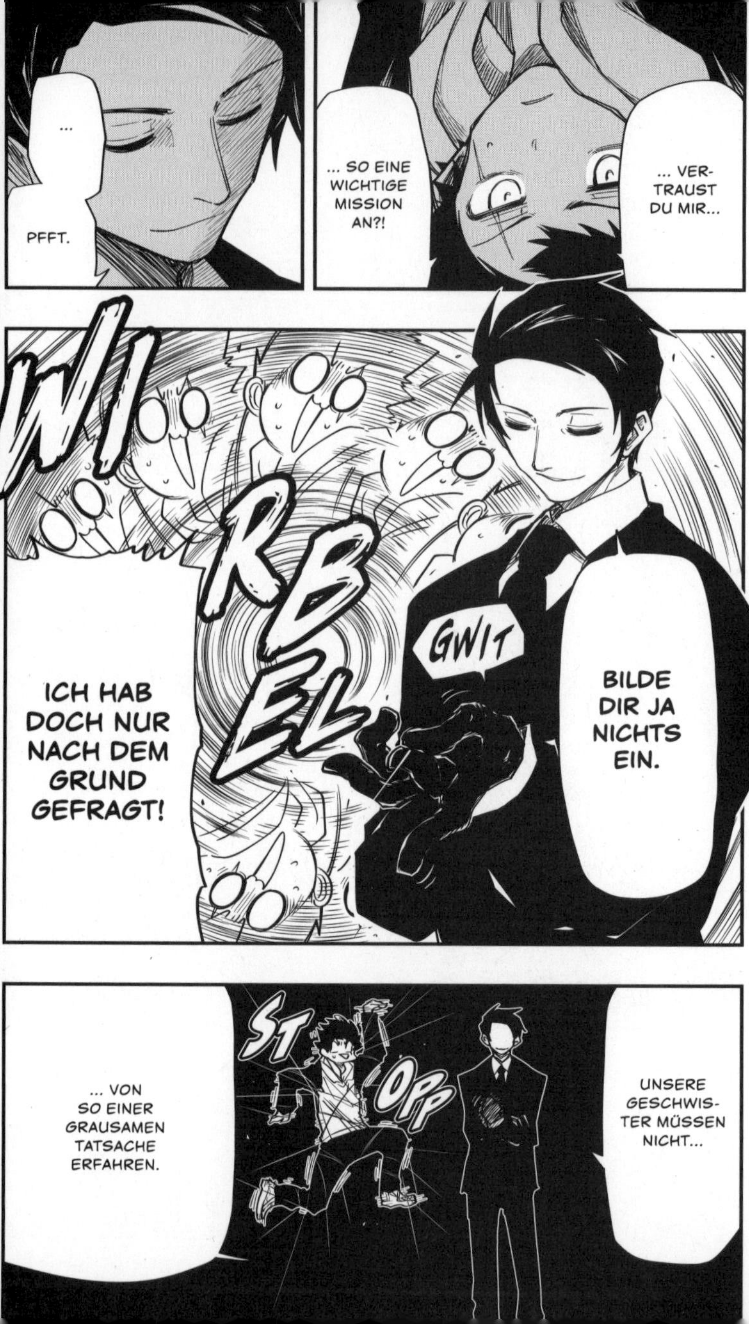
... VER-
TRAUST
DU MIR...
... SO EINE
WICHTIGE
MISSION
AN?!
...
PFFT.
BILDE
DIR JA
NICHTS
EIN.
GWIT
WIRBEL
ICH HAB
DOCH NUR
NACH DEM
GRUND
GEFRAGT!
UNSERE
GESCHWIS-
TER MÜSSEN
NICHT...
STOPP
... VON
SO EINER
GRAUSAMEN
TATSACHE
ERFAHREN.

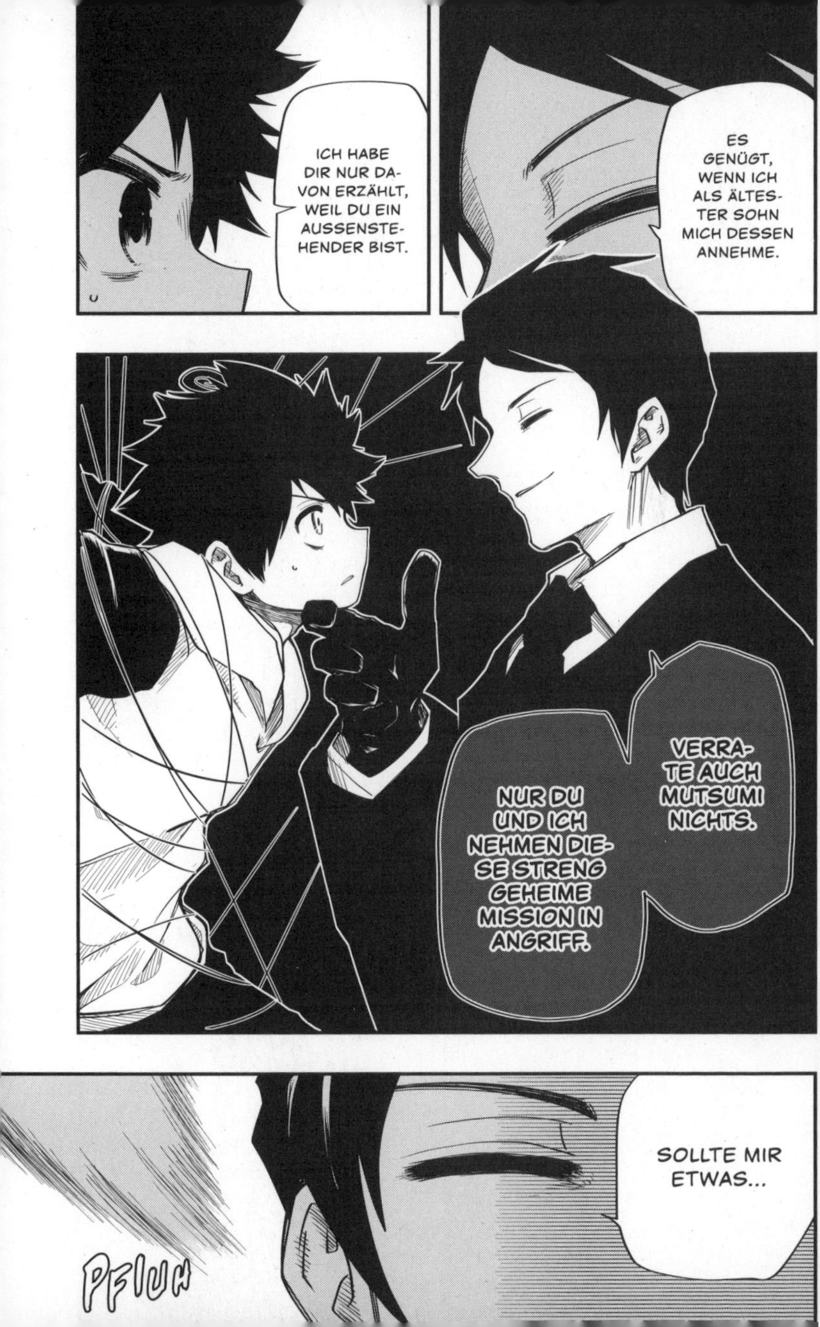
ES GENÜGT, WENN ICH ALS ÄLTESTER SOHN MICH DESSEN ANNEHME.
ICH HABE DIR NUR DAVON ERZÄHLT, WEIL DU EIN AUSSENSTEHENDER BIST.
VERRATE AUCH MUTSUMI NICHTS.
NUR DU UND ICH NEHMEN DIESE STRENG GEHEIME MISSION IN ANGRIFF.
SOLLTE MIR ETWAS...
PFIUH

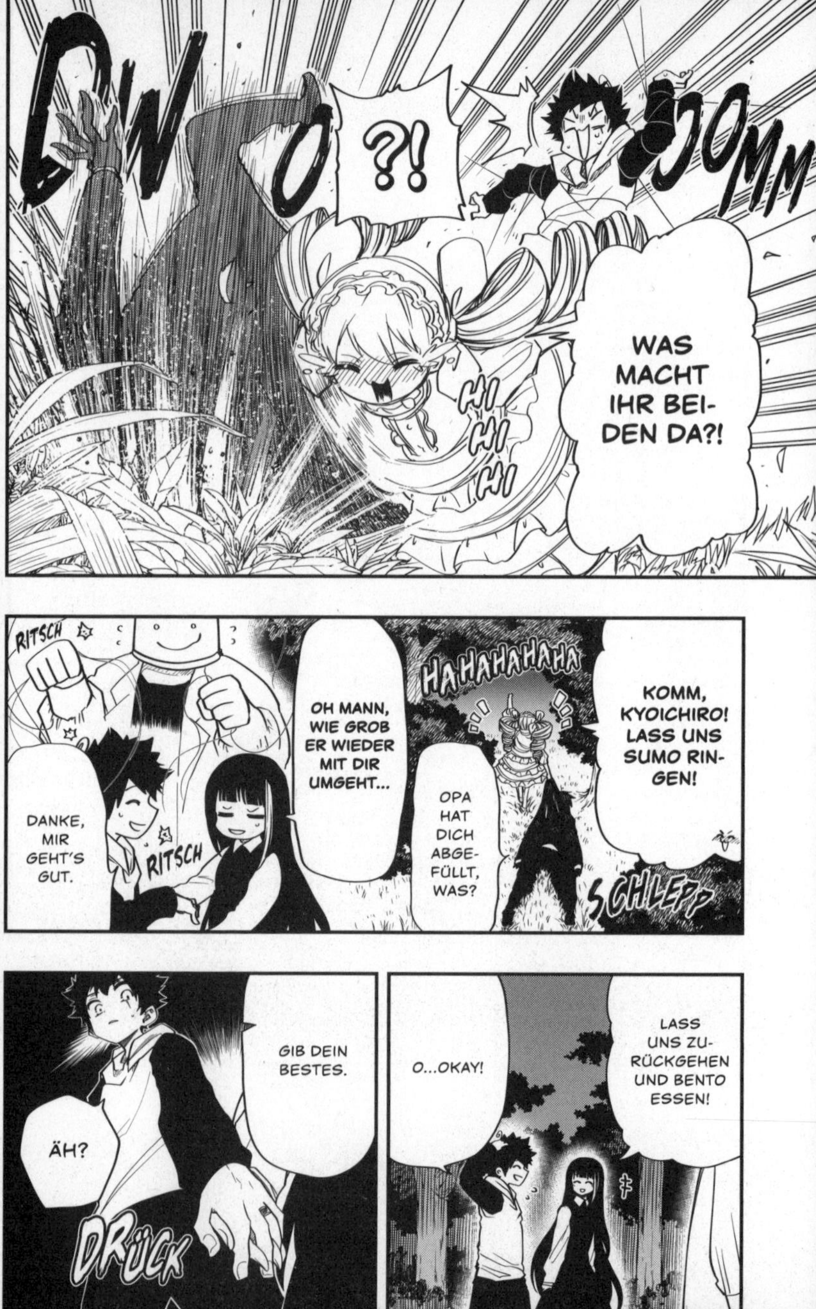

?!
WAS MACHT IHR BEIDEN DA?!
HI HI HI
KOMM, KYOICHIRO! LASS UNS SUMO RINGEN!
HAHAHAHAHA
SCHLEPP
OPA HAT DICH ABGEFÜLLT, WAS?
OH MANN, WIE GROB ER WIEDER MIT DIR UMGEHT...
DANKE, MIR GEHT'S GUT.
RITSCH
RITSCH
LASS UNS ZURÜCKGEHEN UND BENTO ESSEN!
O...OKAY!
GIB DEIN BESTES.
ÄH?
DRÜCK

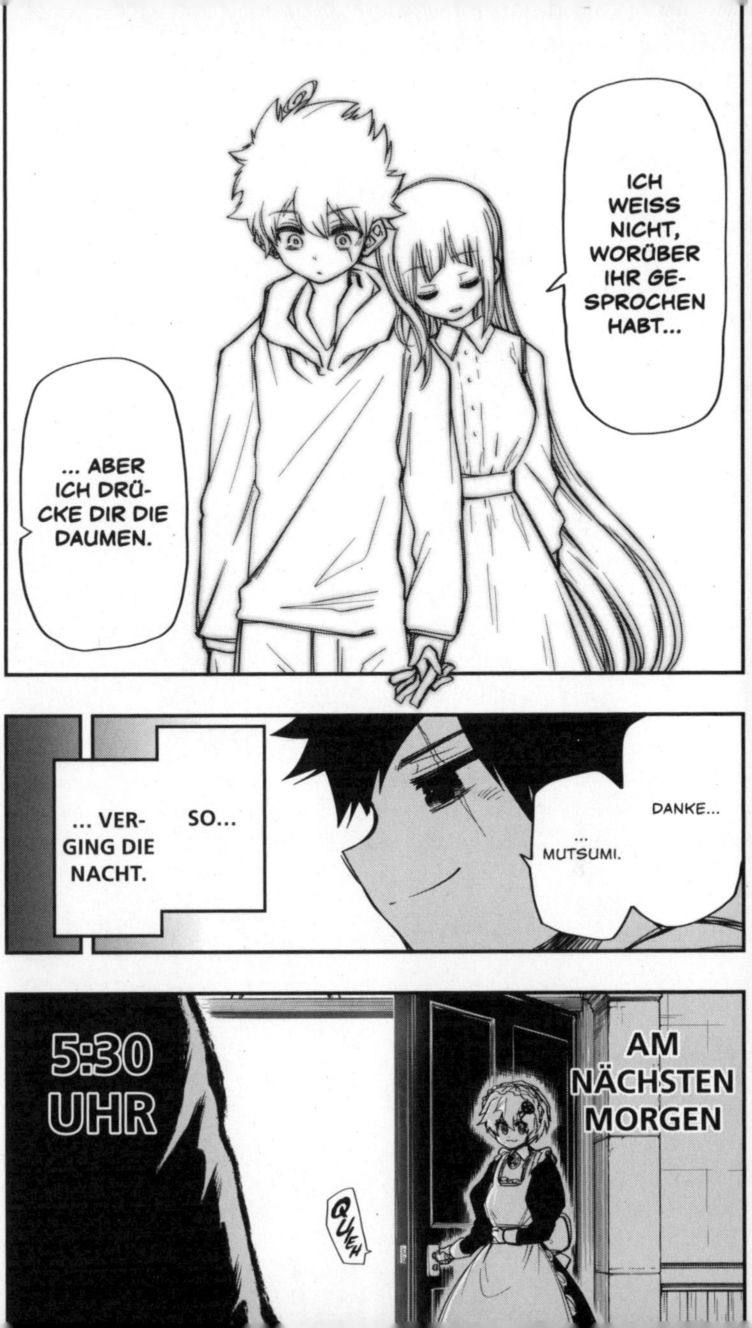
ICH WEISS NICHT, WORÜBER IHR GE-SPROCHEN HABT...
... ABER ICH DRÜCKE DIR DIE DAUMEN.
DANKE...
... MUTSUMI.
SO...
... VER-GING DIE NACHT.
AM NÄCHSTEN MORGEN
5:30 UHR
QUIEH

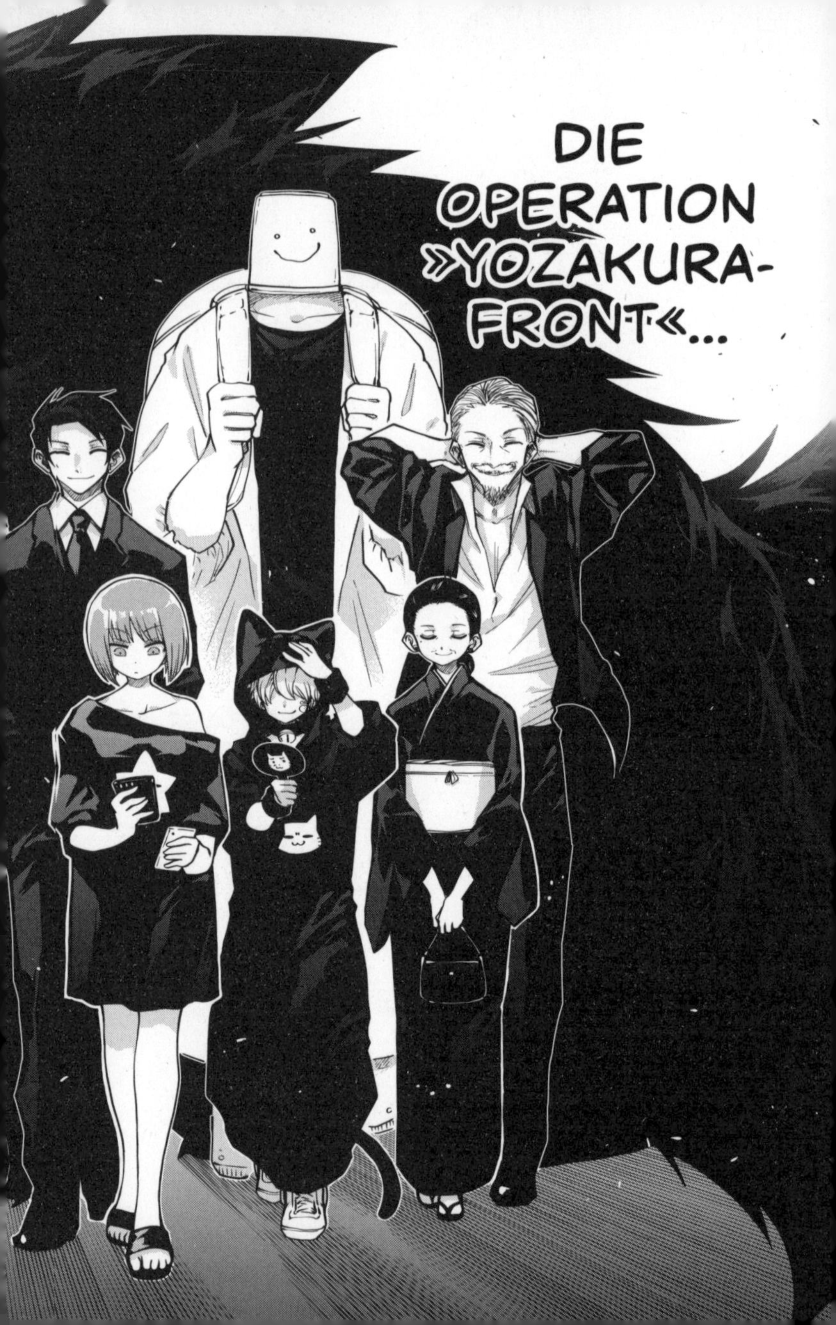
DIE OPERATION »YOZAKURA-FRONT«...

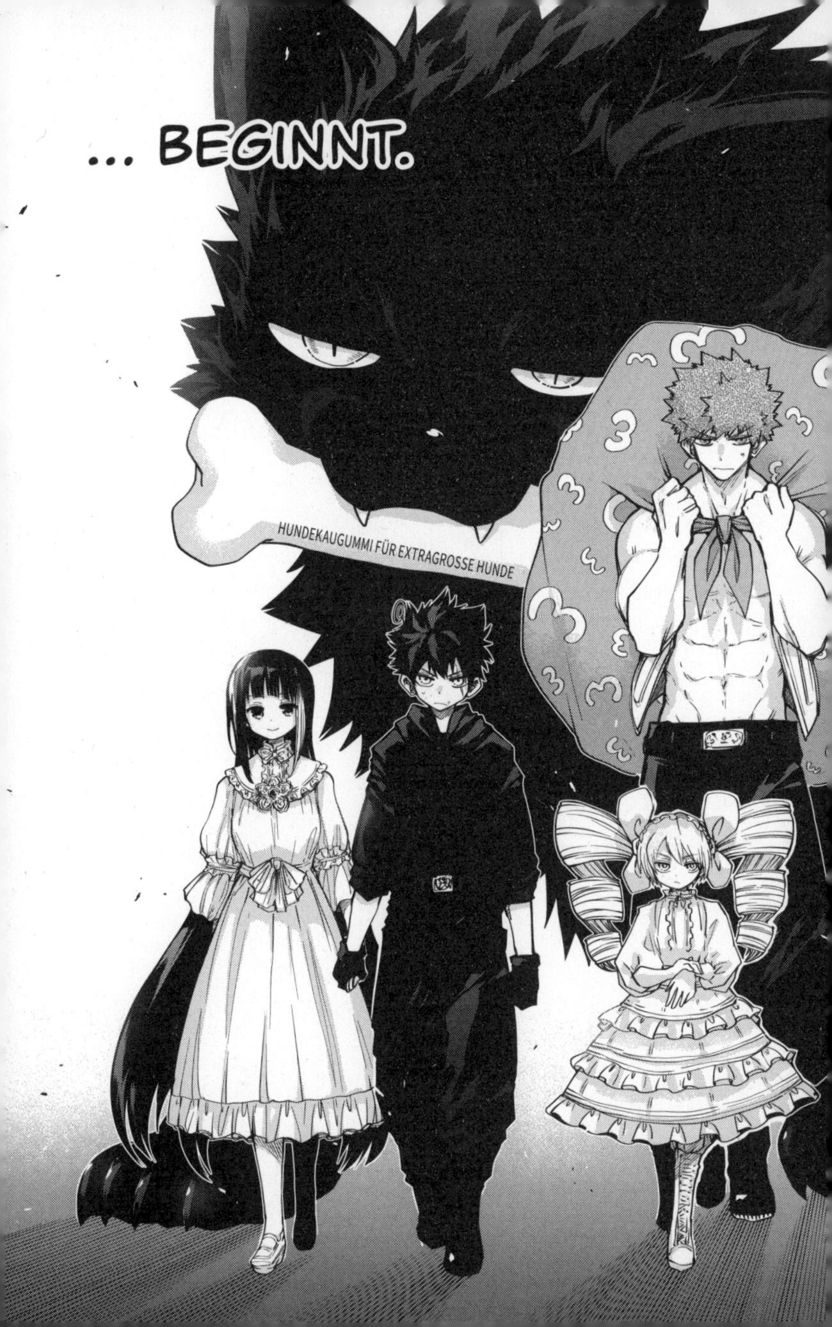
... BEGINNT.
HUNDEKAUGUMMI FÜR EXTRAGROSSE HUNDE

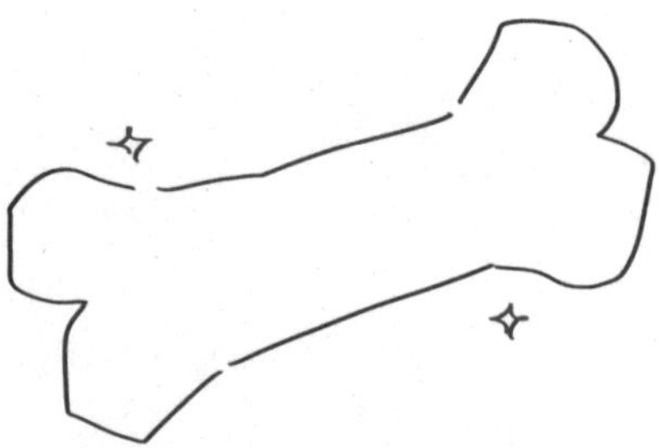

»Hundekaugummi für extragroße Hunde«

Von Popoppo auf Sonderbestellung angefertigt. Genauso hart und angenehm zu kauen wie ein echter Knochen. Unterteilt sich in mehrere Schichten, die jeweils unterschiedlich schmecken, wie zum Beispiel nach Steak oder Teriyaki. Wiegt eine Tonne.

Mission 67
5000 Meter über der Knocheninsel

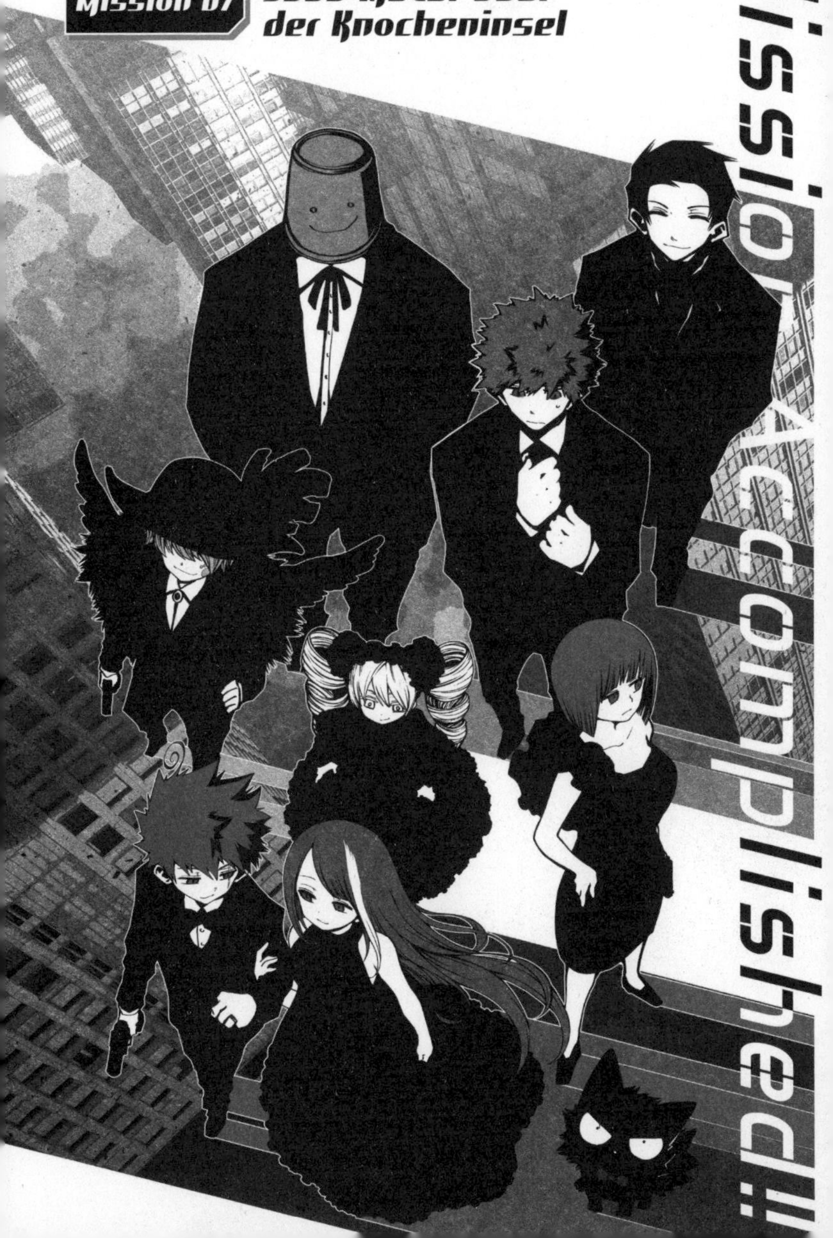

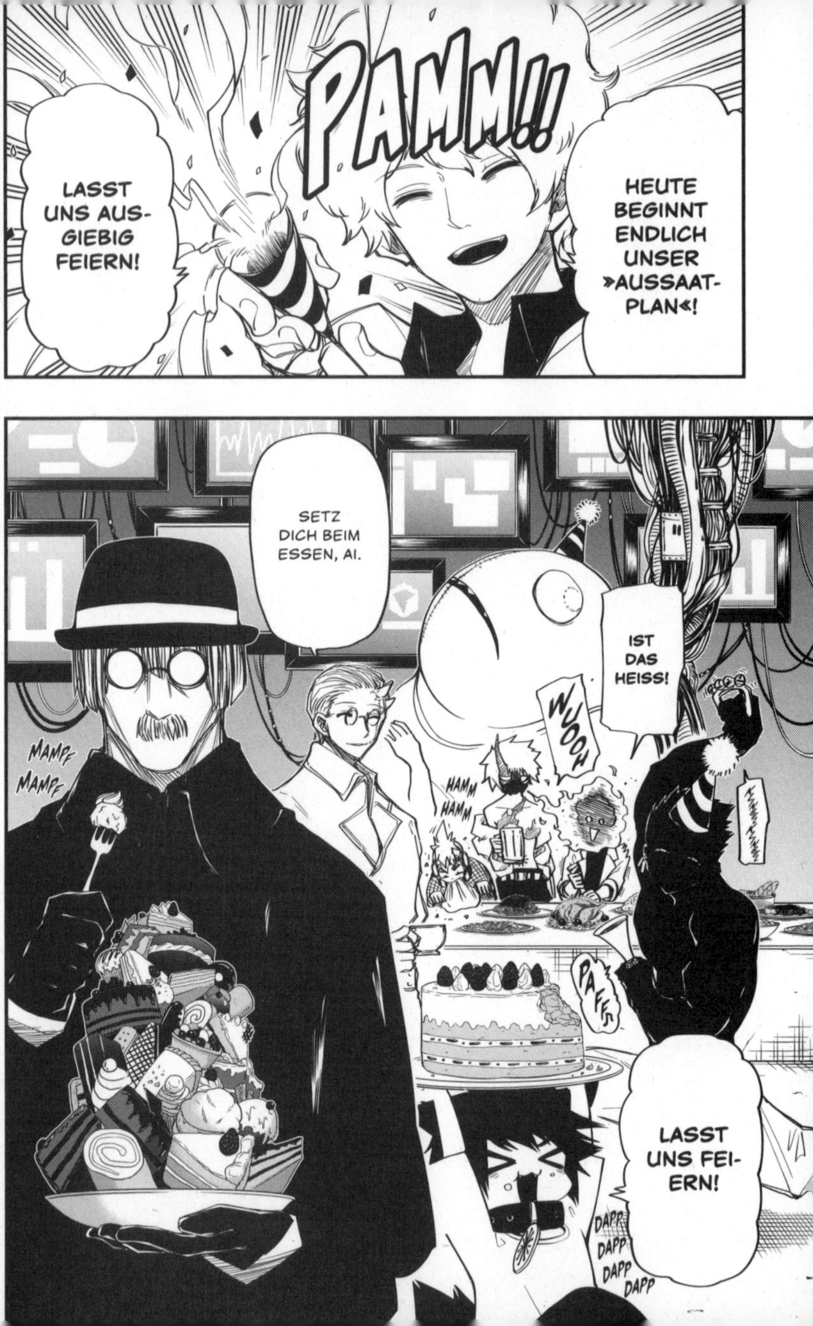
PAMM!!
HEUTE BEGINNT ENDLICH UNSER »AUSSAAT-PLAN«!
LASST UNS AUS-GIEBIG FEIERN!
IST DAS HEISS!
WUOOH
SETZ DICH BEIM ESSEN, AI.
HAMM HAMM
MAMPF MAMPF
PAFF
LASST UNS FEI-ERN!
DAPP DAPP DAPP DAPP DAPP

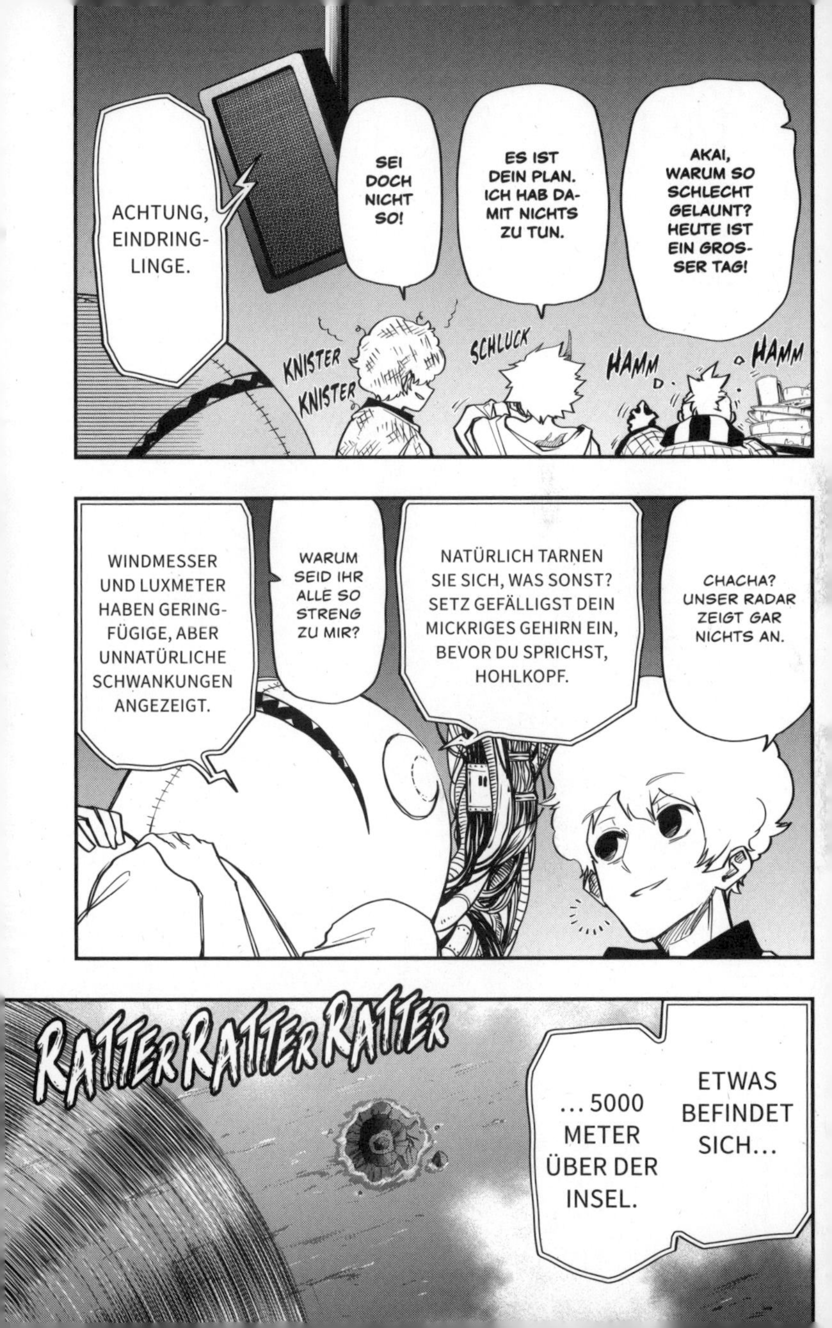
AKAI, WARUM SO SCHLECHT GELAUNT? HEUTE IST EIN GROSSER TAG!
HAMM HAMM
ES IST DEIN PLAN. ICH HAB DAMIT NICHTS ZU TUN.
SCHLUCK
SEI DOCH NICHT SO!
KNISTER KNISTER
ACHTUNG, EINDRINGLINGE.
CHACHA? UNSER RADAR ZEIGT GAR NICHTS AN.
NATÜRLICH TARNEN SIE SICH, WAS SONST? SETZ GEFÄLLIGST DEIN MICKRIGES GEHIRN EIN, BEVOR DU SPRICHST, HOHLKOPF.
WARUM SEID IHR ALLE SO STRENG ZU MIR?
WINDMESSER UND LUXMETER HABEN GERINGFÜGIGE, ABER UNNATÜRLICHE SCHWANKUNGEN ANGEZEIGT.
ETWAS BEFINDET SICH…
… 5000 METER ÜBER DER INSEL.
RATTER RATTER RATTER

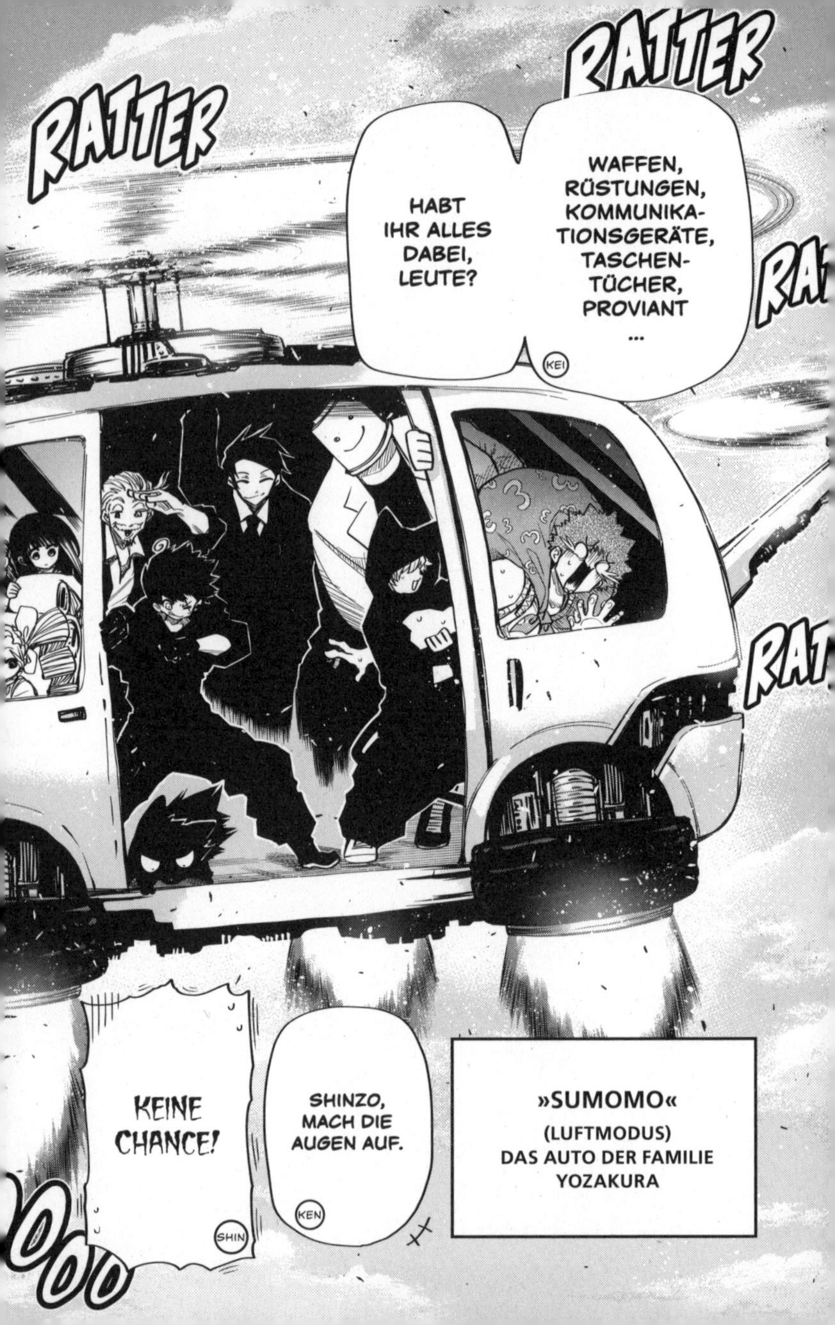
RATTER
RATTER
WAFFEN, RÜSTUNGEN, KOMMUNIKATIONSGERÄTE, TASCHENTÜCHER, PROVIANT ...
HABT IHR ALLES DABEI, LEUTE?
KEI
»SUMOMO«
(LUFTMODUS)
DAS AUTO DER FAMILIE YOZAKURA
SHINZO, MACH DIE AUGEN AUF.
KEN
KEINE CHANCE!
SHIN

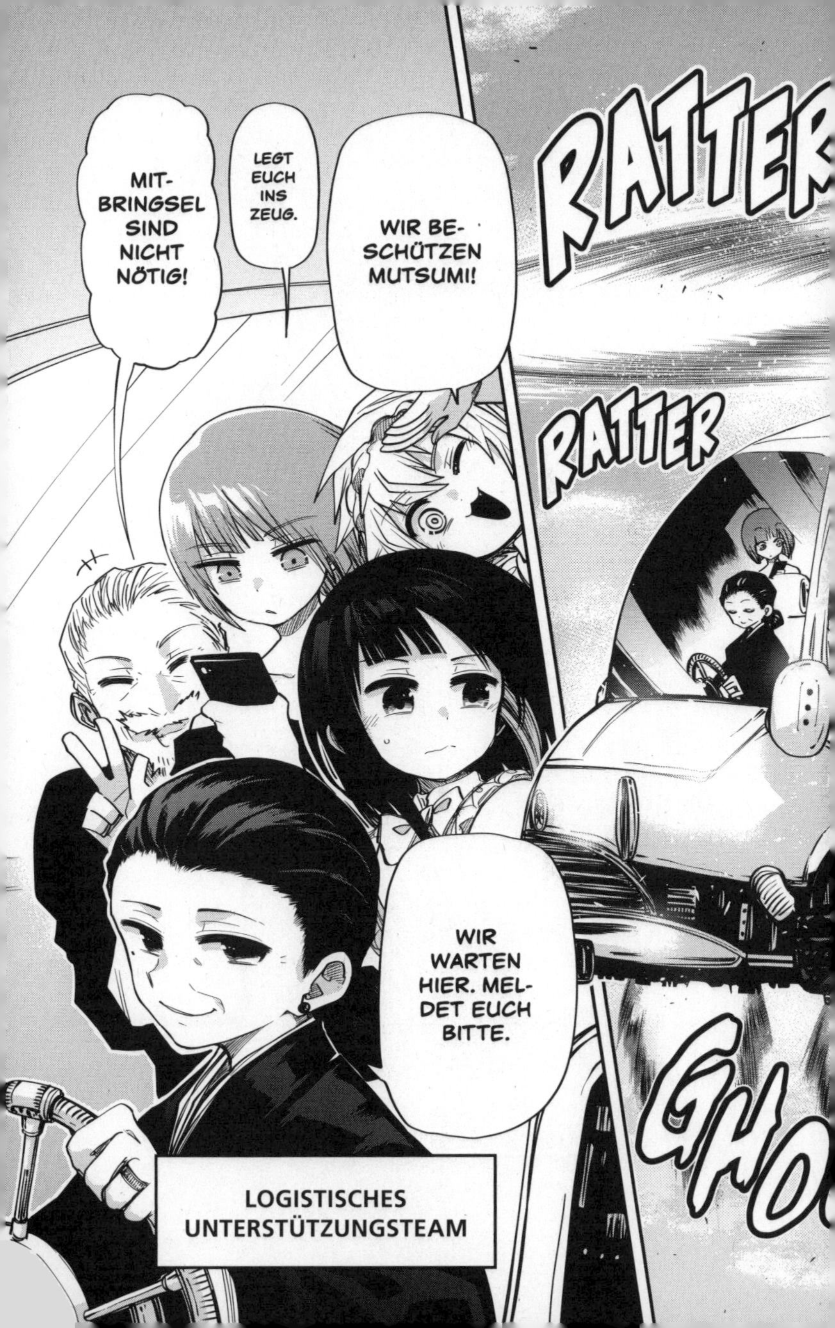

RATTER
RATTER
WIR BESCHÜTZEN MUTSUMI!
LEGT EUCH INS ZEUG.
MITBRINGSEL SIND NICHT NÖTIG!
WIR WARTEN HIER. MELDET EUCH BITTE.
LOGISTISCHES UNTERSTÜTZUNGSTEAM

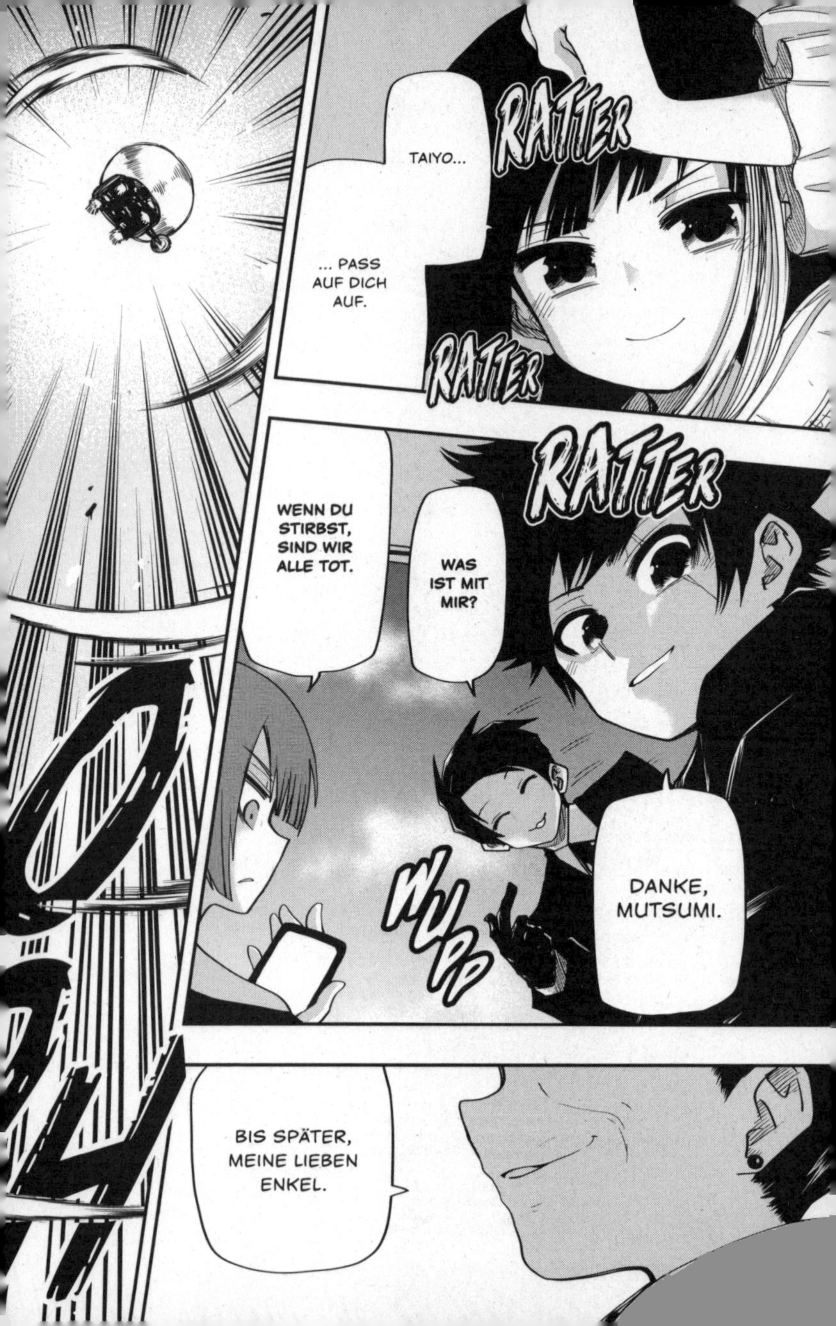
RATTER
TAIYO...
... PASS AUF DICH AUF.
RATTER
RATTER
WAS IST MIT MIR?
WENN DU STIRBST, SIND WIR ALLE TOT.
DANKE, MUTSUMI.
WUPP
BIS SPÄTER, MEINE LIEBEN ENKEL.

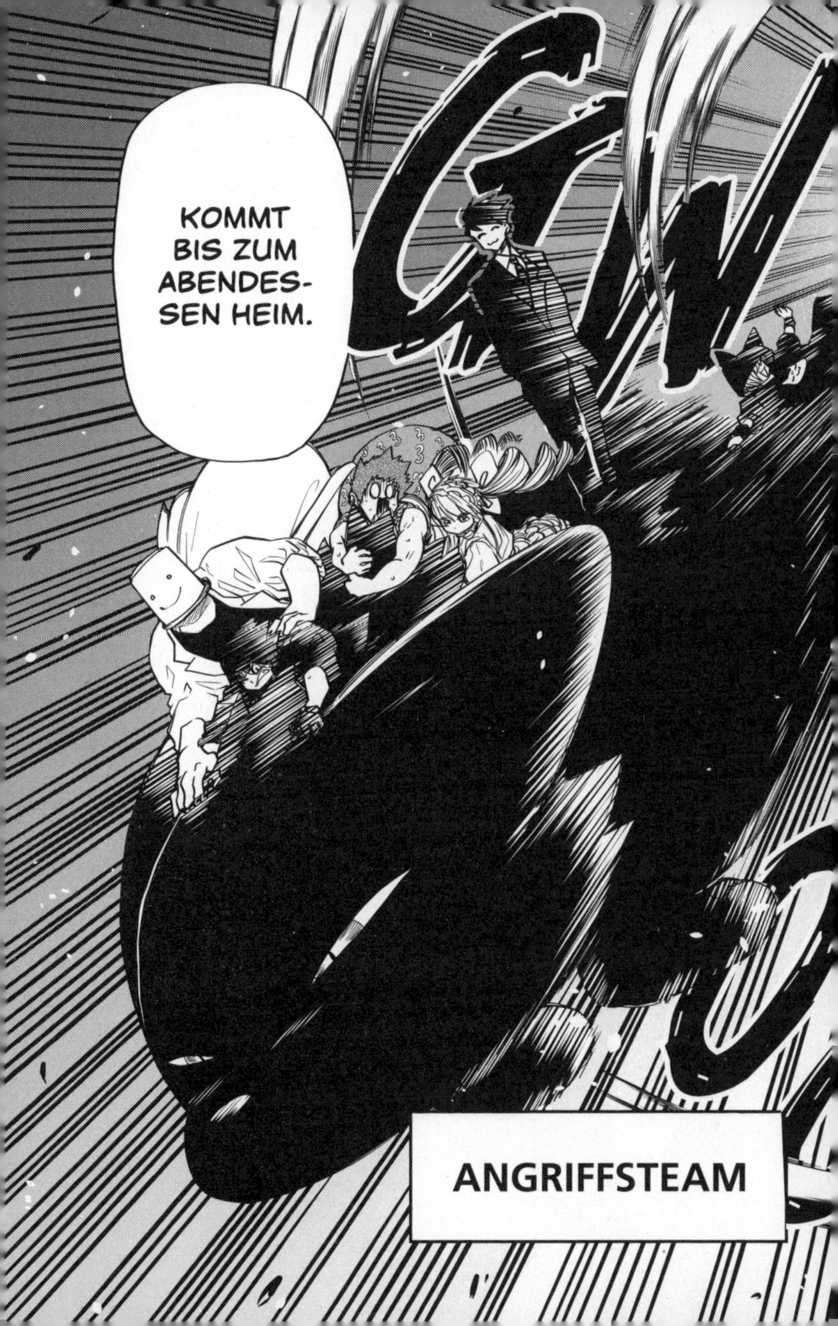
KOMMT BIS ZUM ABENDES-SEN HEIM.
ANGRIFFSTEAM

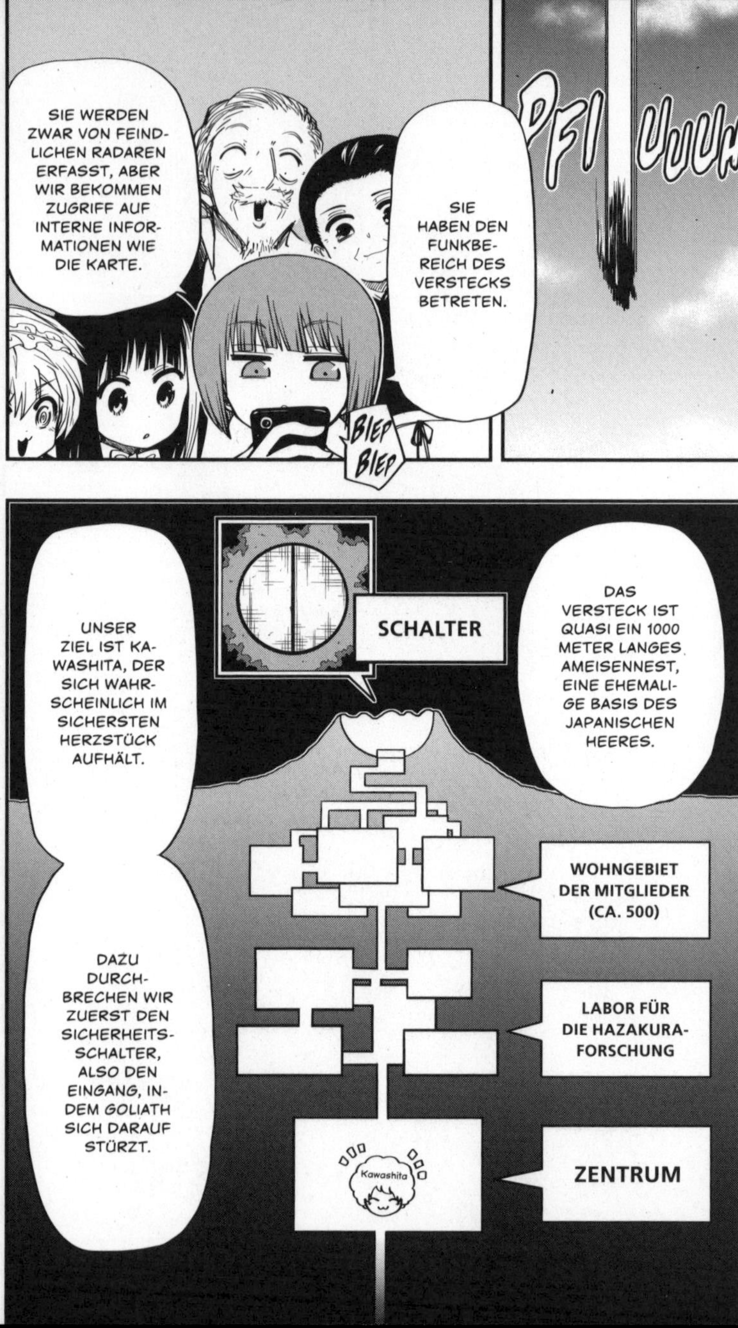
PFIUUUH
SIE HABEN DEN FUNKBEREICH DES VERSTECKS BETRETEN.
SIE WERDEN ZWAR VON FEINDLICHEN RADAREN ERFASST, ABER WIR BEKOMMEN ZUGRIFF AUF INTERNE INFORMATIONEN WIE DIE KARTE.
BIEP BIEP
DAS VERSTECK IST QUASI EIN 1000 METER LANGES AMEISENNEST, EINE EHEMALIGE BASIS DES JAPANISCHEN HEERES.
SCHALTER
UNSER ZIEL IST KAWASHITA, DER SICH WAHRSCHEINLICH IM SICHERSTEN HERZSTÜCK AUFHÄLT.
WOHNGEBIET DER MITGLIEDER (CA. 500)
LABOR FÜR DIE HAZAKURA-FORSCHUNG
ZENTRUM
Kawashita
DAZU DURCHBRECHEN WIR ZUERST DEN SICHERHEITSSCHALTER, ALSO DEN EINGANG, INDEM GOLIATH SICH DARAUF STÜRZT.

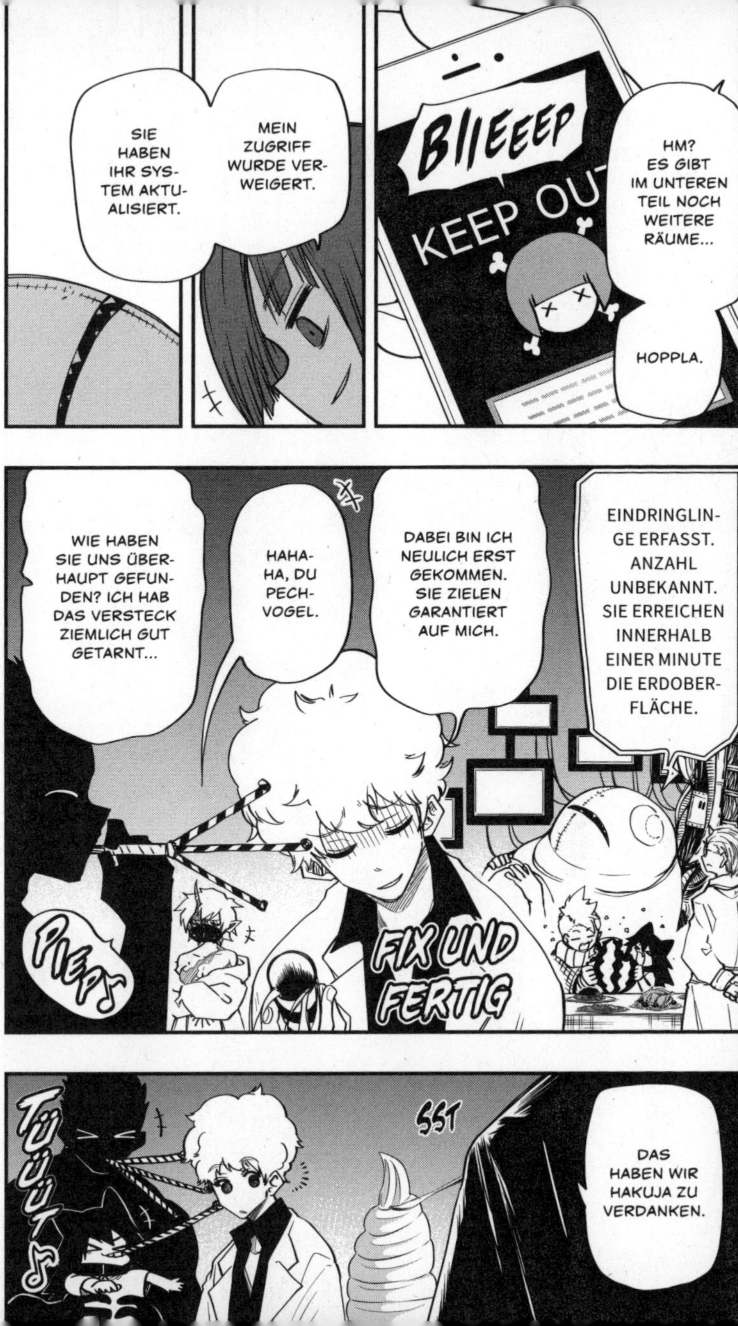
BIIEEEP
KEEP OUT
HM? ES GIBT IM UNTEREN TEIL NOCH WEITERE RÄUME…
HOPPLA.
MEIN ZUGRIFF WURDE VERWEIGERT.
SIE HABEN IHR SYSTEM AKTUALISIERT.
EINDRINGLINGE ERFASST. ANZAHL UNBEKANNT. SIE ERREICHEN INNERHALB EINER MINUTE DIE ERDOBERFLÄCHE.
DABEI BIN ICH NEULICH ERST GEKOMMEN. SIE ZIELEN GARANTIERT AUF MICH.
HAHAHA, DU PECHVOGEL.
WIE HABEN SIE UNS ÜBERHAUPT GEFUNDEN? ICH HAB DAS VERSTECK ZIEMLICH GUT GETARNT…
FIX UND FERTIG
PIEP♪
DAS HABEN WIR HAKUJA ZU VERDANKEN.
SST
TÜÜÜT♪

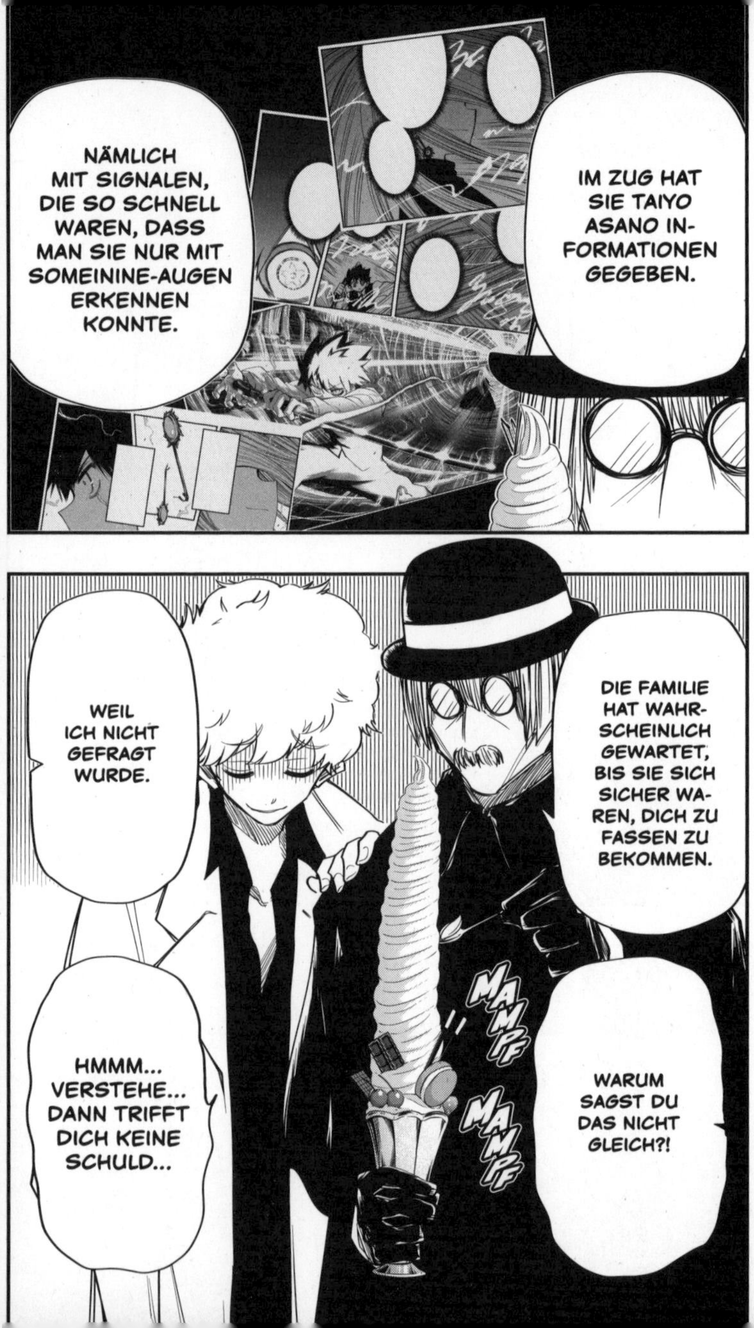
IM ZUG HAT SIE TAIYO ASANO INFORMATIONEN GEGEBEN.
NÄMLICH MIT SIGNALEN, DIE SO SCHNELL WAREN, DASS MAN SIE NUR MIT SOMEININE-AUGEN ERKENNEN KONNTE.
DIE FAMILIE HAT WAHRSCHEINLICH GEWARTET, BIS SIE SICH SICHER WAREN, DICH ZU FASSEN ZU BEKOMMEN.
WEIL ICH NICHT GEFRAGT WURDE.
WARUM SAGST DU DAS NICHT GLEICH?!
MAMPF
MAMPF
HMMM... VERSTEHE... DANN TRIFFT DICH KEINE SCHULD...

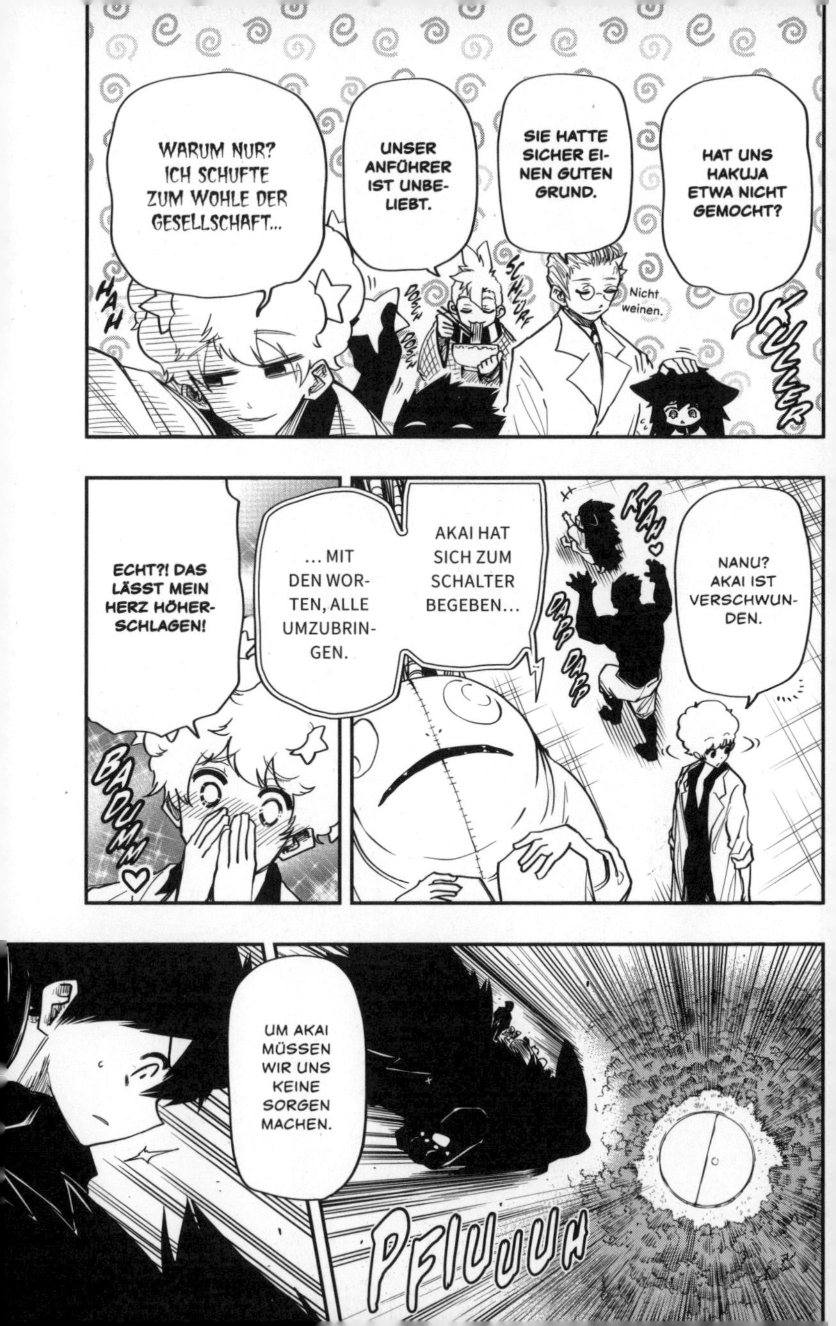

HAT UNS HAKUJA ETWA NICHT GEMOCHT?
KUUUER
Nicht weinen.
SIE HATTE SICHER EI- NEN GUTEN GRUND.
SCHLÜRF
UNSER ANFÜHRER IST UNBE- LIEBT.
WARUM NUR? ICH SCHUFTE ZUM WOHLE DER GESELLSCHAFT...
HAH
NANU? AKAI IST VERSCHWUN- DEN.
AKAI HAT SICH ZUM SCHALTER BEGEBEN...
... MIT DEN WOR- TEN, ALLE UMZUBRIN- GEN.
ECHT?! DAS LÄSST MEIN HERZ HÖHER- SCHLAGEN!
BADUMM
UM AKAI MÜSSEN WIR UNS KEINE SORGEN MACHEN.
PFIUUUUH

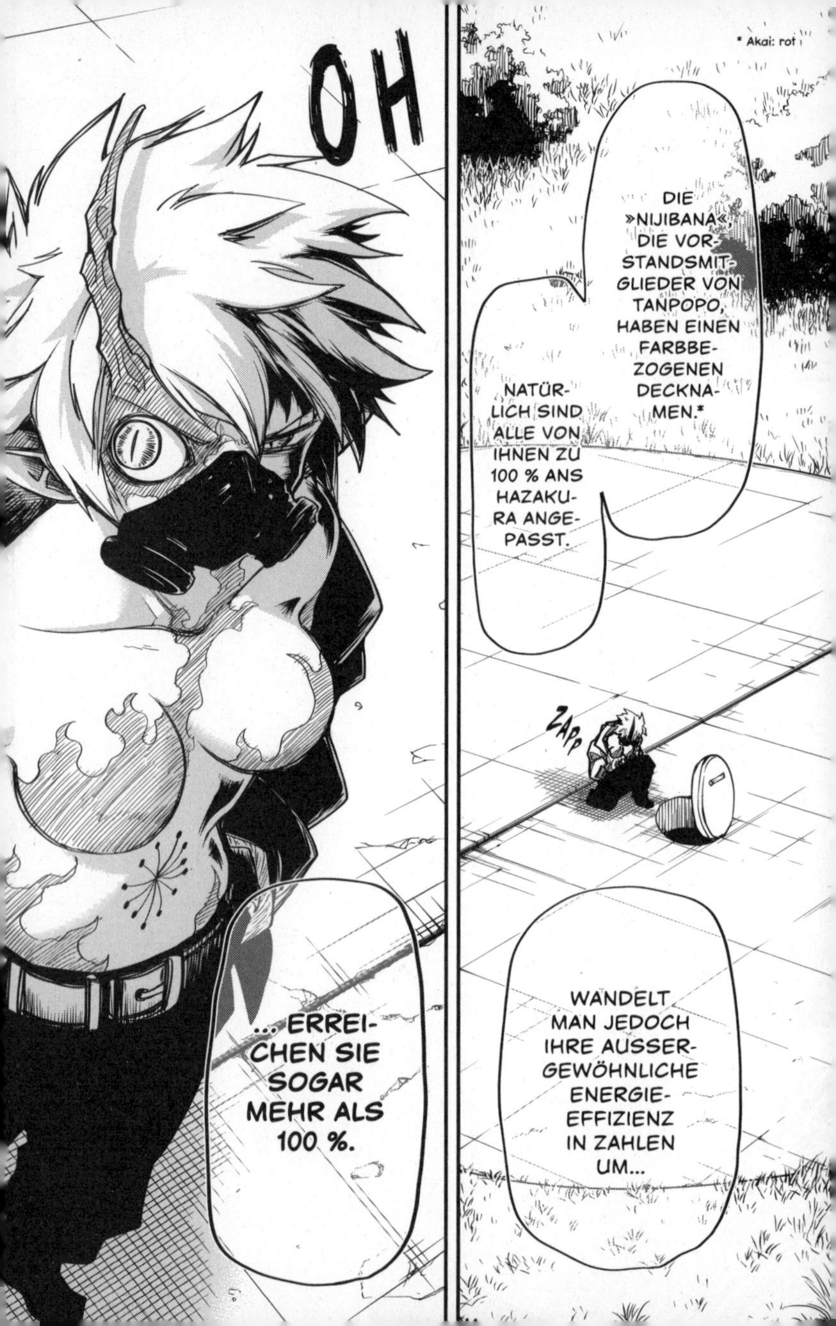
DIE »NIJIBANA«, DIE VORSTANDSMITGLIEDER VON TANPOPO, HABEN EINEN FARBBEZOGENEN DECKNAMEN.*
NATÜRLICH SIND ALLE VON IHNEN ZU 100 % ANS HAZAKURA ANGEPASST.
ZAPP
WANDELT MAN JEDOCH IHRE AUSSERGEWÖHNLICHE ENERGIEEFFIZIENZ IN ZAHLEN UM...
OH
... ERREICHEN SIE SOGAR MEHR ALS 100 %.
* Akai: rot

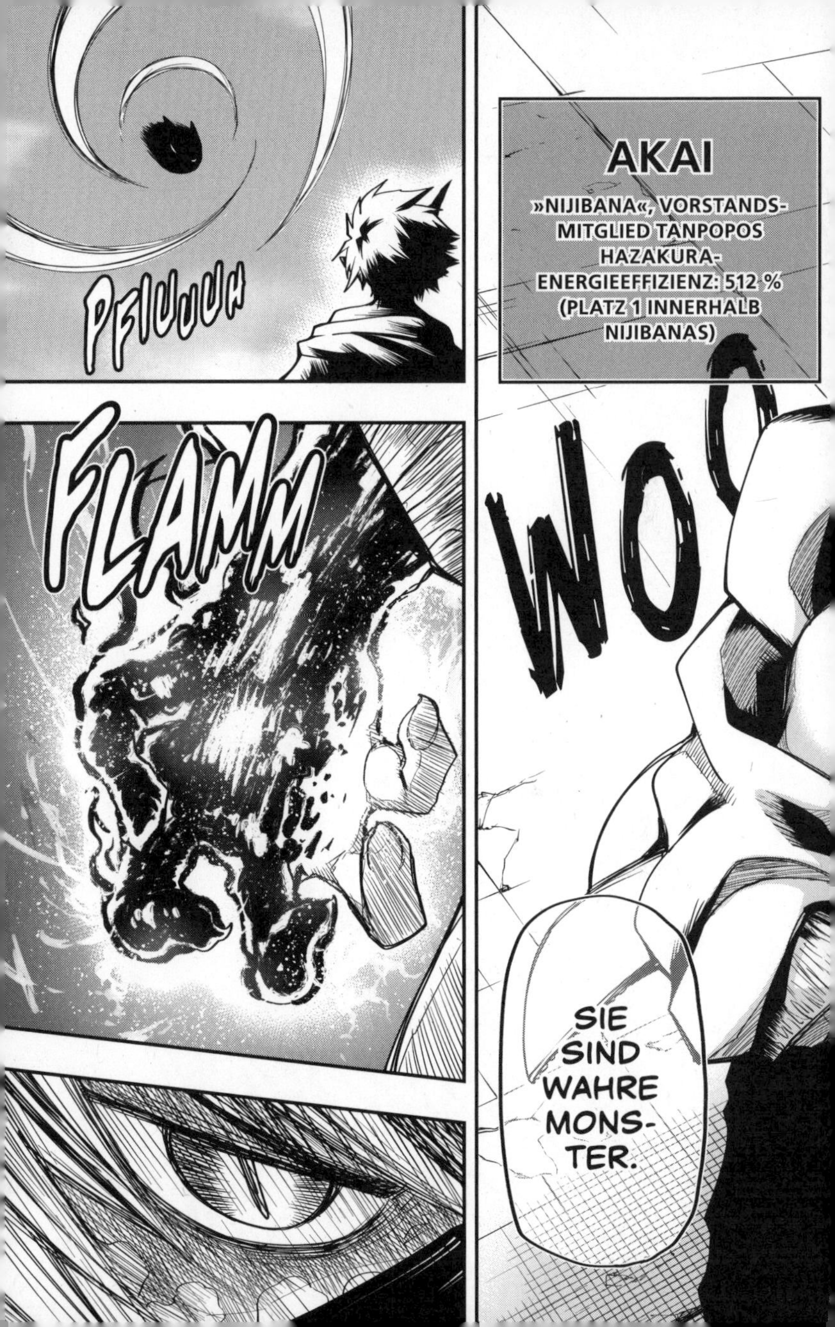
AKAI
»NIJIBANA«, VORSTANDS-MITGLIED TANPOPOS
HAZAKURA-ENERGIEEFFIZIENZ: 512 %
(PLATZ 1 INNERHALB NIJIBANAS)
WO
SIE SIND WAHRE MONS-TER.
PFIUUUH
FLAMM

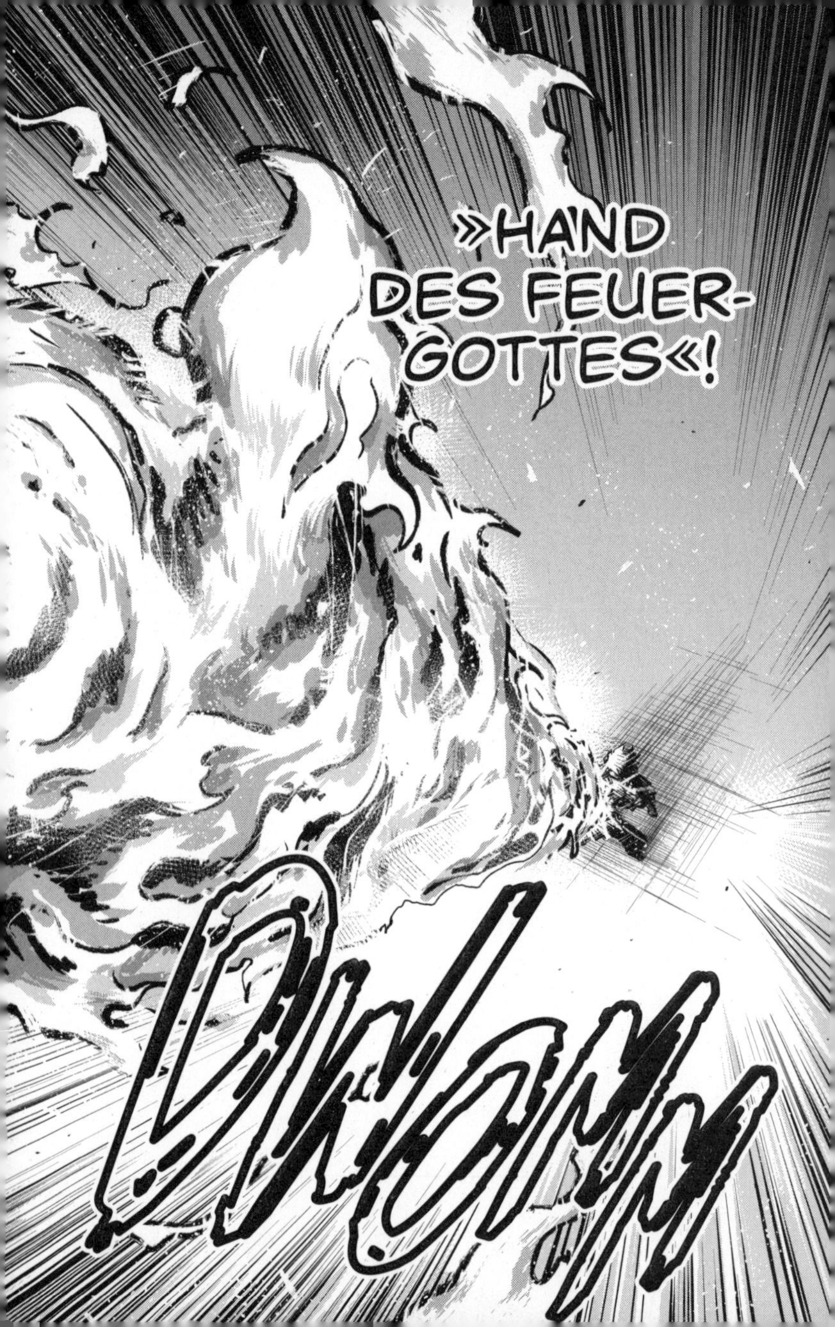
»HAND DES FEUER-GOTTES«!

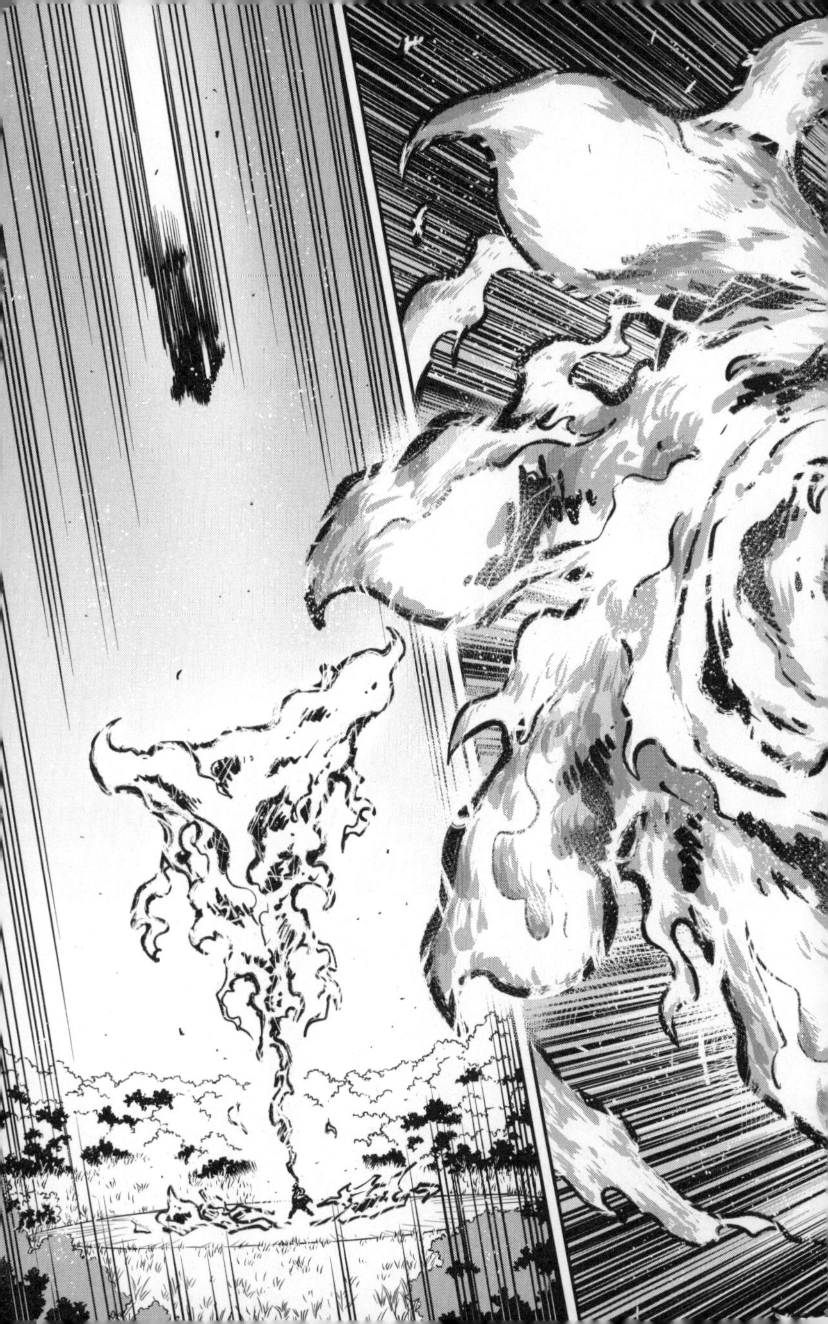

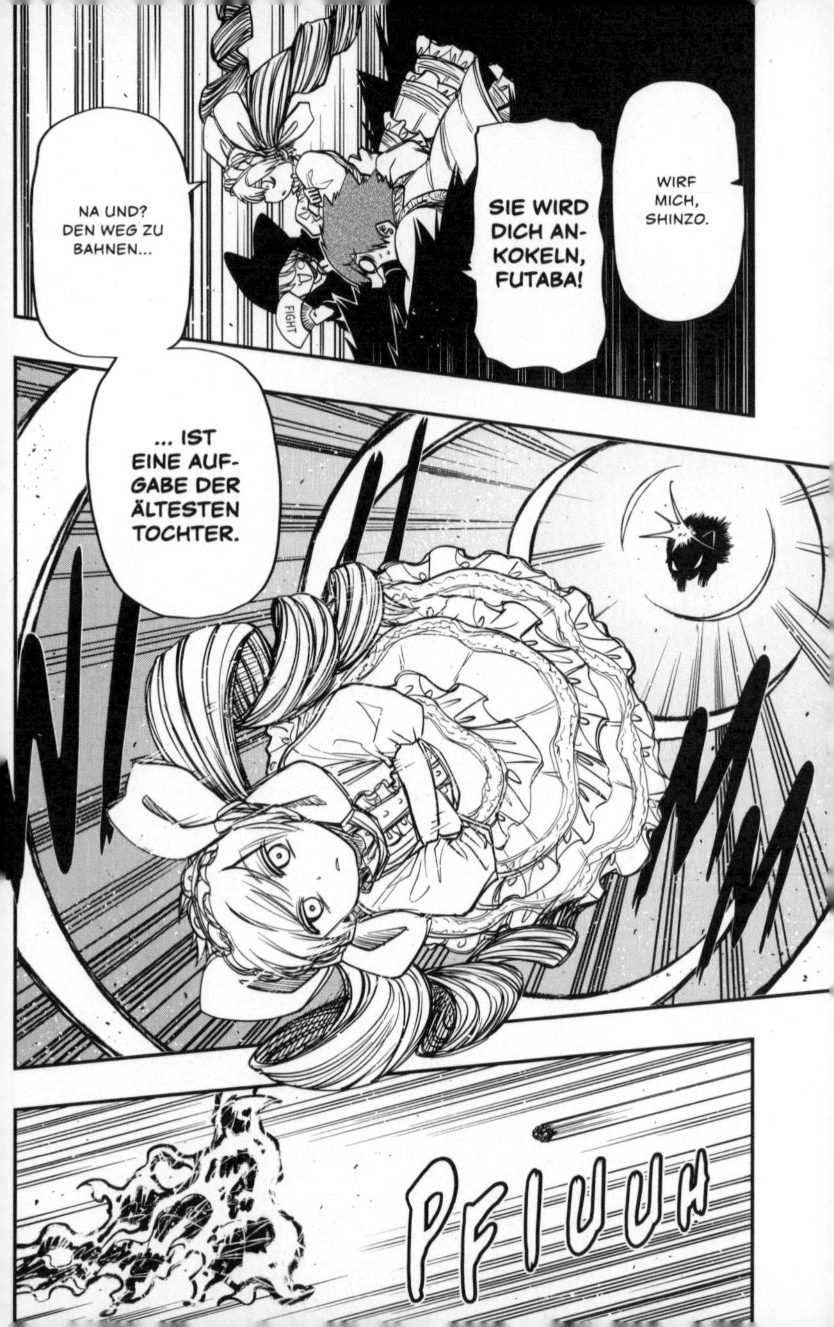
WIRF MICH, SHINZO.
SIE WIRD DICH ANKOKELN, FUTABA!
FIGHT
NA UND? DEN WEG ZU BAHNEN...
... IST EINE AUFGABE DER ÄLTESTEN TOCHTER.
PFIUUH

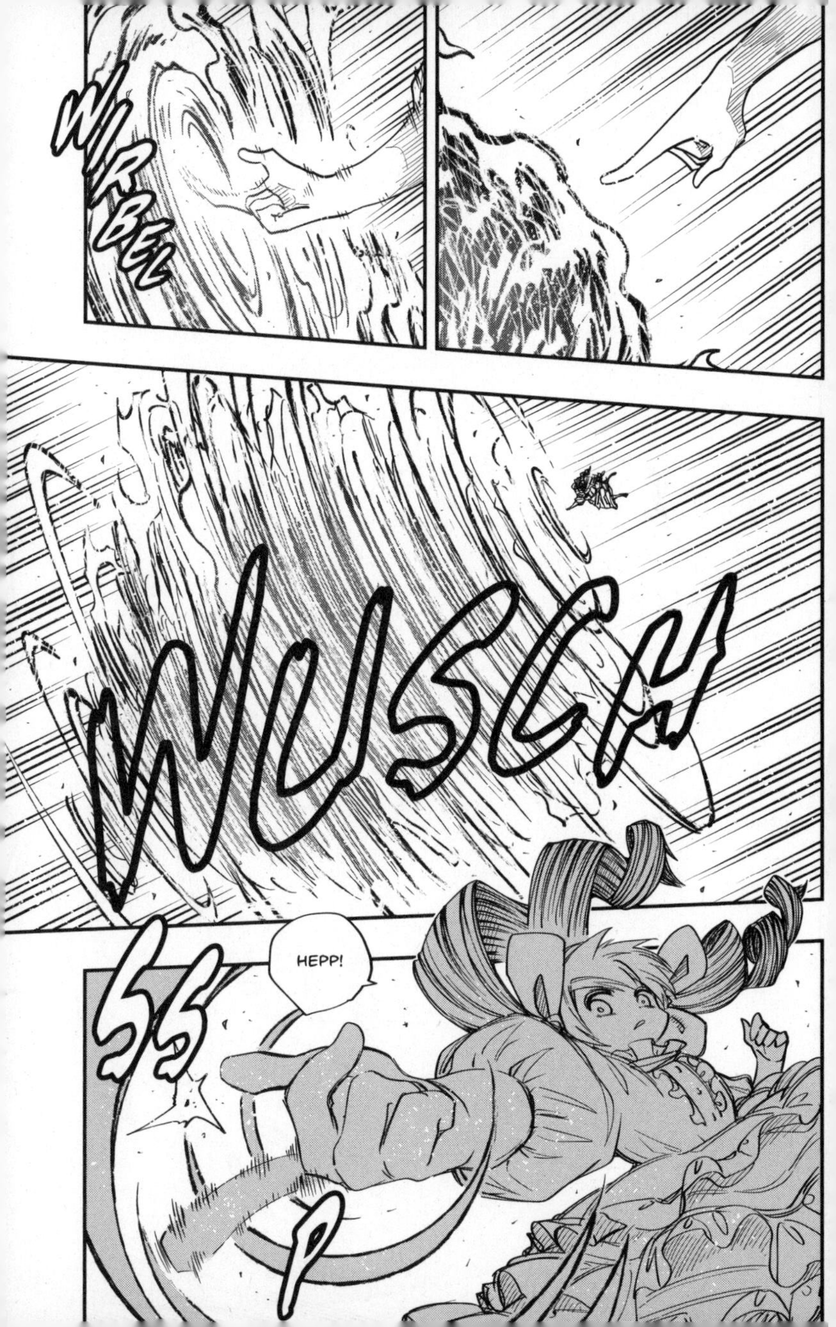
WIRBEL
WUSCH
HEPP!
SS
P

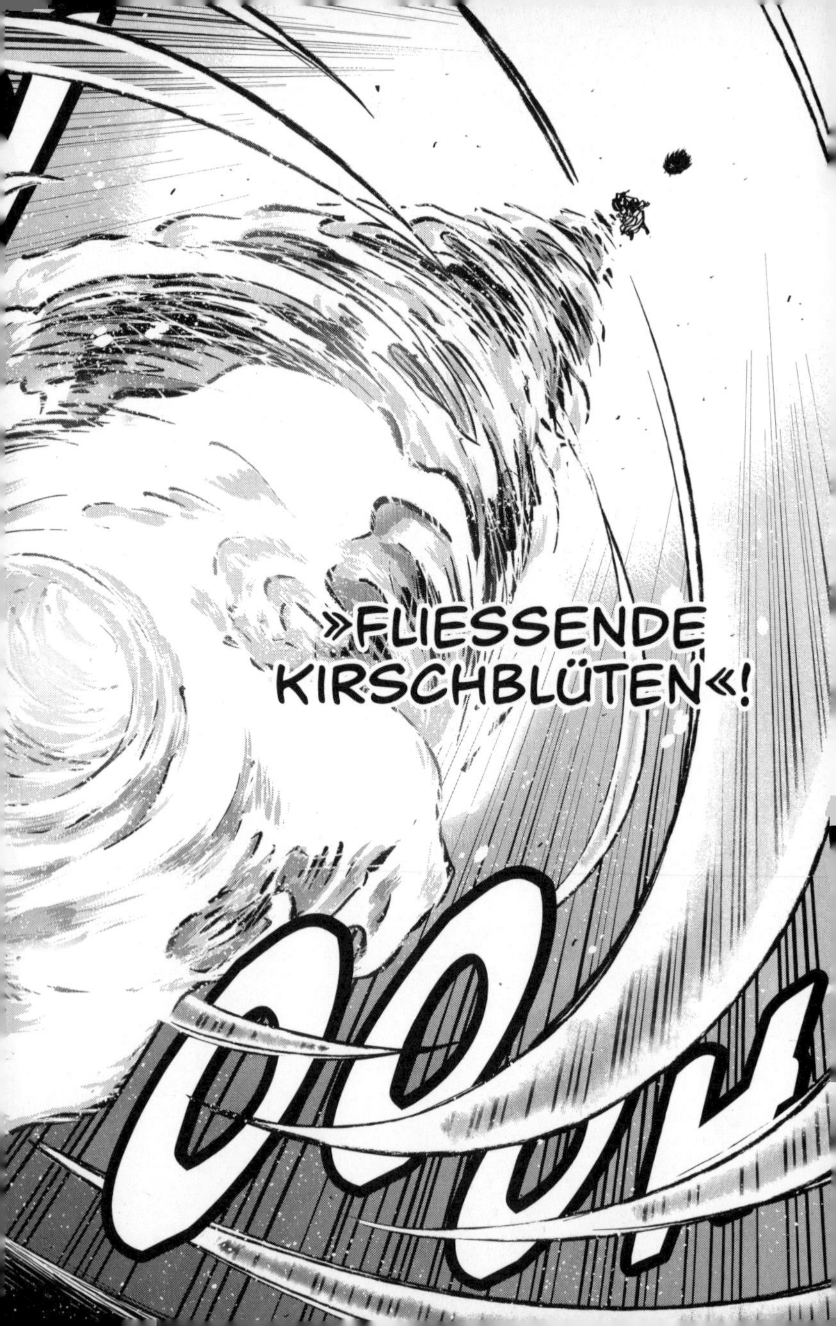
»FLIESSENDE KIRSCHBLÜTEN«!

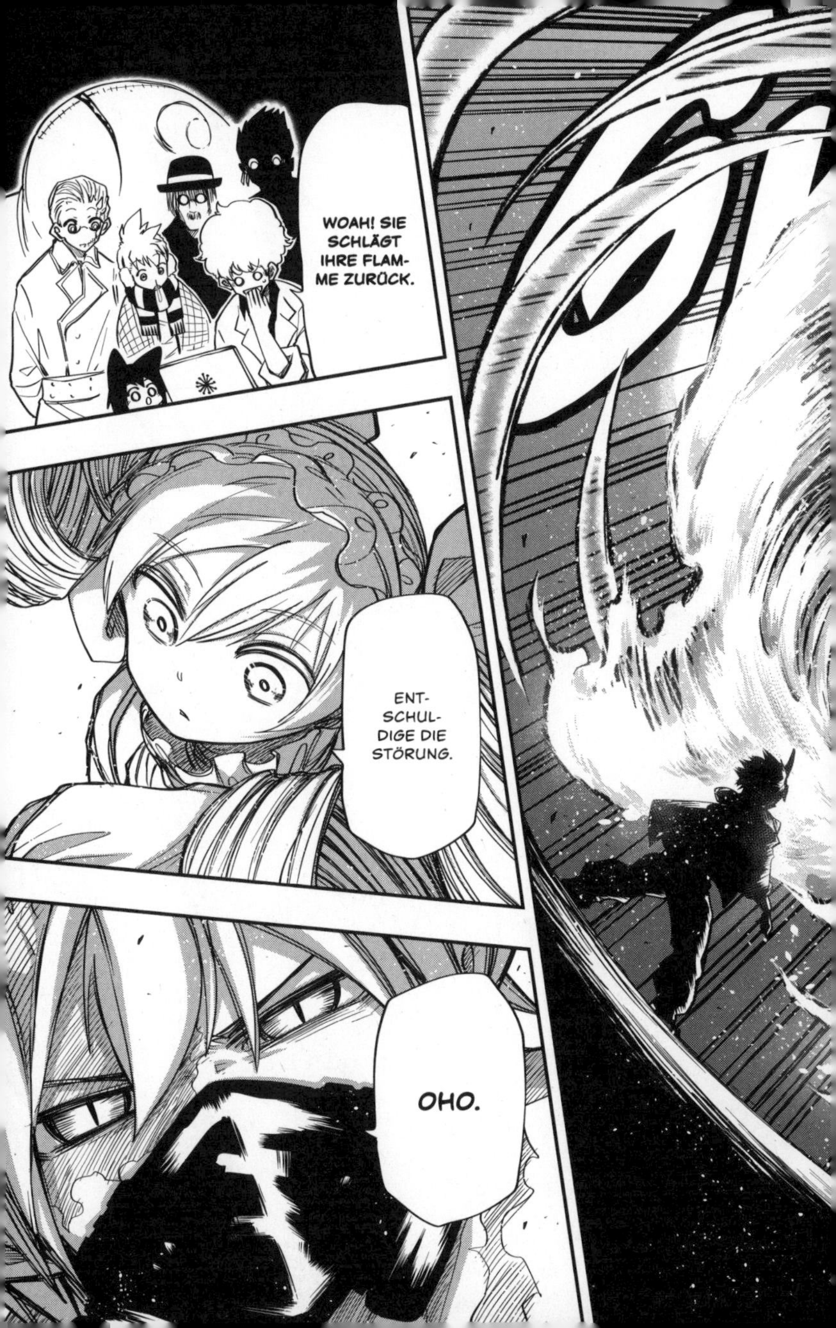
WOAH! SIE SCHLÄGT IHRE FLAM-ME ZURÜCK.
ENT-SCHUL-DIGE DIE STÖRUNG.
OHO.

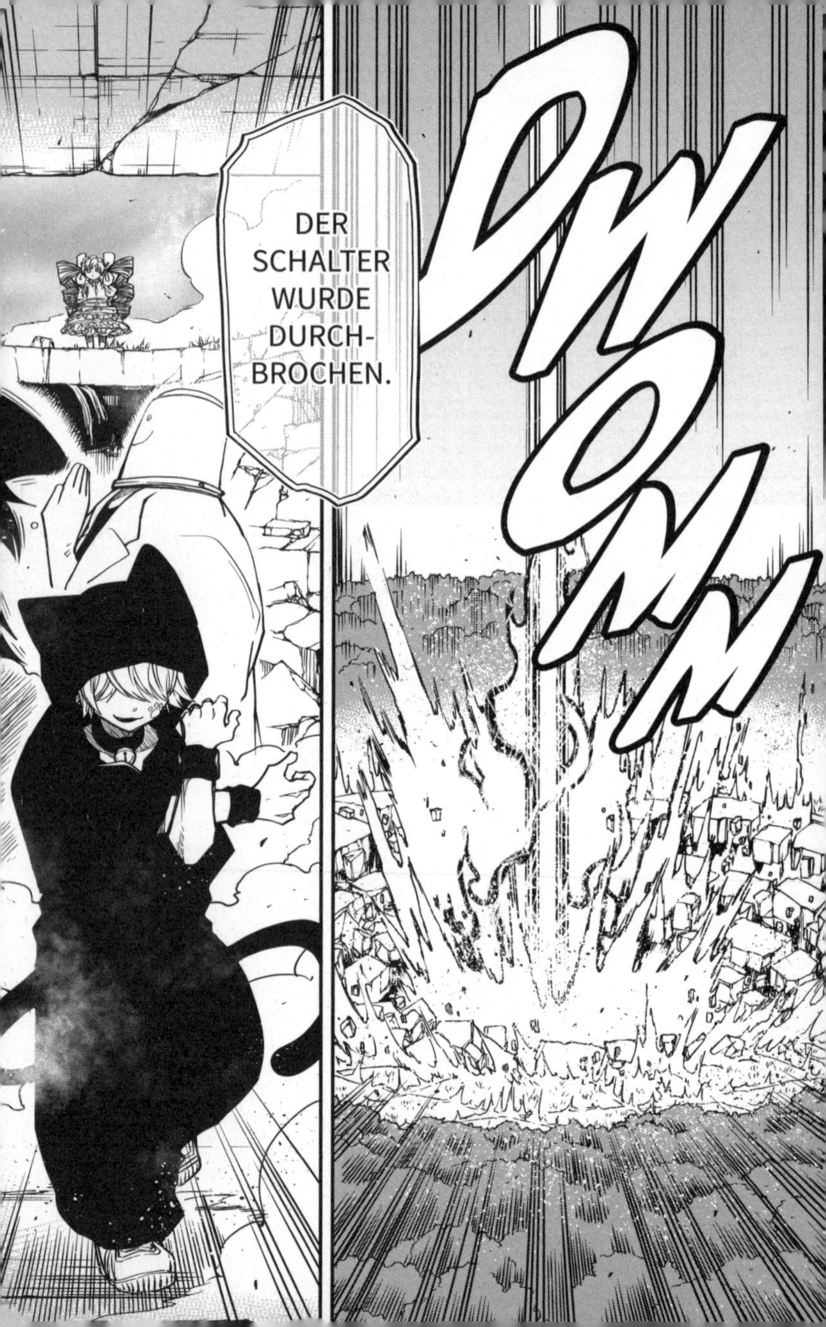
DER SCHALTER WURDE DURCH-BROCHEN.

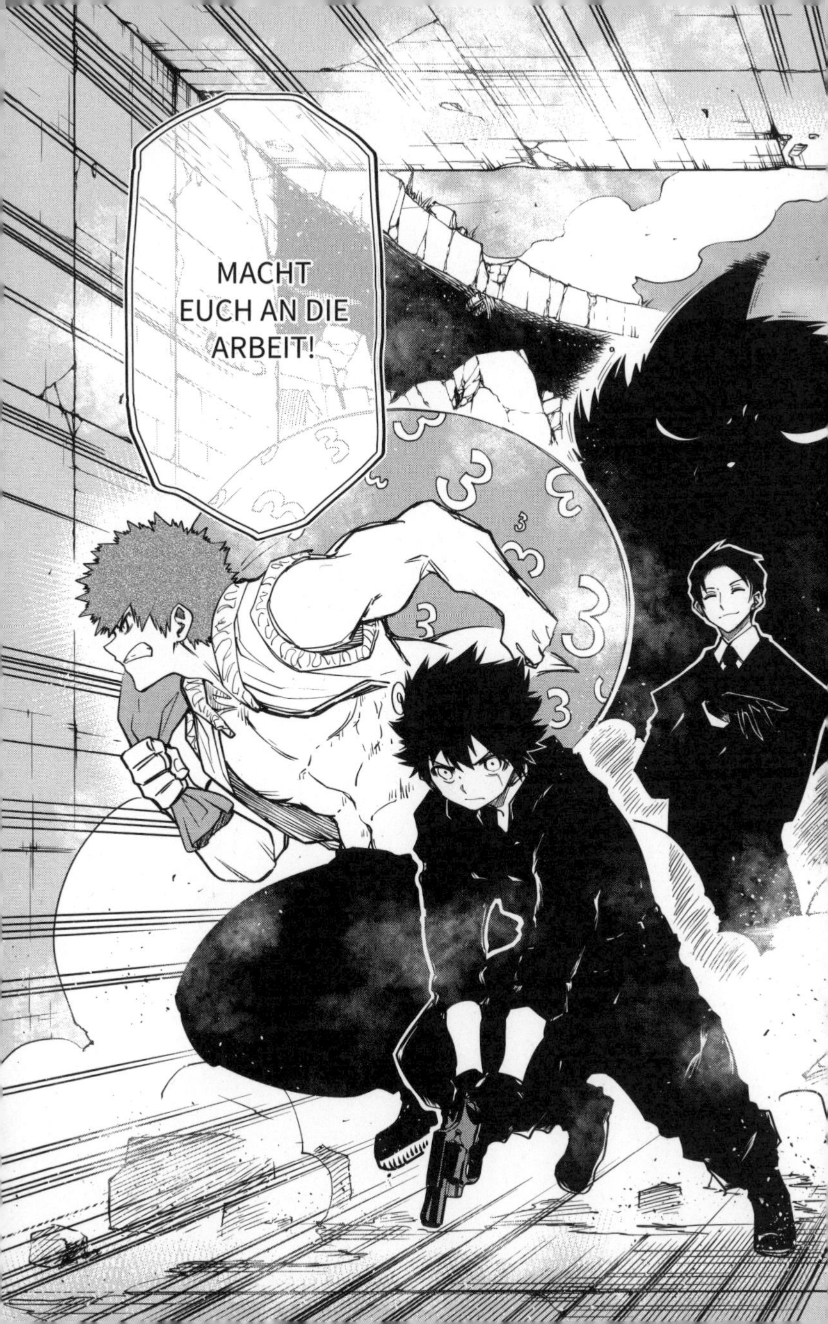
MACHT EUCH AN DIE ARBEIT!

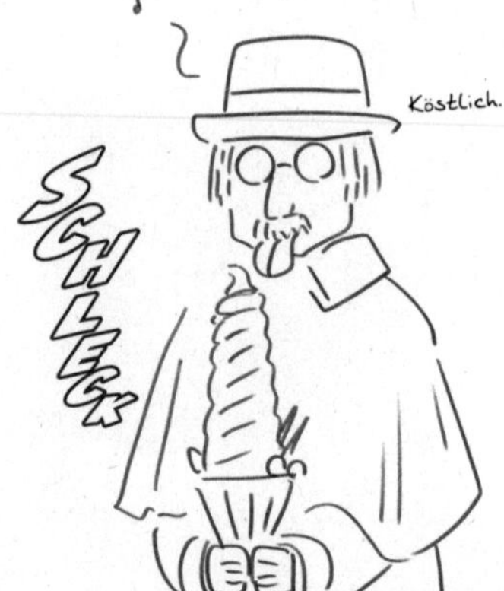
SCHLECK
Köstlich.

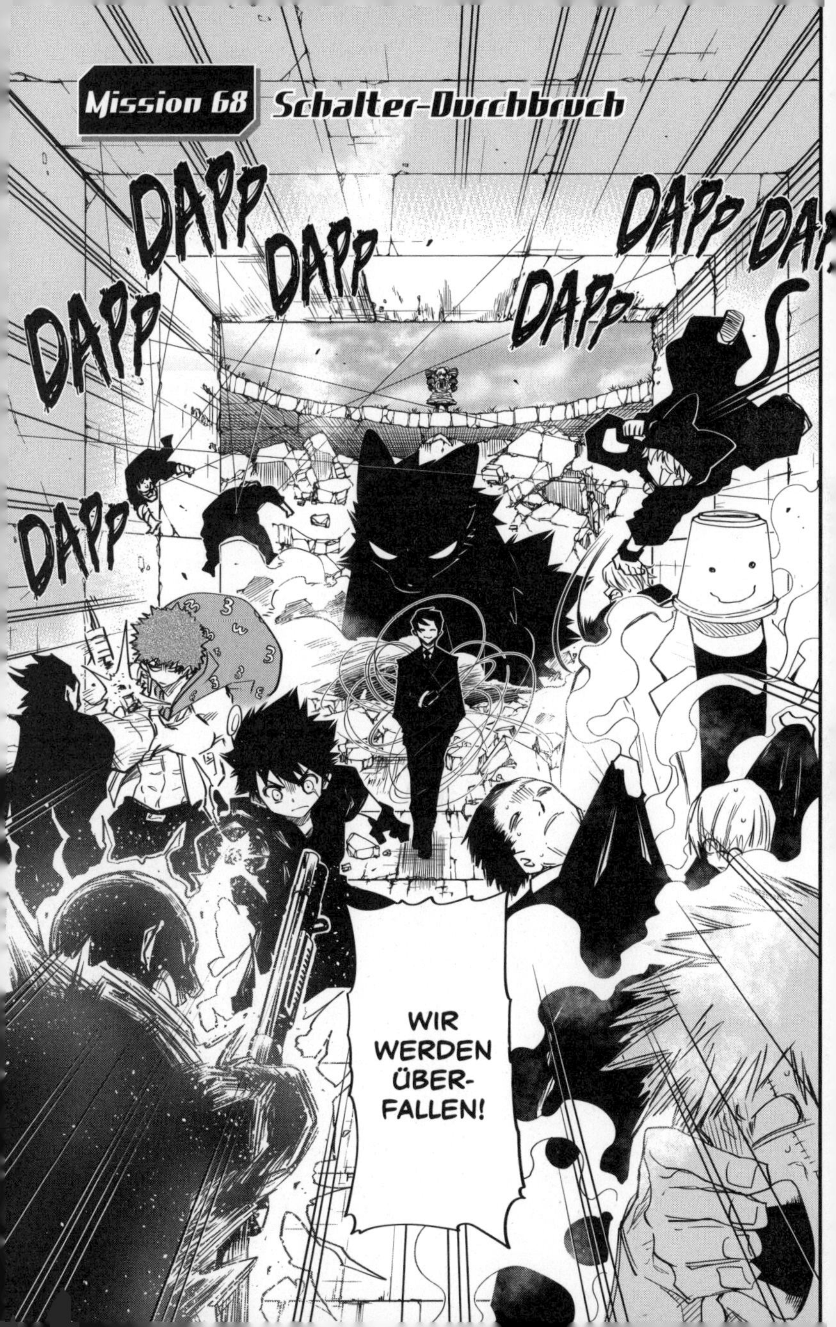

Mission 68
Schalter-Durchbruch
DAPP DAPP
DAPP
DAPP DAPP
DAPP
DAPP
WIR WERDEN ÜBER-FALLEN!

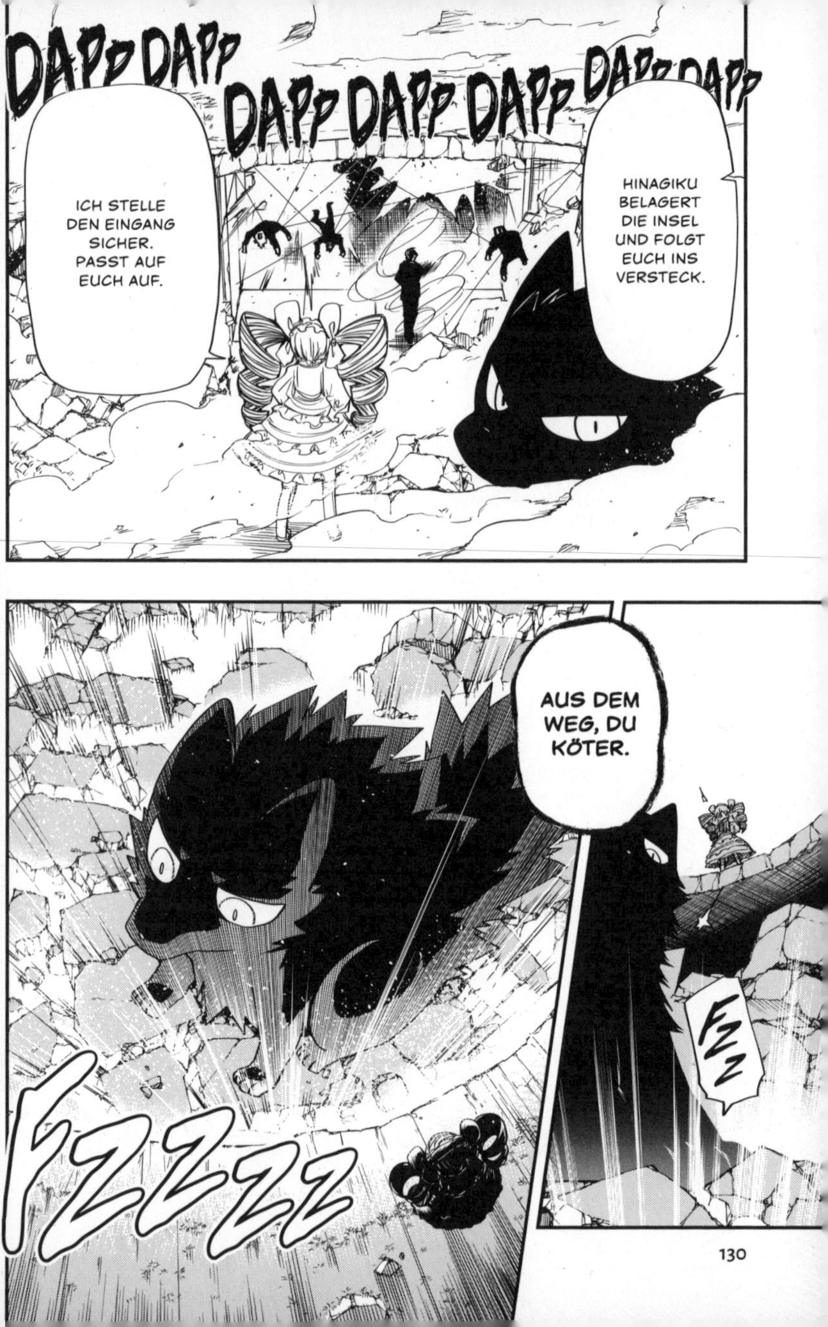
DAPP DAPP DAPP DAPP DAPP DAPP DAPP DAPP
HINAGIKU BELAGERT DIE INSEL UND FOLGT EUCH INS VERSTECK.
ICH STELLE DEN EINGANG SICHER. PASST AUF EUCH AUF.
AUS DEM WEG, DU KÖTER.
FZZ
FZZZZZ

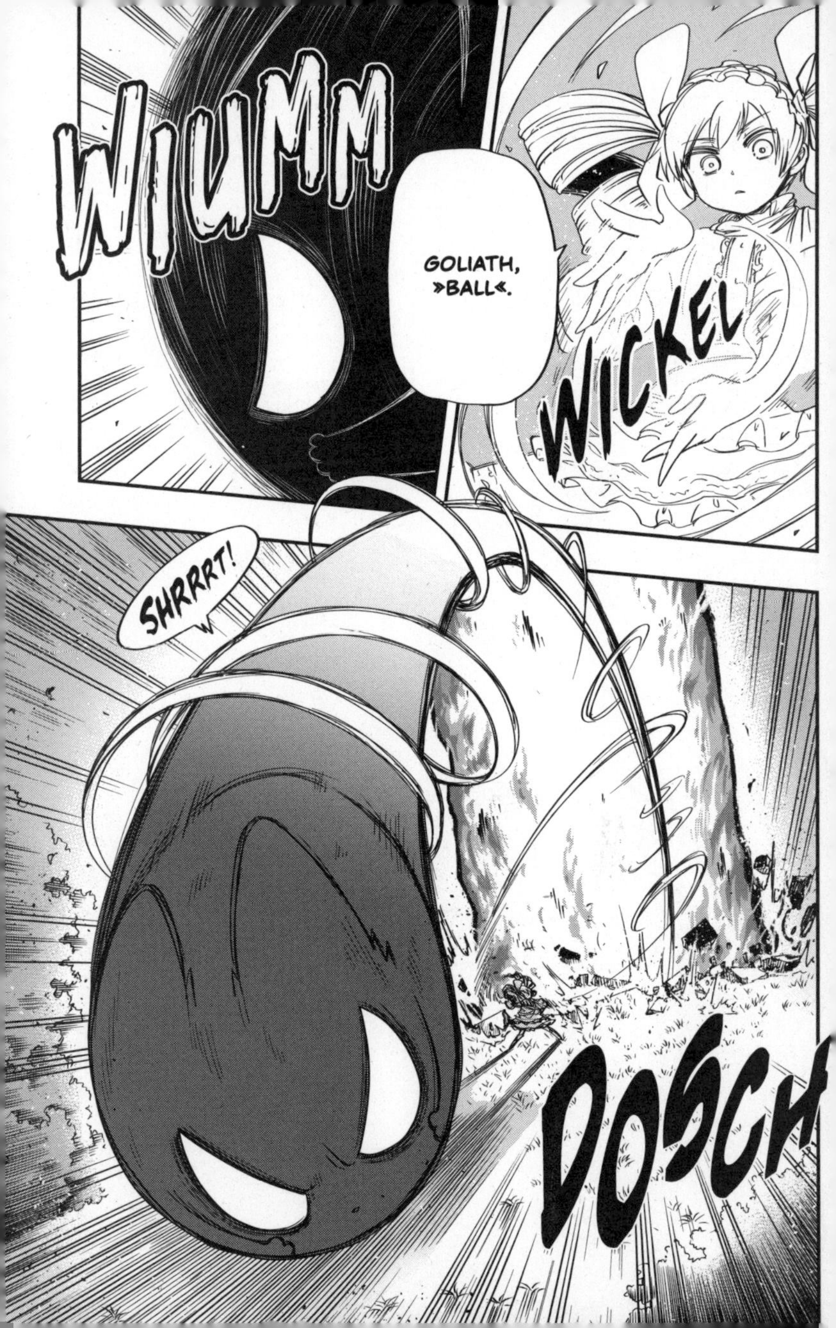
GOLIATH, »BALL«.
WIUMM
WICKEL
SHRRRT!
DOSCH

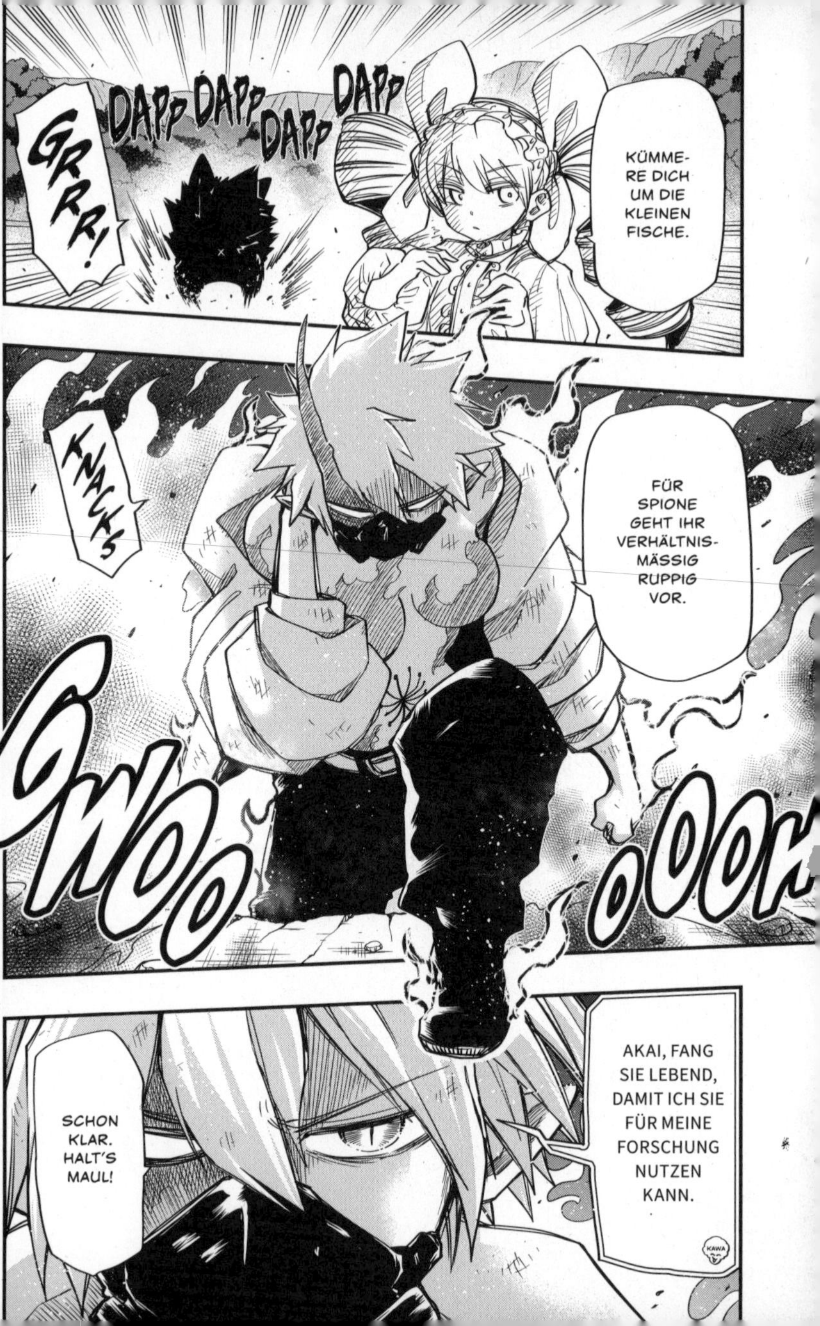
KÜMMERE DICH UM DIE KLEINEN FISCHE.
DAPP DAPP DAPP DAPP
GRRR!
FÜR SPIONE GEHT IHR VERHÄLTNISMÄSSIG RUPPIG VOR.
KNACKS
GWOOOOOOH
AKAI, FANG SIE LEBEND, DAMIT ICH SIE FÜR MEINE FORSCHUNG NUTZEN KANN.
SCHON KLAR. HALT'S MAUL!

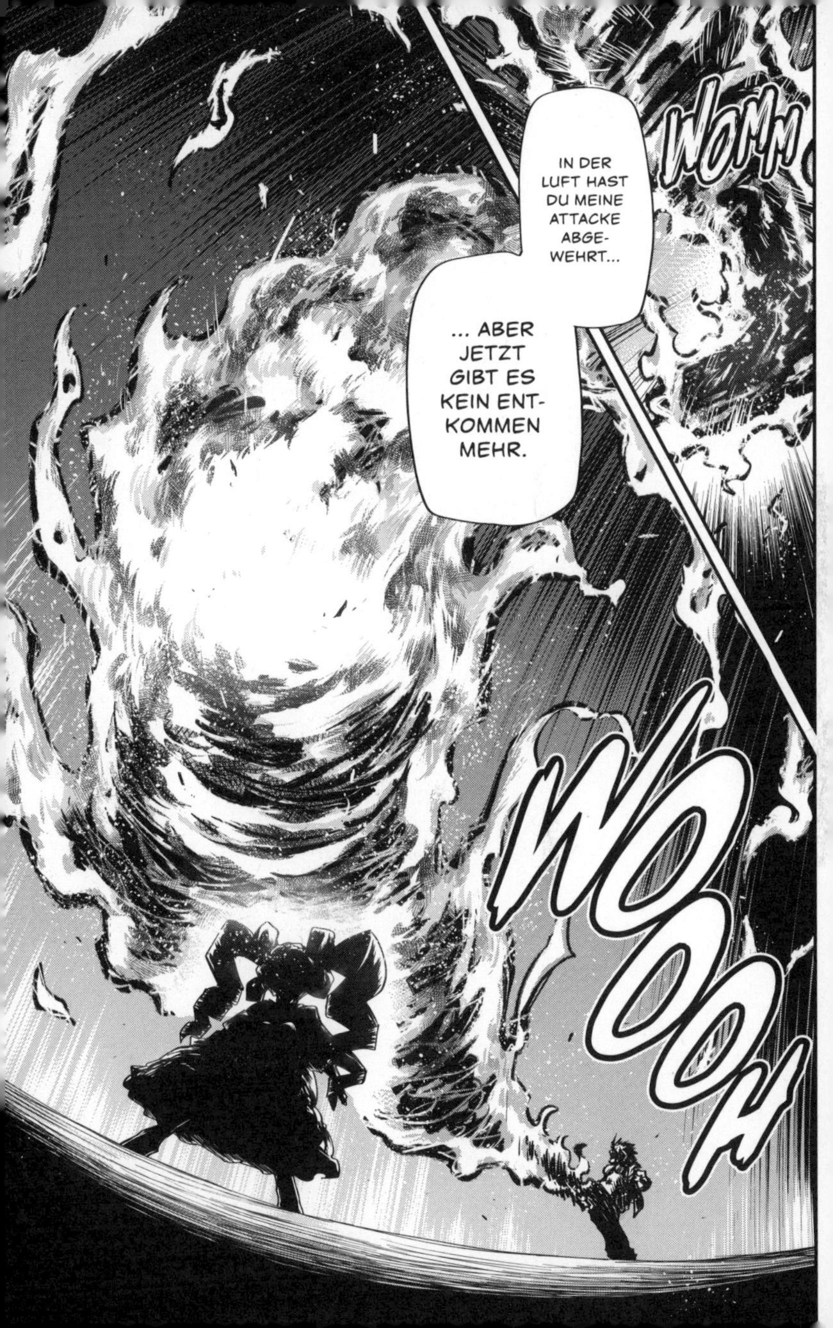
WOMM
IN DER LUFT HAST DU MEINE ATTACKE ABGE- WEHRT...
... ABER JETZT GIBT ES KEIN ENT- KOMMEN MEHR.
WOOOH

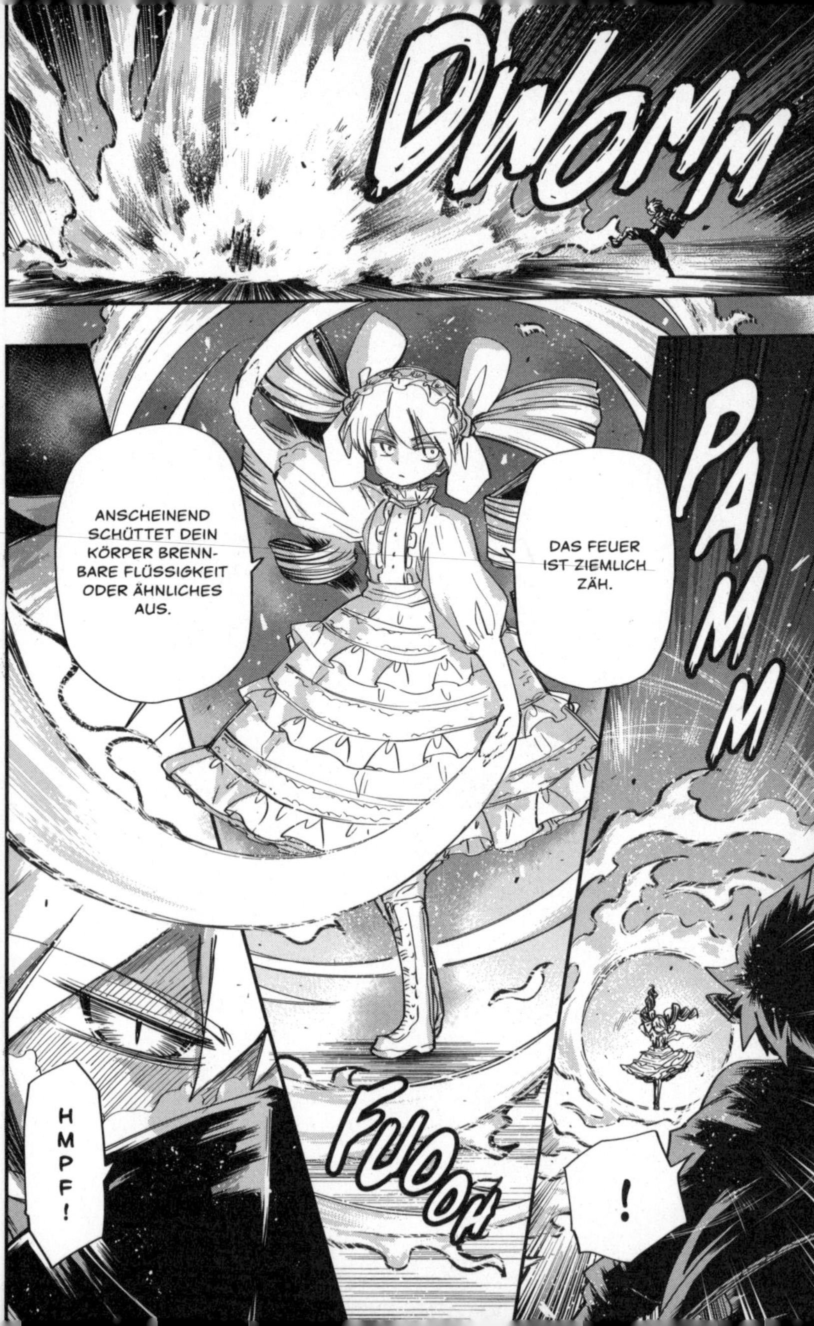
DWOMM
PAMM
DAS FEUER IST ZIEMLICH ZÄH.
ANSCHEINEND SCHÜTTET DEIN KÖRPER BRENNBARE FLÜSSIGKEIT ODER ÄHNLICHES AUS.
FUOOH
!
HMPF!

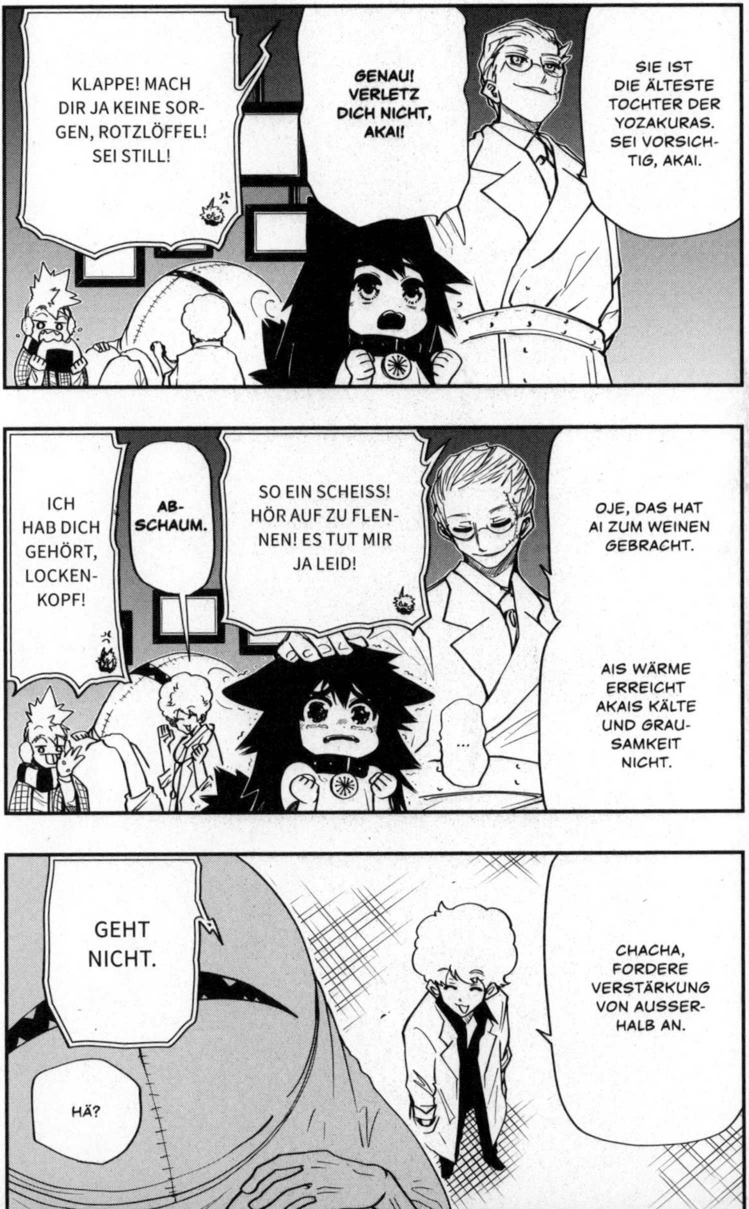
SIE IST DIE ÄLTESTE TOCHTER DER YOZAKURAS. SEI VORSICHTIG, AKAI.
GENAU! VERLETZ DICH NICHT, AKAI!
KLAPPE! MACH DIR JA KEINE SORGEN, ROTZLÖFFEL! SEI STILL!
OJE, DAS HAT AI ZUM WEINEN GEBRACHT.
AIS WÄRME ERREICHT AKAIS KÄLTE UND GRAUSAMKEIT NICHT.
…
SO EIN SCHEISS! HÖR AUF ZU FLENNEN! ES TUT MIR JA LEID!
ABSCHAUM.
ICH HAB DICH GEHÖRT, LOCKENKOPF!
CHACHA, FORDERE VERSTÄRKUNG VON AUSSERHALB AN.
GEHT NICHT.
HÄ?

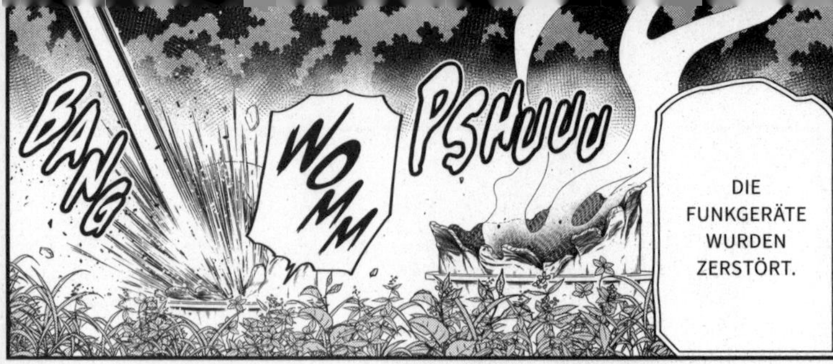
DIE FUNKGERÄTE WURDEN ZERSTÖRT.
PSHUUU
WOMM
BANG

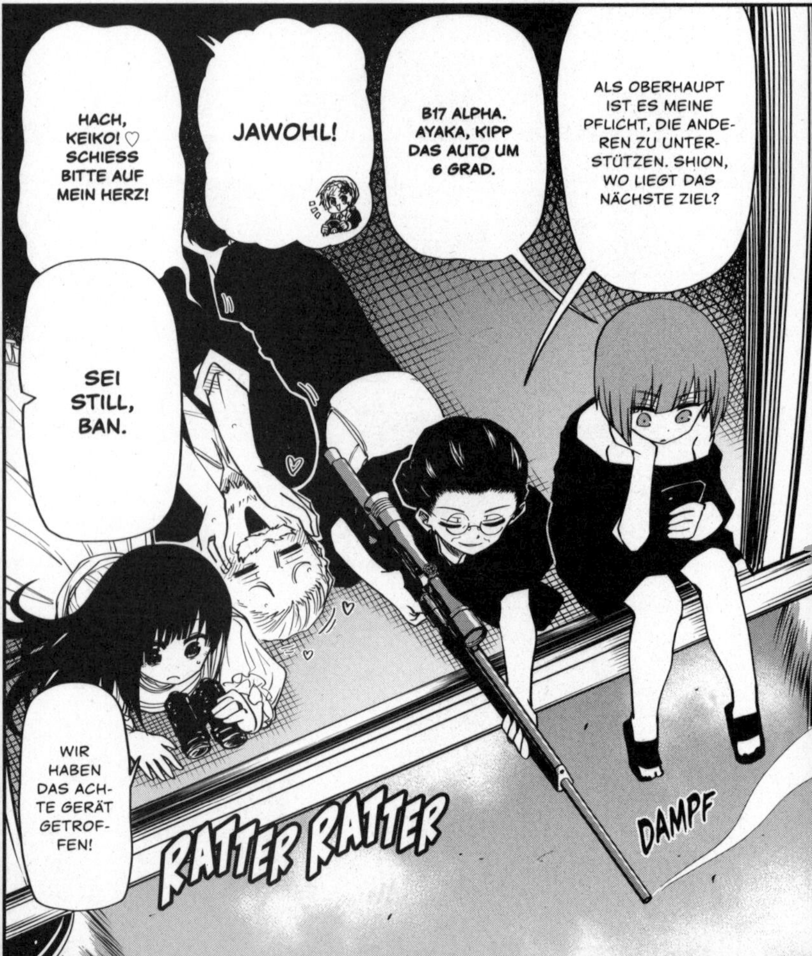
ALS OBERHAUPT IST ES MEINE PFLICHT, DIE ANDEREN ZU UNTERSTÜTZEN. SHION, WO LIEGT DAS NÄCHSTE ZIEL?
B17 ALPHA. AYAKA, KIPP DAS AUTO UM 6 GRAD.
JAWOHL!
HACH, KEIKO! ♡ SCHIESS BITTE AUF MEIN HERZ!
SEI STILL, BAN.
WIR HABEN DAS ACHTE GERÄT GETROFFEN!
DAMPF
RATTER RATTER

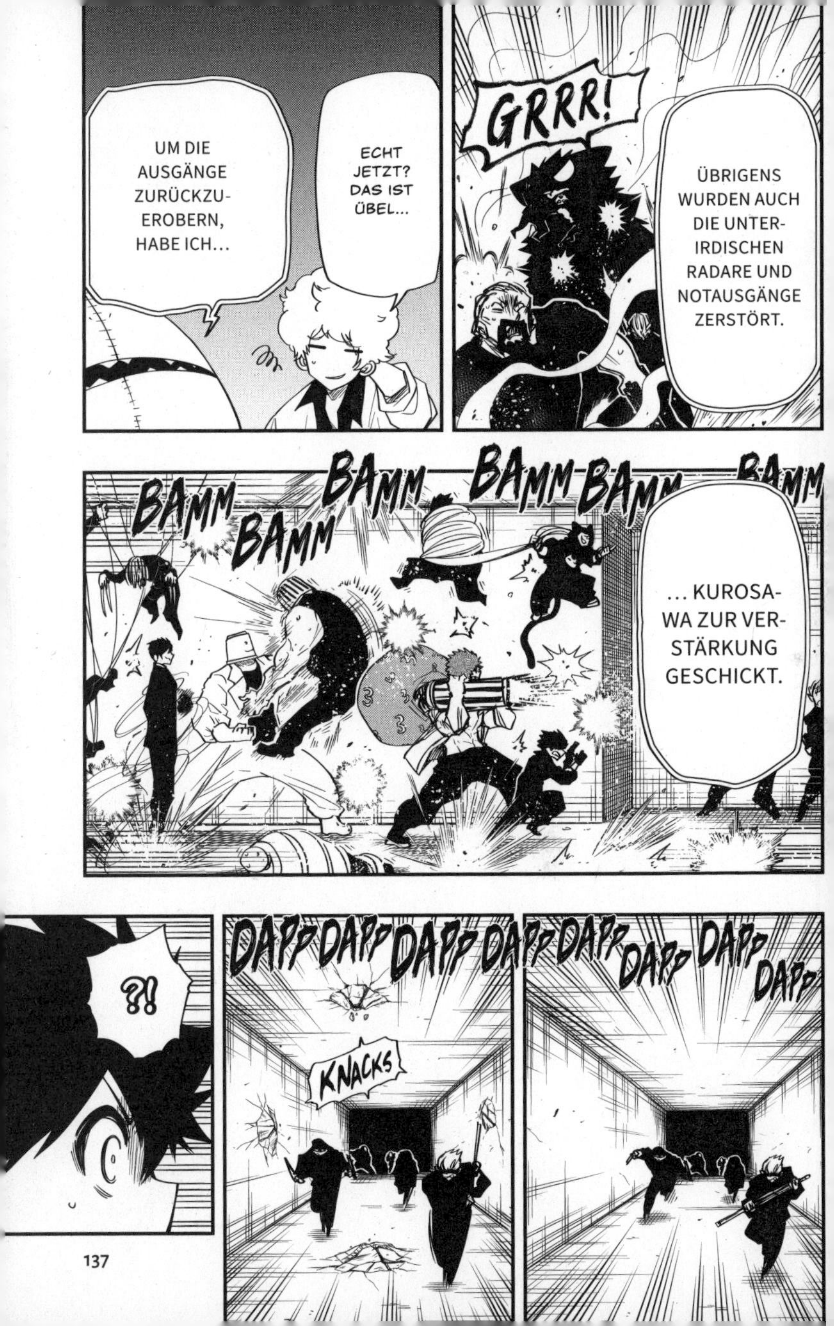
GRRR!
ÜBRIGENS WURDEN AUCH DIE UNTER-IRDISCHEN RADARE UND NOTAUSGÄNGE ZERSTÖRT.
ECHT JETZT? DAS IST ÜBEL…
UM DIE AUSGÄNGE ZURÜCKZU-EROBERN, HABE ICH…
BAMM BAMM BAMM BAMM BAMM BAMM
… KUROSA-WA ZUR VER-STÄRKUNG GESCHICKT.
DAPP DAPP DAPP DAPP DAPP DAPP DAPP DAPP
KNACKS
?!

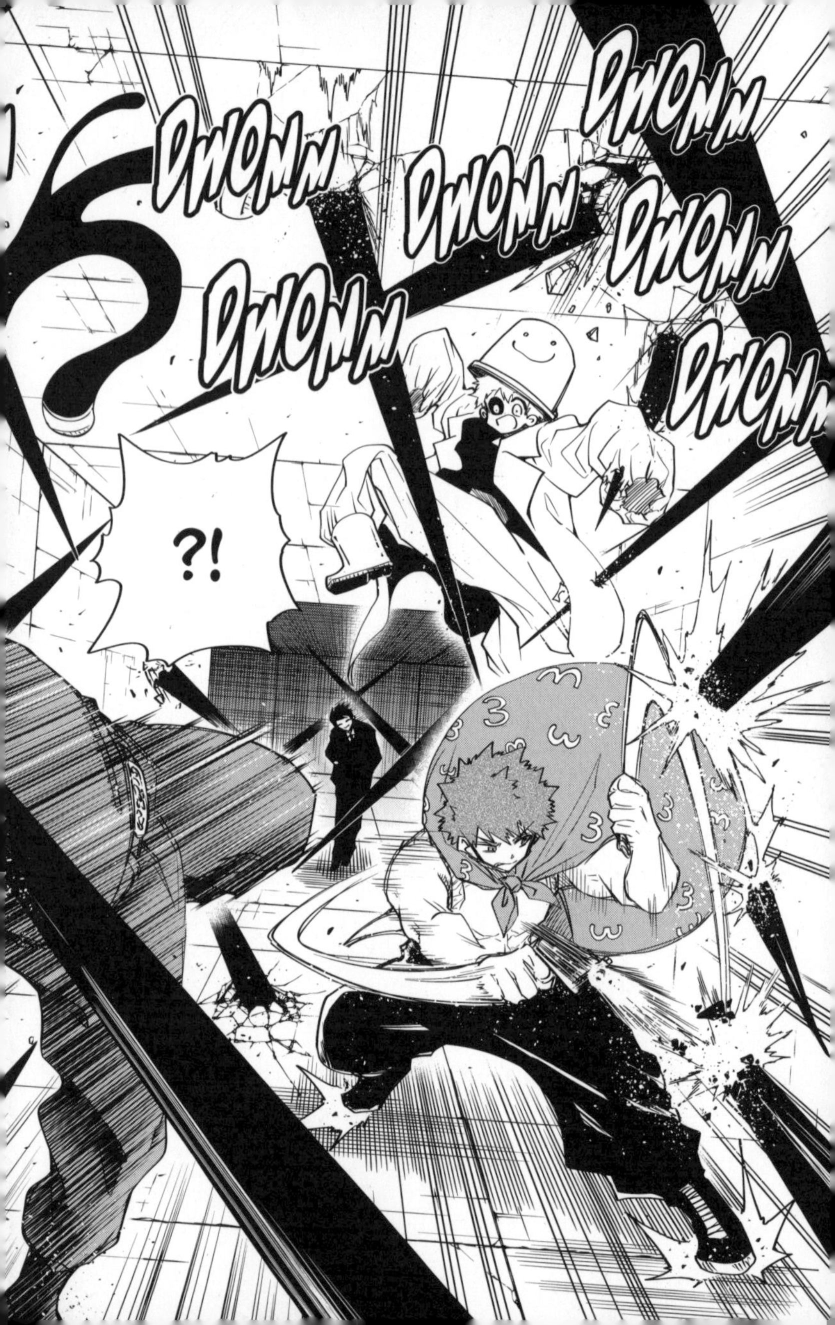
DWOMM
DWOMM
DWOMM
DWOMM
DWOMM
DWOMM
?!

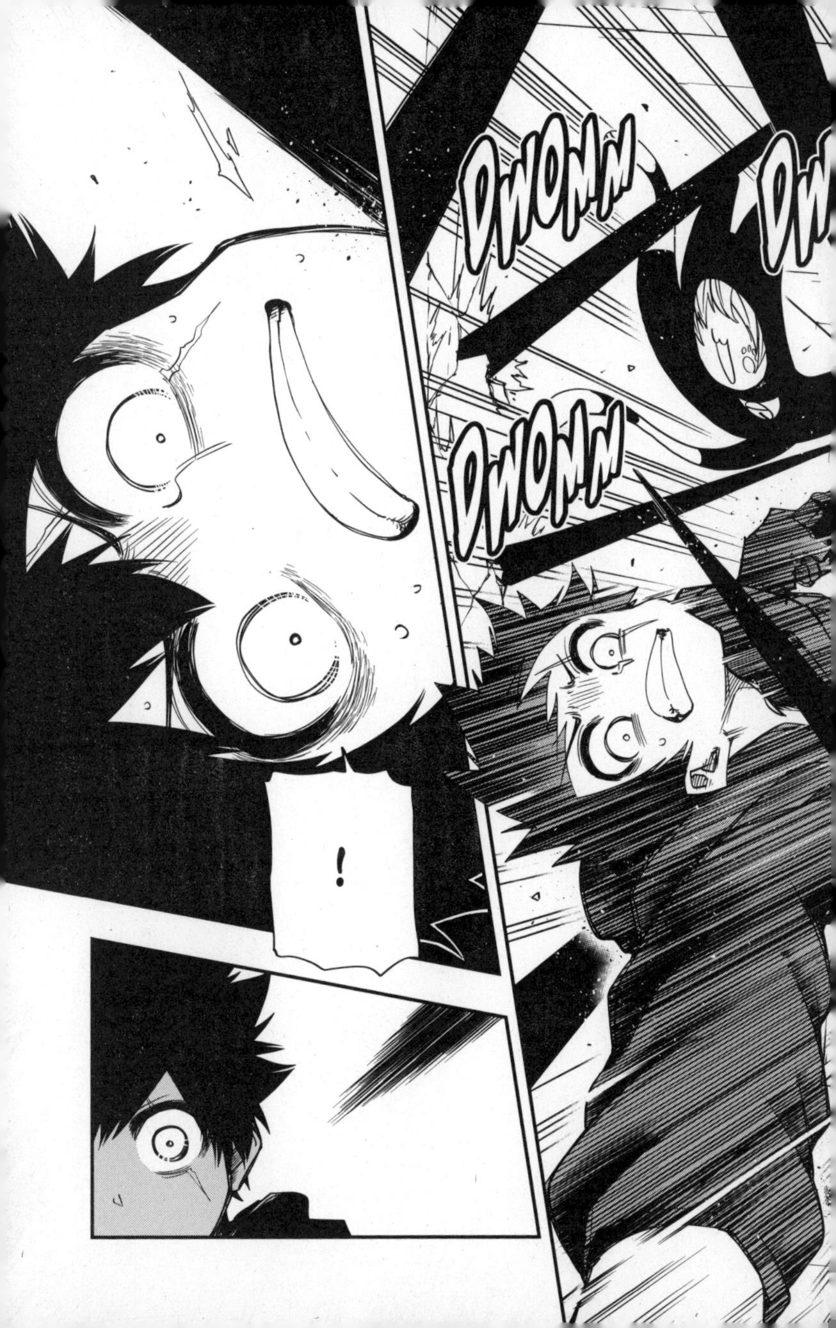
DWOMM
DWOMM
!

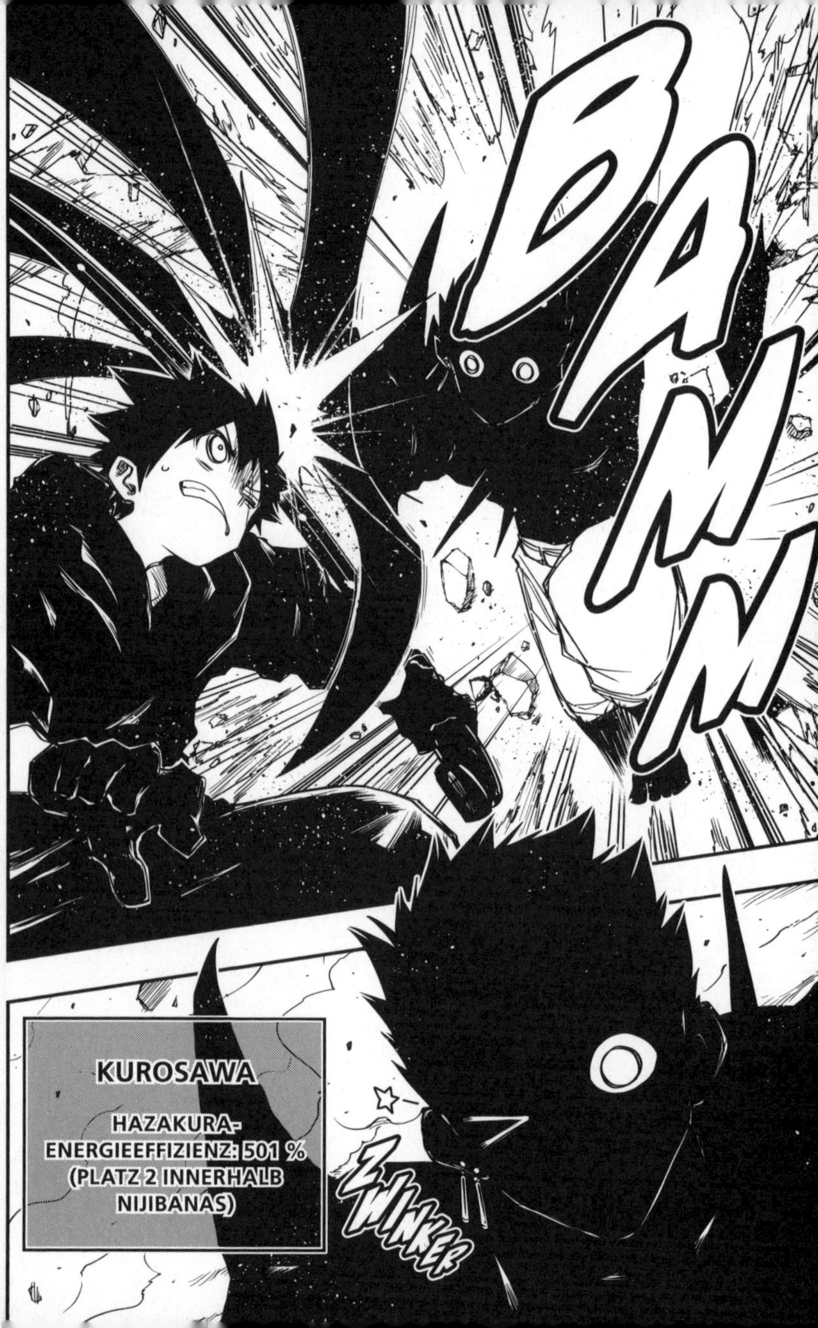
BAMM
KUROSAWA
HAZAKURA-ENERGIEEFFIZIENZ: 501 % (PLATZ 2 INNERHALB NIJIBANAS)
ZWINKER

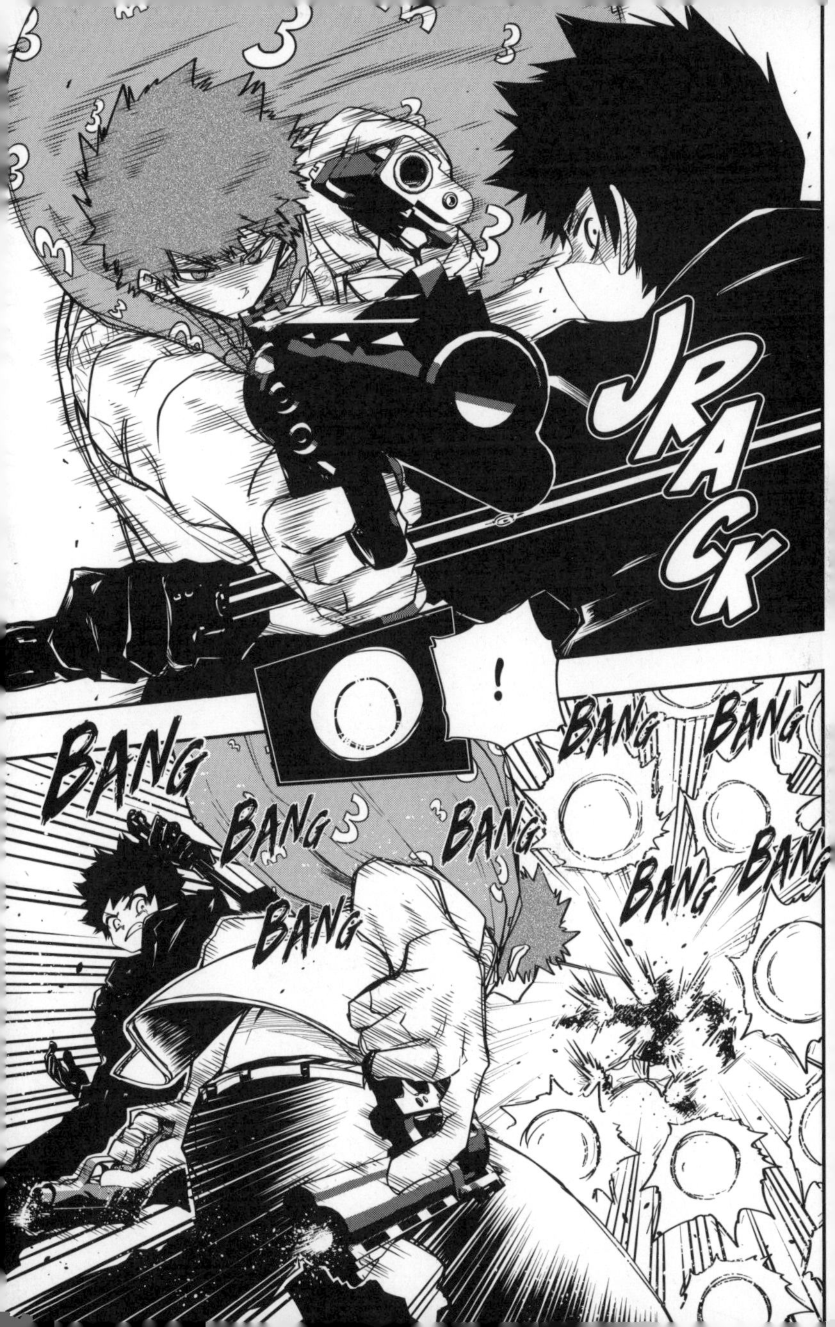

JRACK
!
BANG
BANG
BANG
BANG
BANG
BANG
BANG
BANG

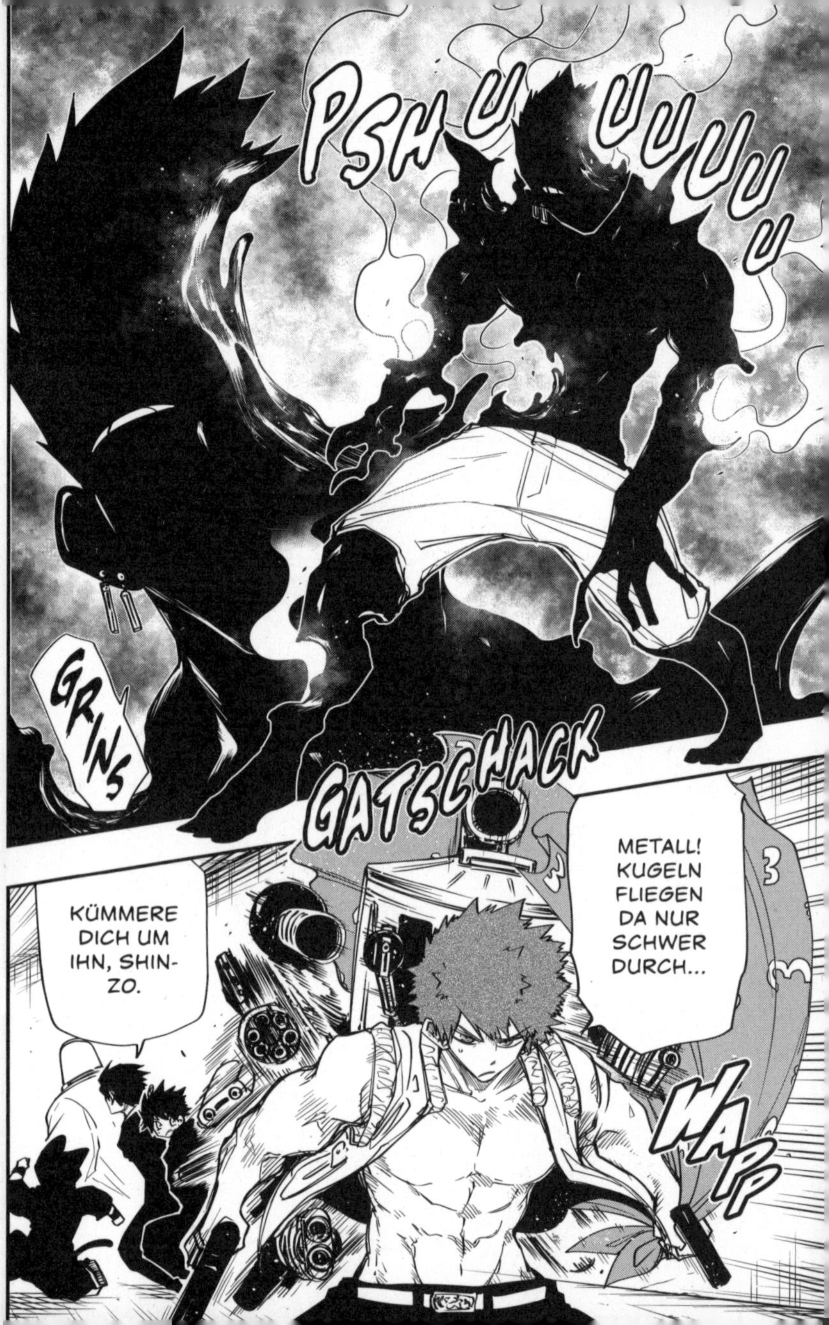
PSHUUUUUUU
GRINS
GATSCHACK
METALL! KUGELN FLIEGEN DA NUR SCHWER DURCH...
KÜMMERE DICH UM IHN, SHIN-ZO.
WAPP

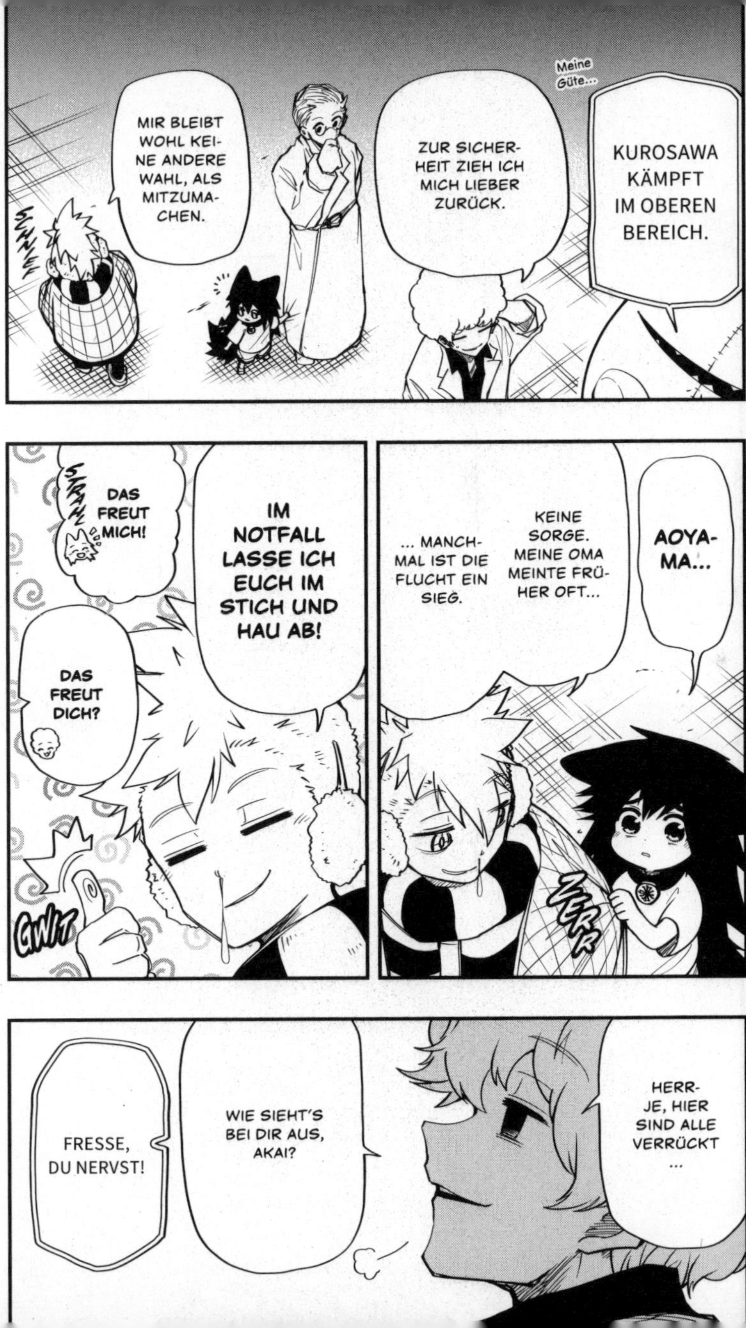
Meine Güte...
KUROSAWA KÄMPFT IM OBEREN BEREICH.
ZUR SICHERHEIT ZIEH ICH MICH LIEBER ZURÜCK.
MIR BLEIBT WOHL KEINE ANDERE WAHL, ALS MITZUMACHEN.
SCHNIEF
AOYAMA...
KEINE SORGE. MEINE OMA MEINTE FRÜHER OFT...
... MANCHMAL IST DIE FLUCHT EIN SIEG.
ZERR
IM NOTFALL LASSE ICH EUCH IM STICH UND HAU AB!
STRAHL
DAS FREUT MICH!
DAS FREUT DICH?
GWIT
HERRJE, HIER SIND ALLE VERRÜCKT ...
WIE SIEHT'S BEI DIR AUS, AKAI?
FRESSE, DU NERVST!

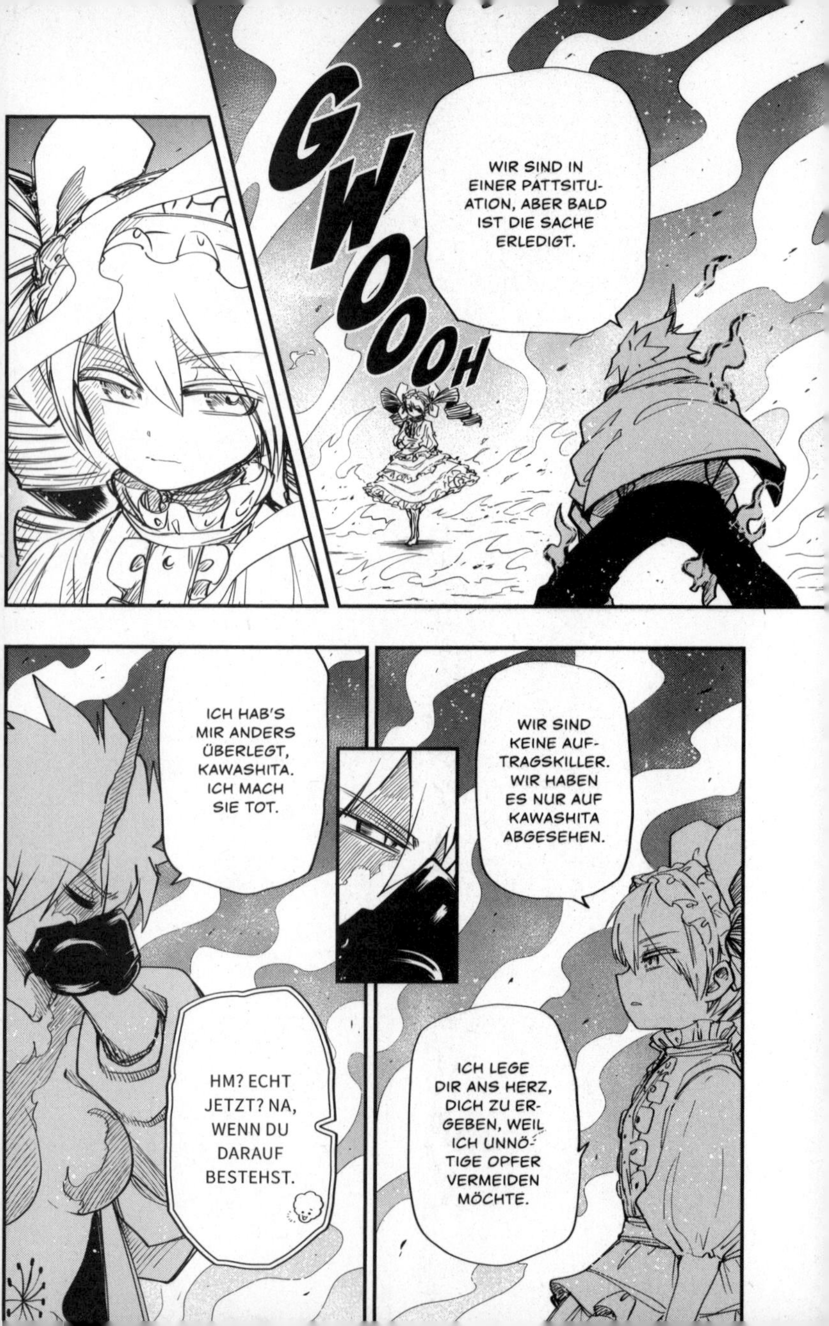
GWOOOOH
WIR SIND IN EINER PATTSITU-ATION, ABER BALD IST DIE SACHE ERLEDIGT.
WIR SIND KEINE AUF-TRAGSKILLER. WIR HABEN ES NUR AUF KAWASHITA ABGESEHEN.
ICH HAB'S MIR ANDERS ÜBERLEGT, KAWASHITA. ICH MACH SIE TOT.
ICH LEGE DIR ANS HERZ, DICH ZU ER-GEBEN, WEIL ICH UNNÖ-TIGE OPFER VERMEIDEN MÖCHTE.
HM? ECHT JETZT? NA, WENN DU DARAUF BESTEHST.

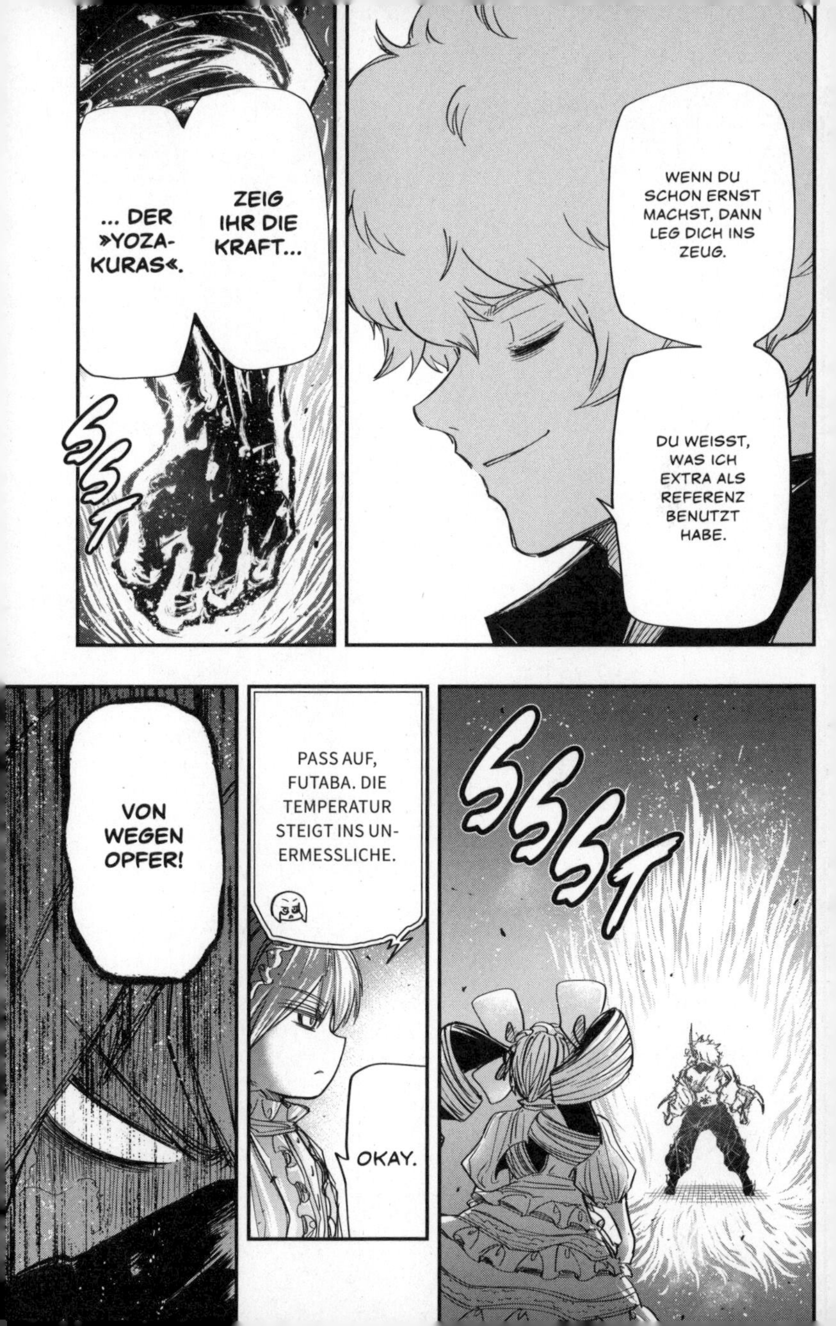
WENN DU SCHON ERNST MACHST, DANN LEG DICH INS ZEUG.
DU WEISST, WAS ICH EXTRA ALS REFERENZ BENUTZT HABE.
ZEIG IHR DIE KRAFT...
... DER »YOZA-KURAS«.
SSST
SSST
PASS AUF, FUTABA. DIE TEMPERATUR STEIGT INS UN-ERMESSLICHE.
OKAY.
VON WEGEN OPFER!

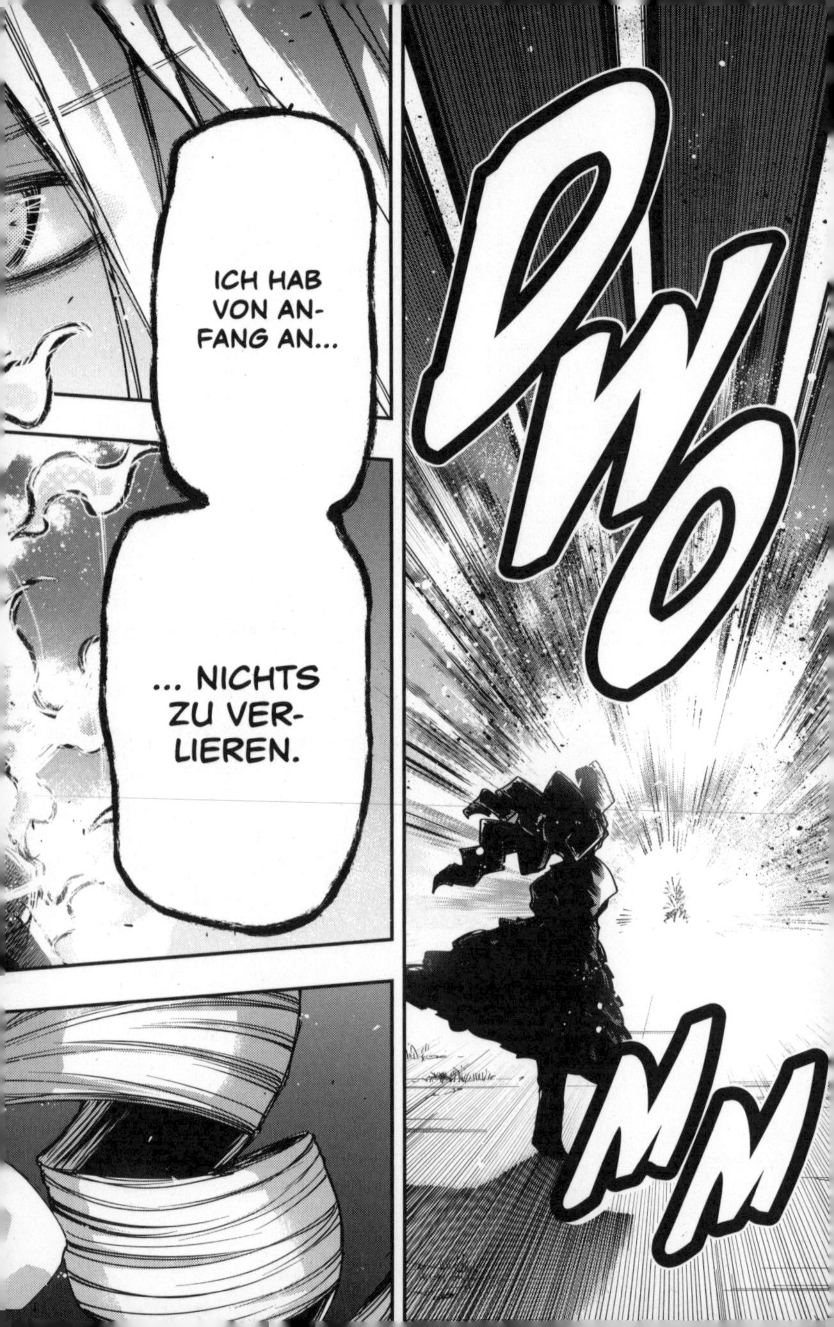
ICH HAB VON AN-FANG AN...
... NICHTS ZU VER-LIEREN.

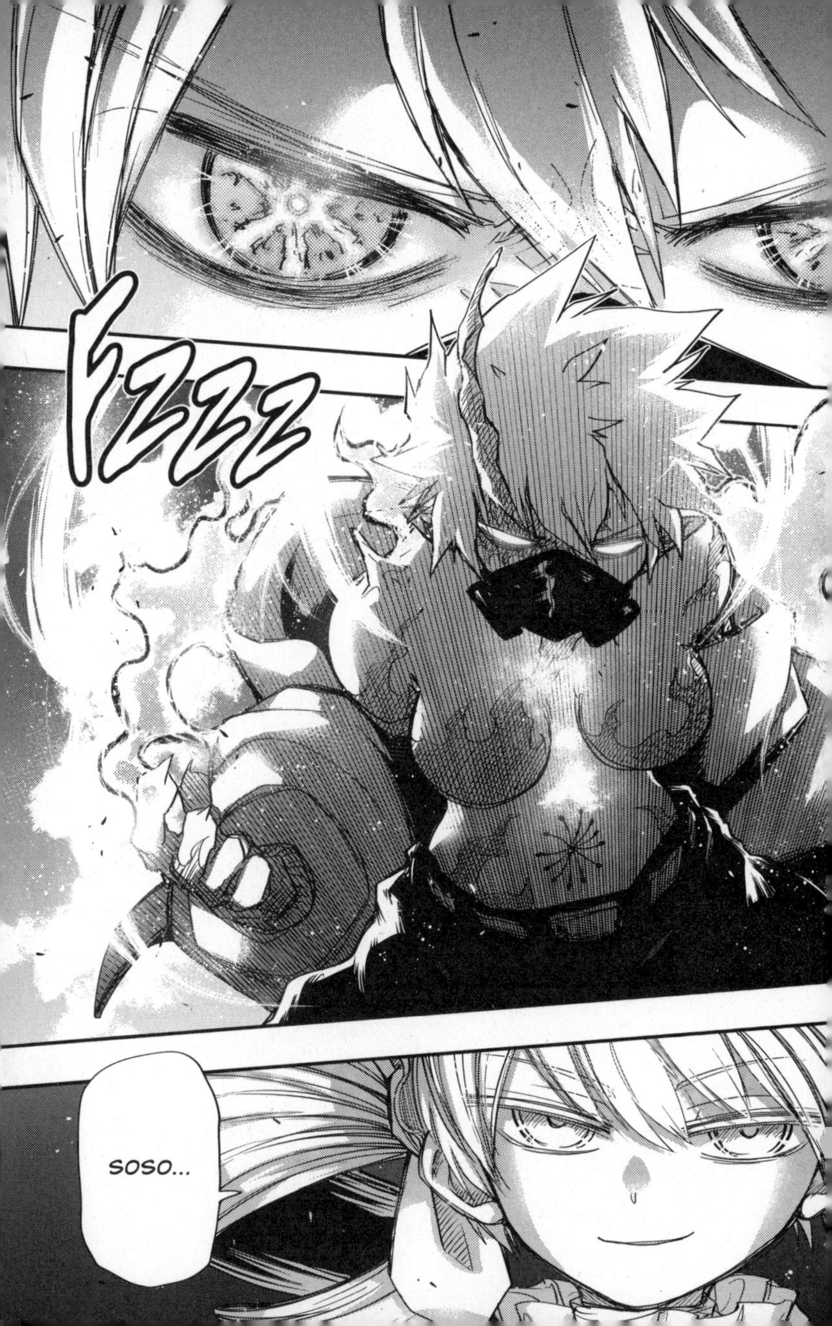
FZZZ
SOSO…

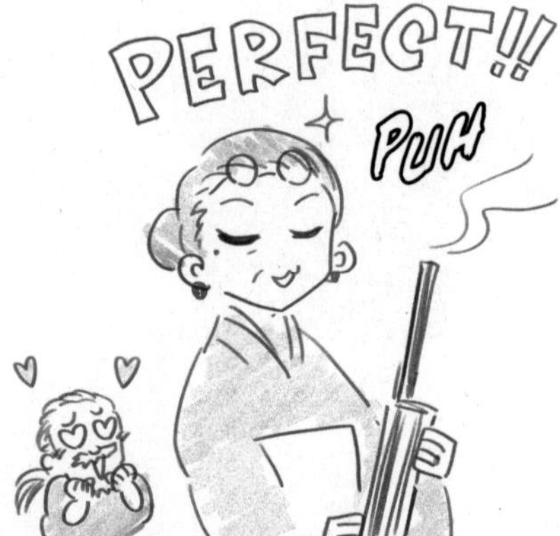
PERFECT!!
PUH

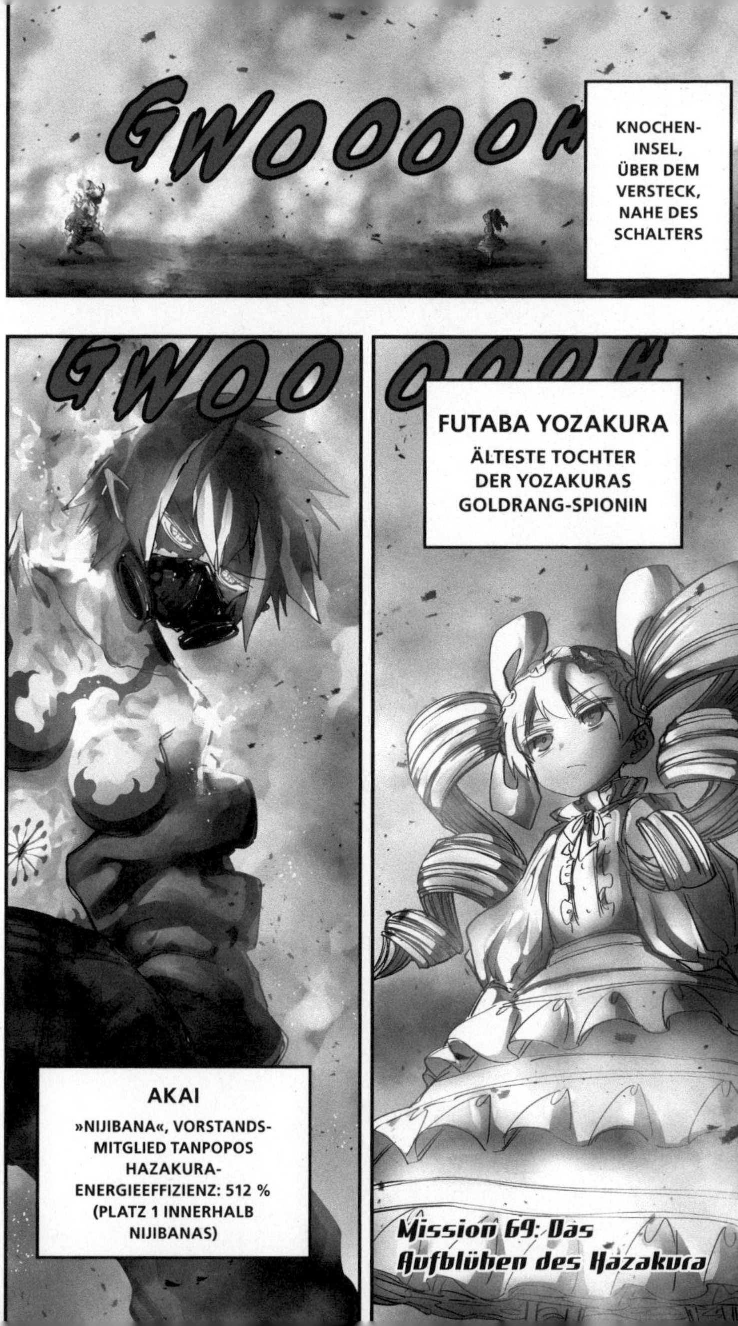
GWOOOOH
KNOCHEN-INSEL, ÜBER DEM VERSTECK, NAHE DES SCHALTERS
GWOOOOOOH
FUTABA YOZAKURA
ÄLTESTE TOCHTER DER YOZAKURAS GOLDRANG-SPIONIN
AKAI
»NIJIBANA«, VORSTANDS-MITGLIED TANPOPOS HAZAKURA-ENERGIEEFFIZIENZ: 512 % (PLATZ 1 INNERHALB NIJIBANAS)
Mission 69: Das Aufblühen des Hazakura

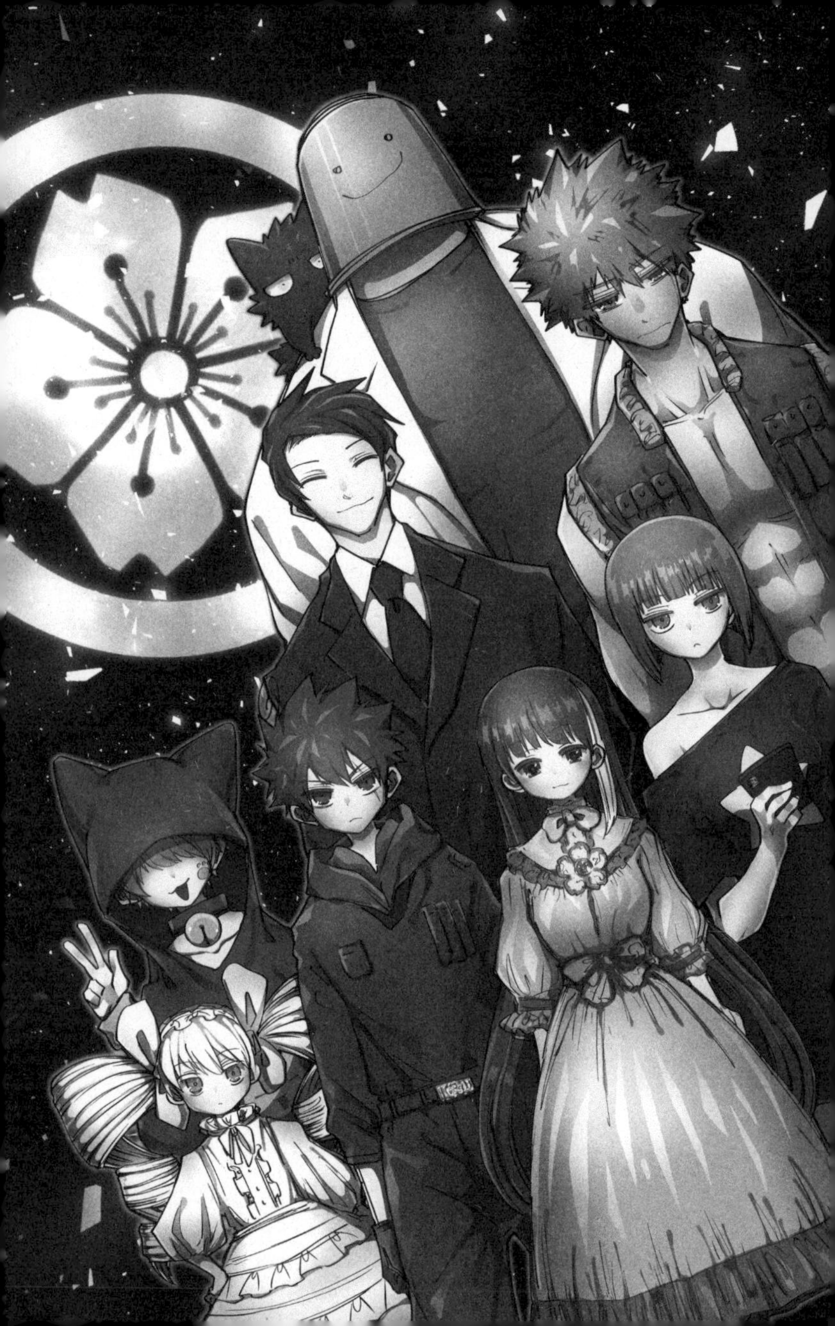

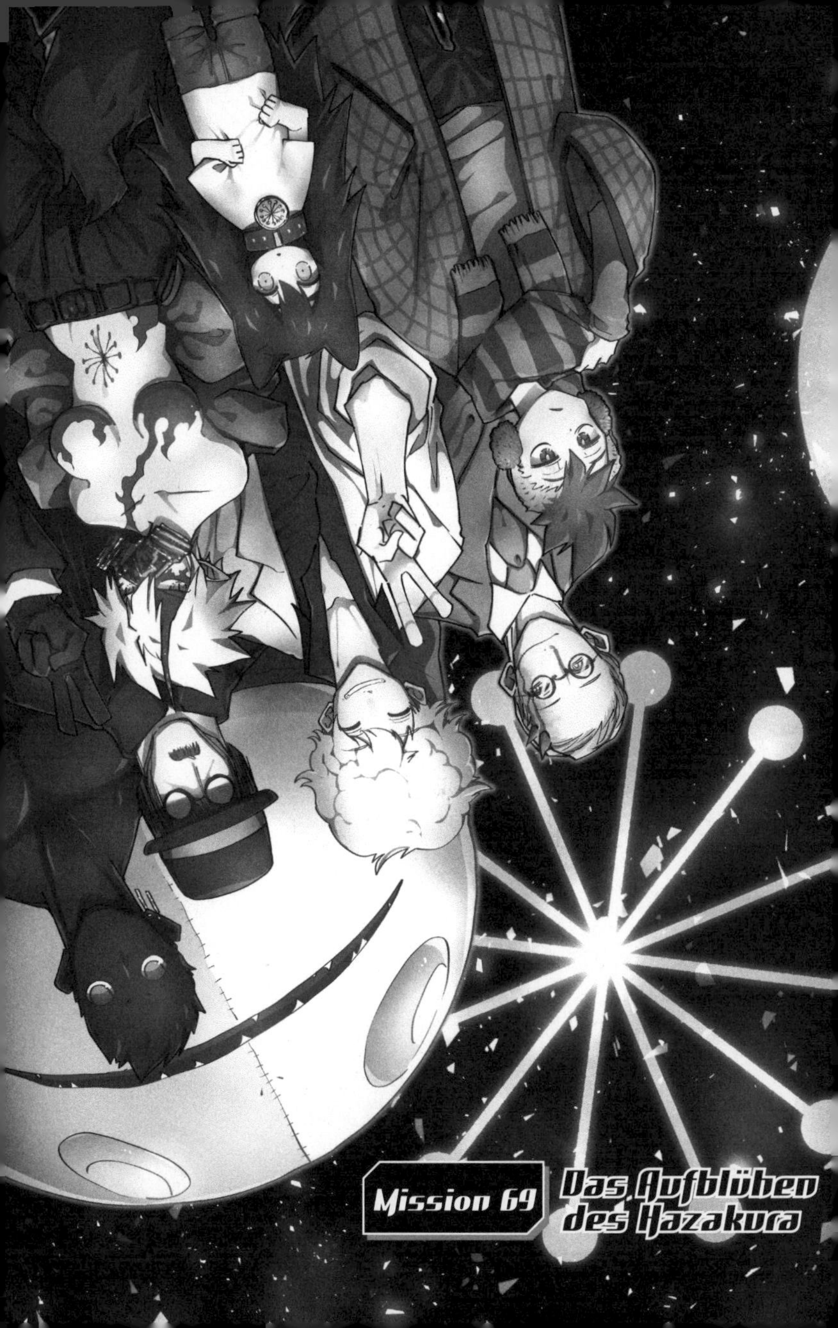
Mission 69
Das Aufblühen des Hazakura

MISSION: Yozakura Family

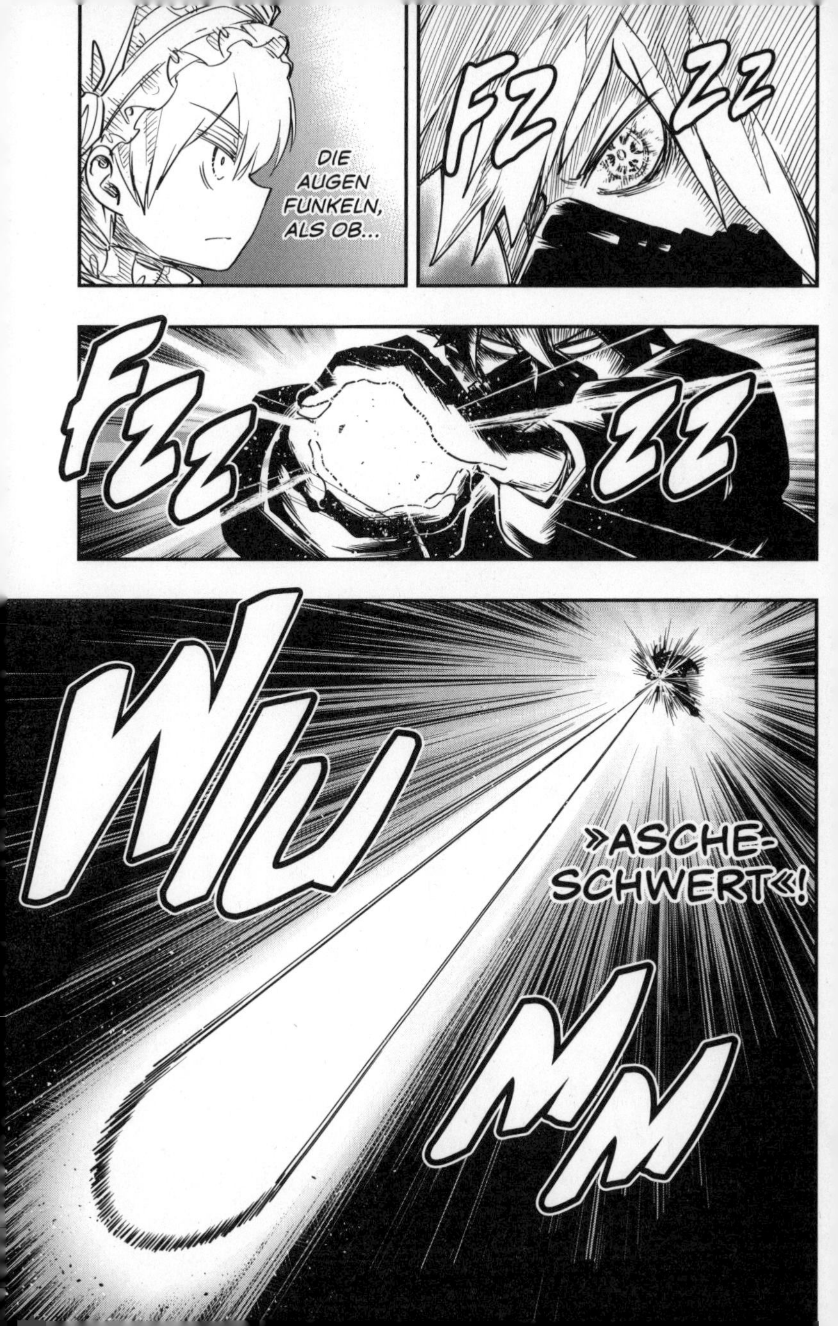
FZ ZZ
DIE AUGEN FUNKELN, ALS OB...
FZZ ZZ
WU
»ASCHE-SCHWERT«!
MM

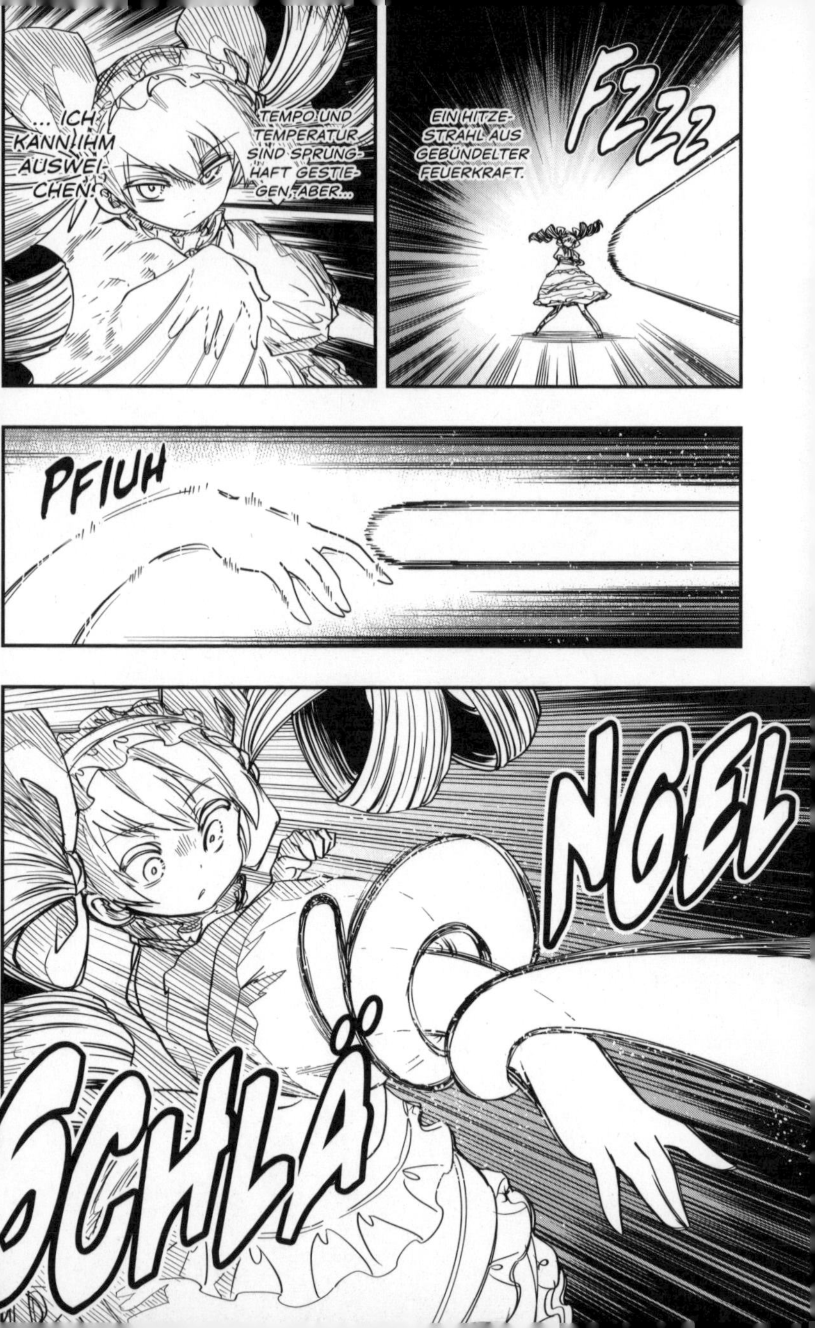
... ICH KANN IHM AUSWEICHEN.
TEMPO UND TEMPERATUR SIND SPRUNGHAFT GESTIEGEN, ABER ...
FZZZ
EIN HITZESTRAHL AUS GEBÜNDELTER FEUERKRAFT.
PFIUH
SCHLÄNGEL

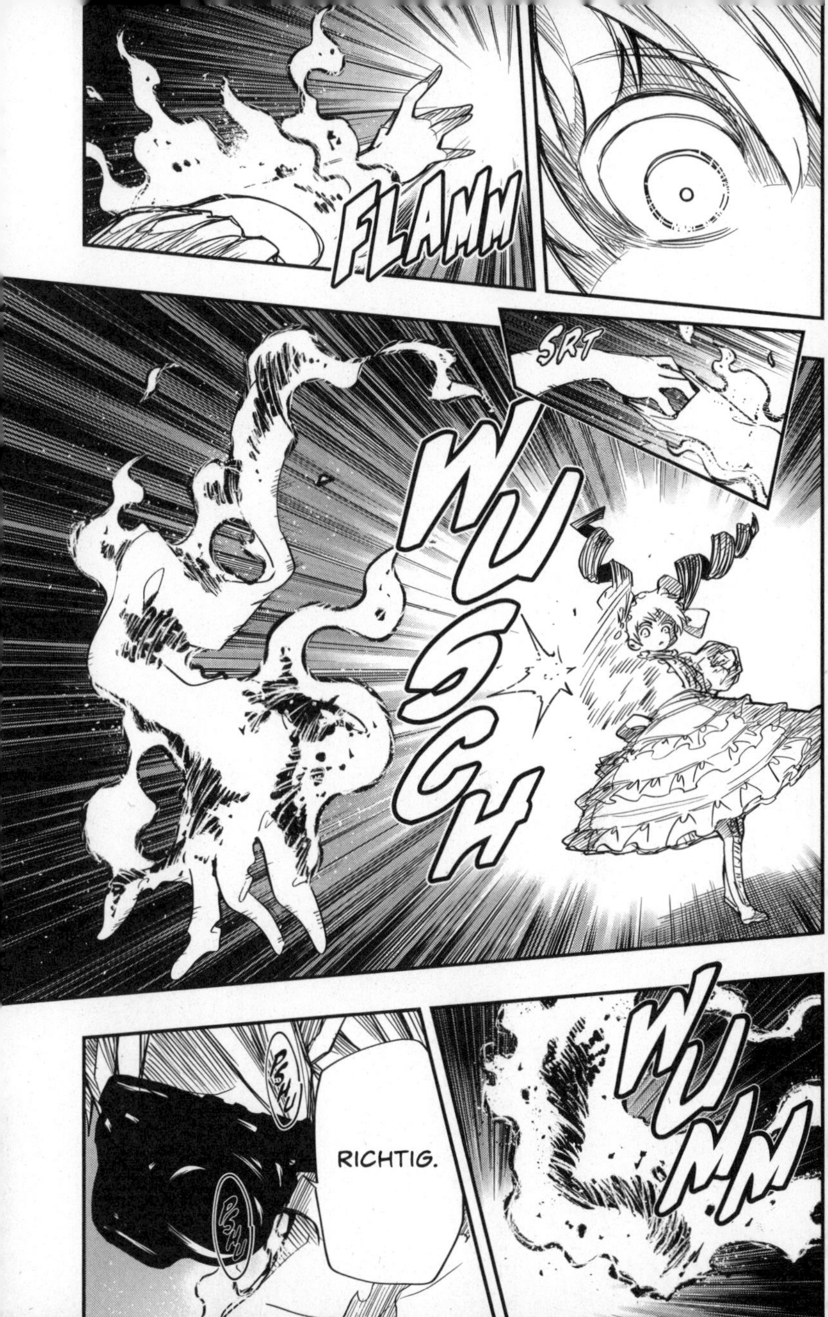
FLAMM
SRT
WUSCH
WUMM
PSHU
RICHTIG.
PSHU

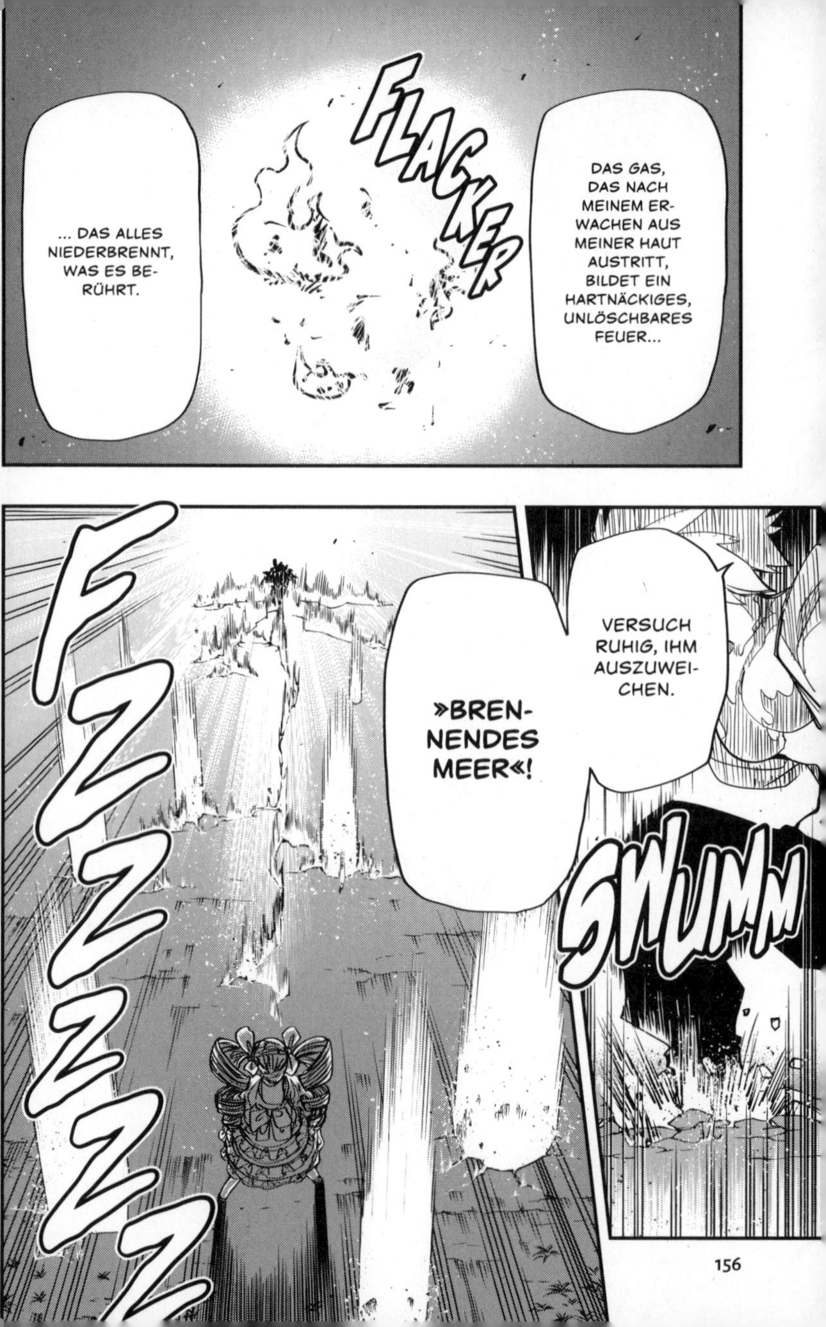
DAS GAS, DAS NACH MEINEM ER- WACHEN AUS MEINER HAUT AUSTRITT, BILDET EIN HARTNÄCKIGES, UNLÖSCHBARES FEUER...
FLACKER
... DAS ALLES NIEDERBRENNT, WAS ES BE- RÜHRT.
VERSUCH RUHIG, IHM AUSZUWEI- CHEN.
»BREN- NENDES MEER«!
SWUMM
FZZZZZZ

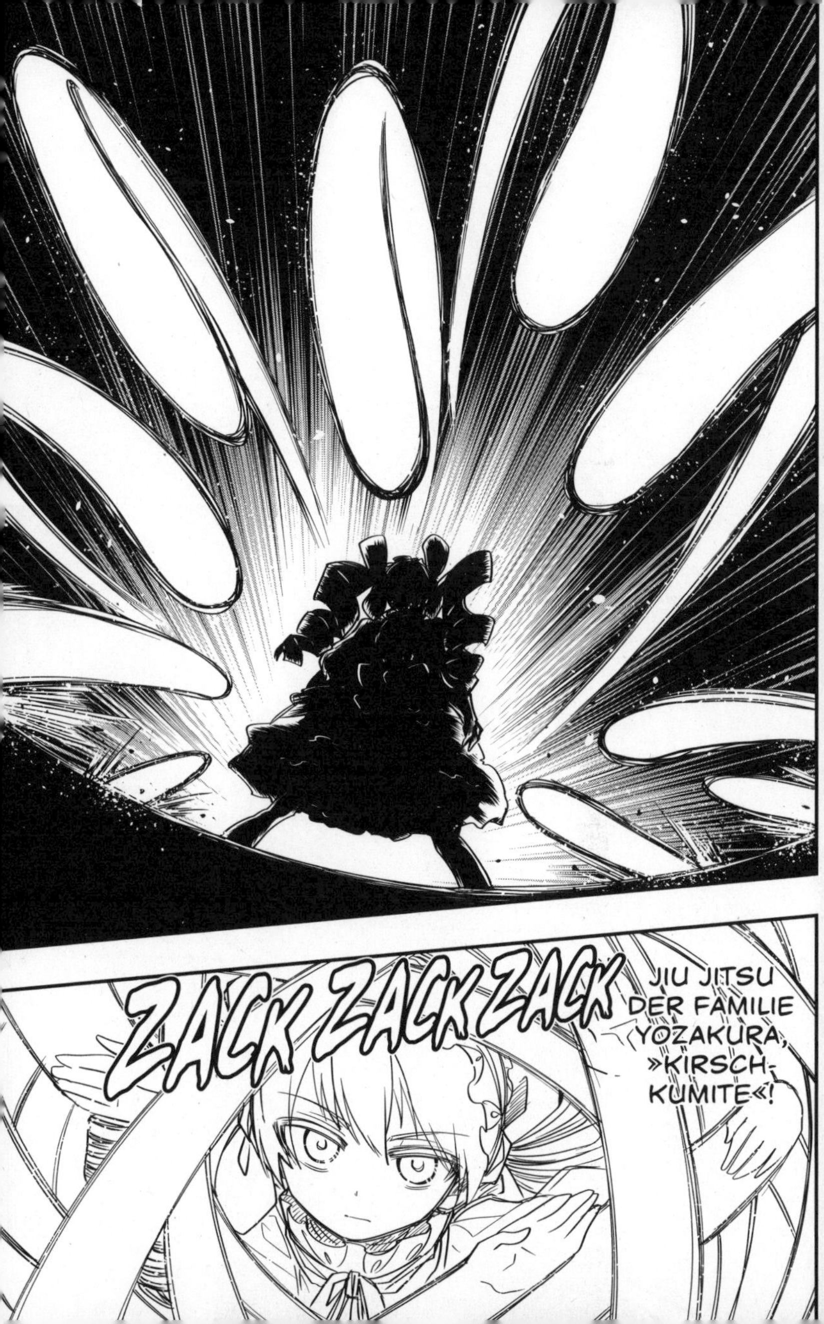
JIU JITSU DER FAMILIE YOZAKURA, »KIRSCH-KUMITE«!
ZACK ZACK ZACK

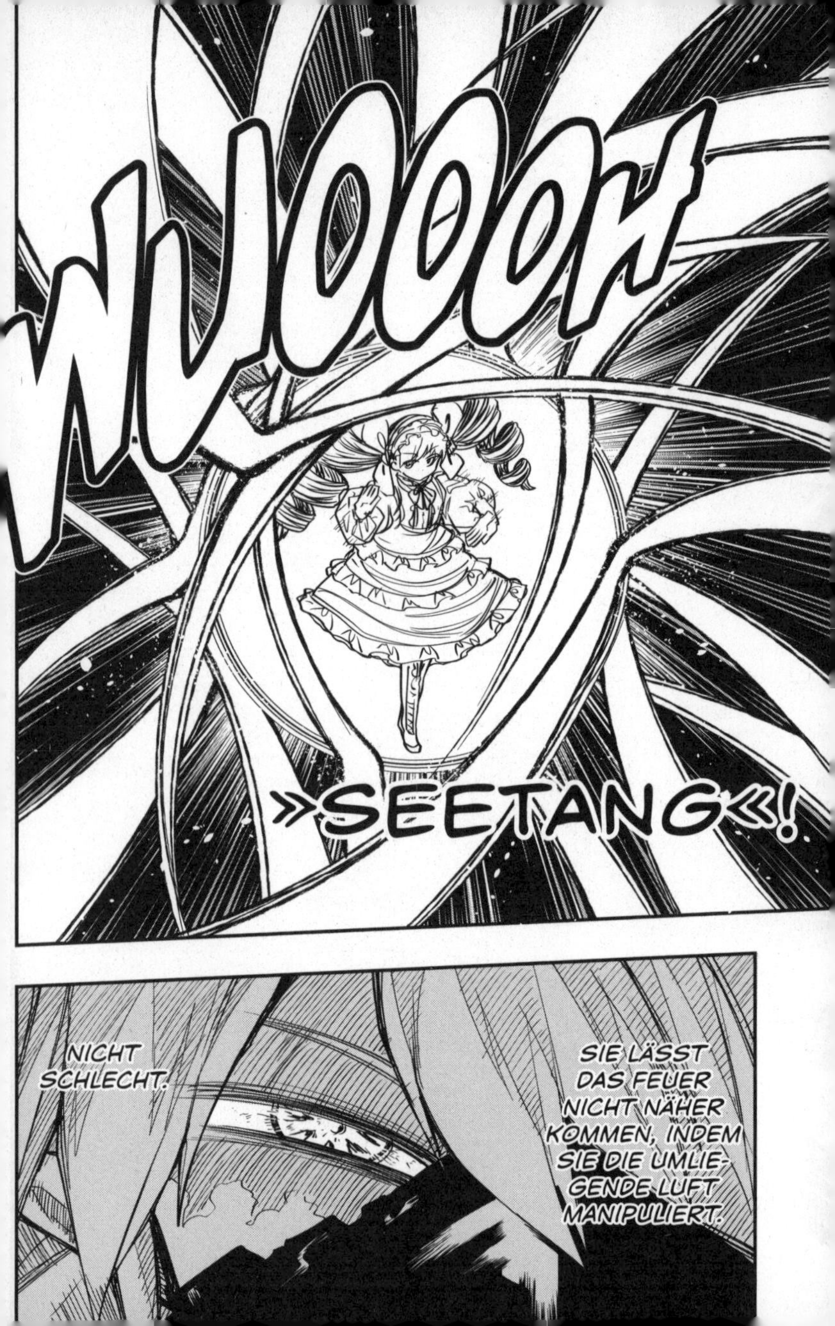
WUOOOH
»SEETANG«!
SIE LÄSST DAS FEUER NICHT NÄHER KOMMEN, INDEM SIE DIE UMLIE-GENDE LUFT MANIPULIERT.
NICHT SCHLECHT.

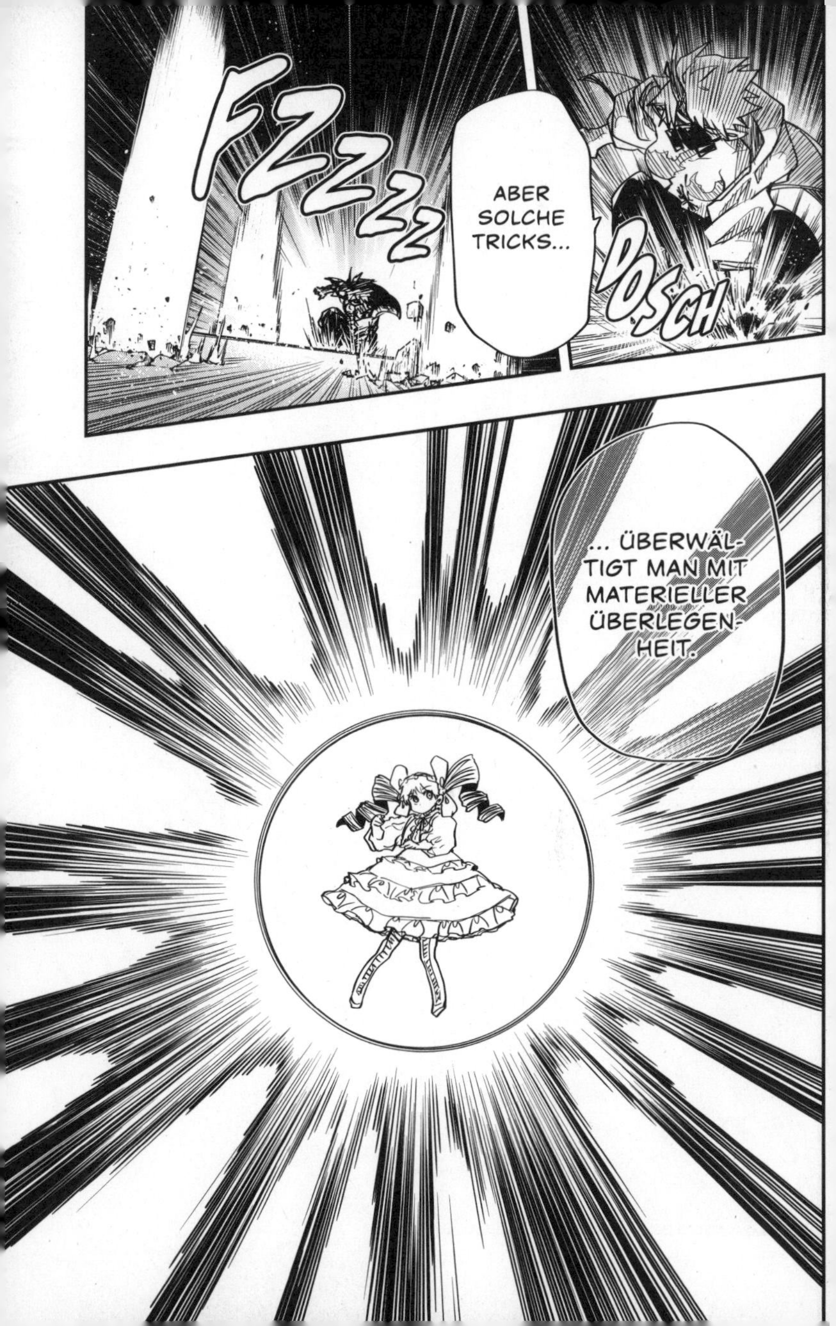
FZZZZZ
DOSCH
ABER SOLCHE TRICKS...
... ÜBERWÄLTIGT MAN MIT MATERIELLER ÜBERLEGENHEIT.

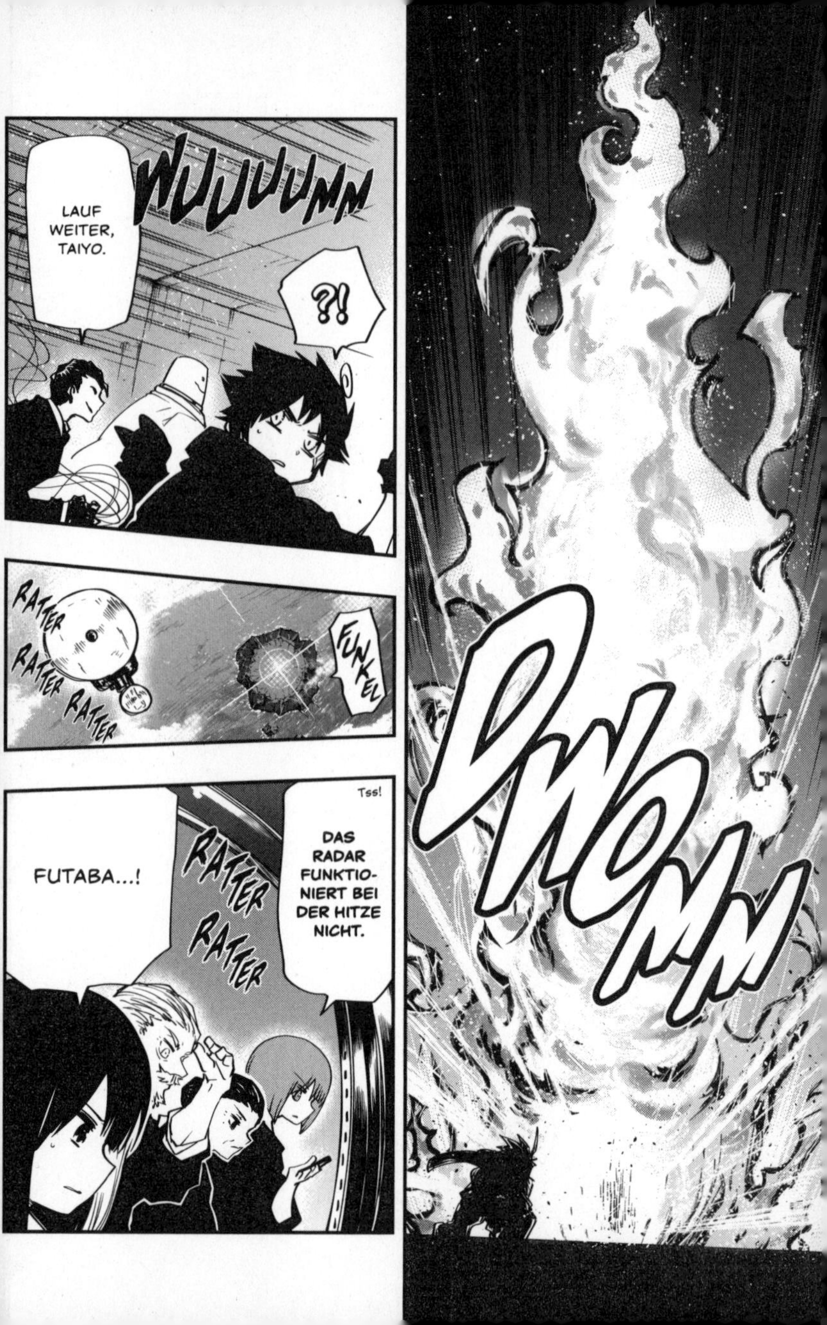
DWOMM
LAUF WEITER, TAIYO.
WUUUUMM
?!
RATTER RATTER RATTER RATTER
FUNKEL
Tss!
DAS RADAR FUNKTIO- NIERT BEI DER HITZE NICHT.
RATTER RATTER
FUTABA...!

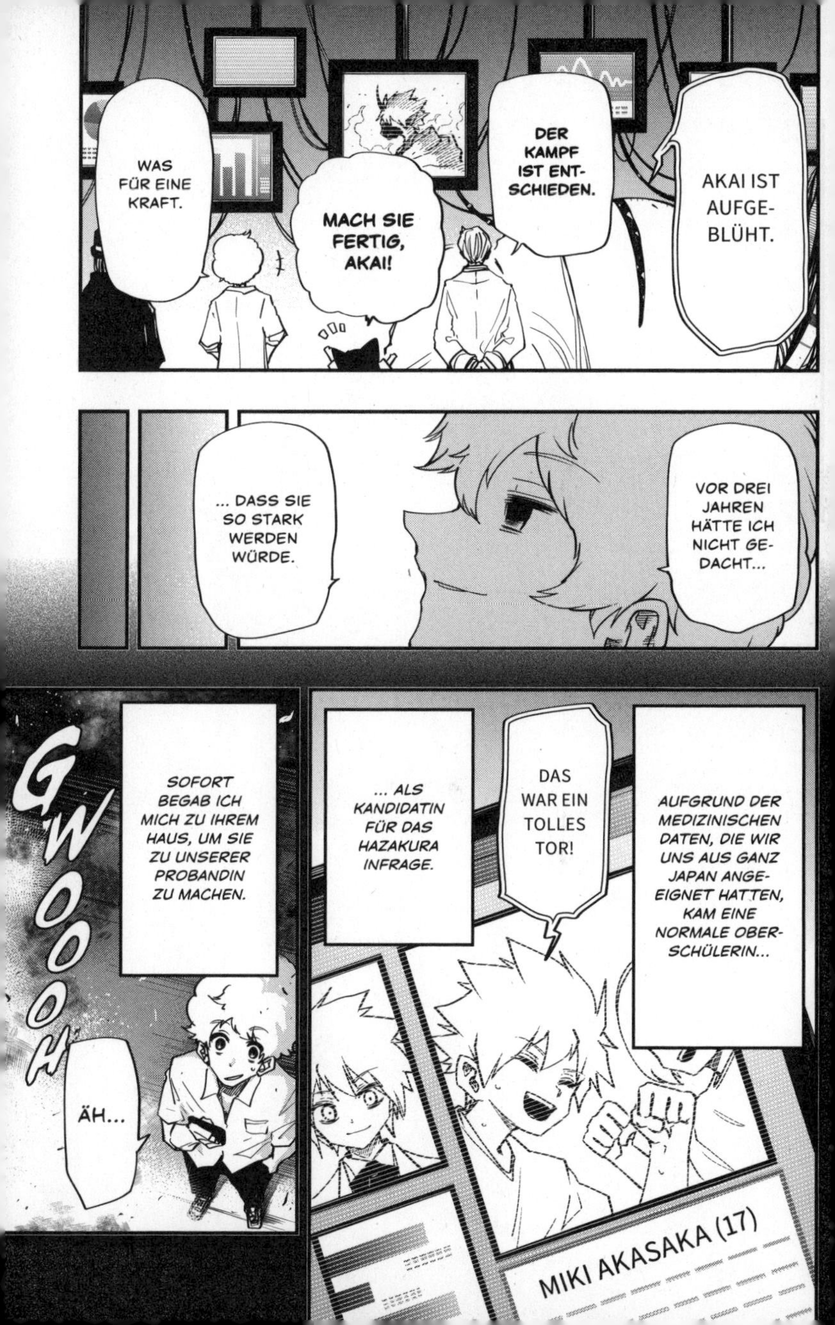
AKAI IST AUFGEBLÜHT.
DER KAMPF IST ENTSCHIEDEN.
MACH SIE FERTIG, AKAI!
WAS FÜR EINE KRAFT.
VOR DREI JAHREN HÄTTE ICH NICHT GEDACHT...
... DASS SIE SO STARK WERDEN WÜRDE.
AUFGRUND DER MEDIZINISCHEN DATEN, DIE WIR UNS AUS GANZ JAPAN ANGEEIGNET HATTEN, KAM EINE NORMALE OBERSCHÜLERIN...
DAS WAR EIN TOLLES TOR!
... ALS KANDIDATIN FÜR DAS HAZAKURA INFRAGE.
MIKI AKASAKA (17)
SOFORT BEGAB ICH MICH ZU IHREM HAUS, UM SIE ZU UNSERER PROBANDIN ZU MACHEN.
GWOOOH
ÄH...

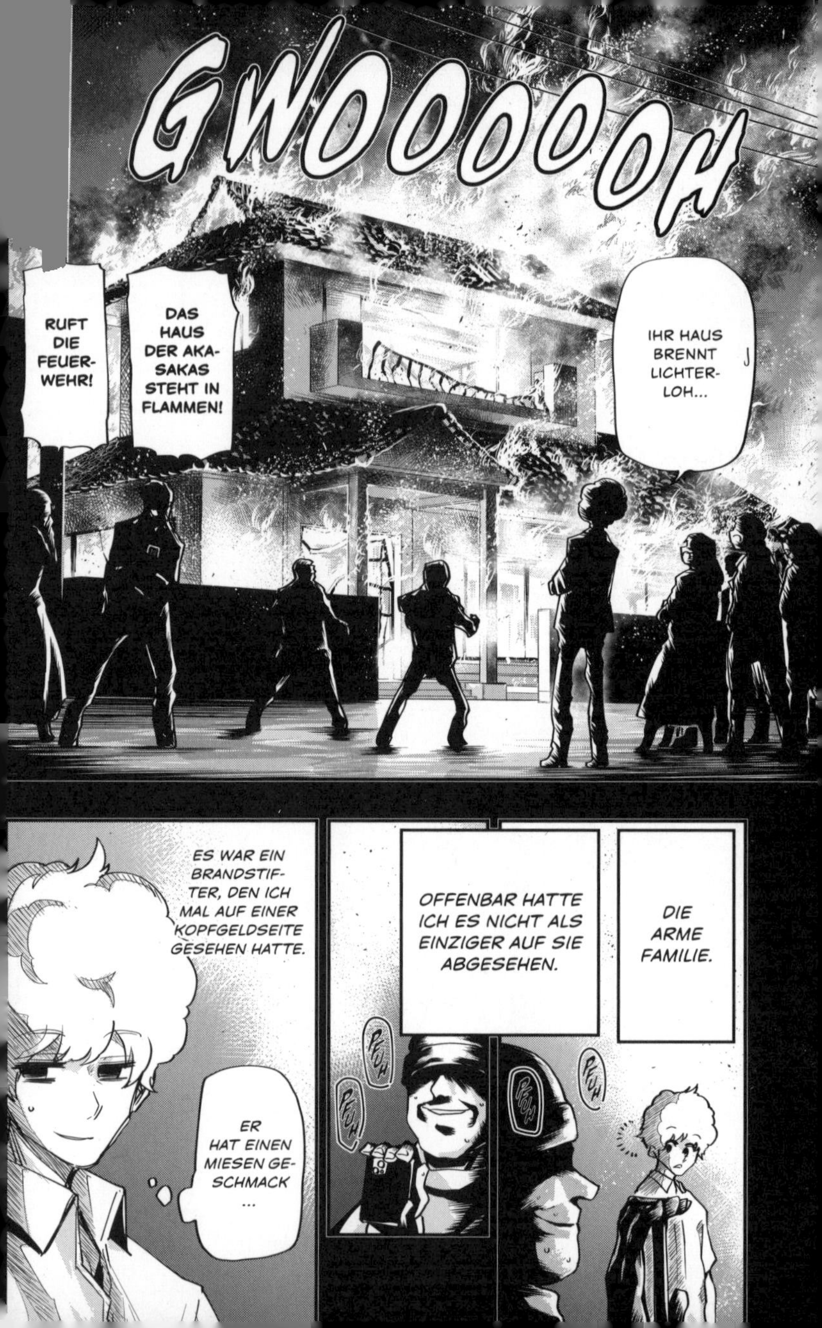
GWOOOOOH
IHR HAUS BRENNT LICHTERLOH...
DAS HAUS DER AKASAKAS STEHT IN FLAMMEN!
RUFT DIE FEUERWEHR!
DIE ARME FAMILIE.
OFFENBAR HATTE ICH ES NICHT ALS EINZIGER AUF SIE ABGESEHEN.
PFFUH
PFFUH
PFFUH
PFFUH
ES WAR EIN BRANDSTIFTER, DEN ICH MAL AUF EINER KOPFGELDSEITE GESEHEN HATTE.
ER HAT EINEN MIESEN GESCHMACK ...

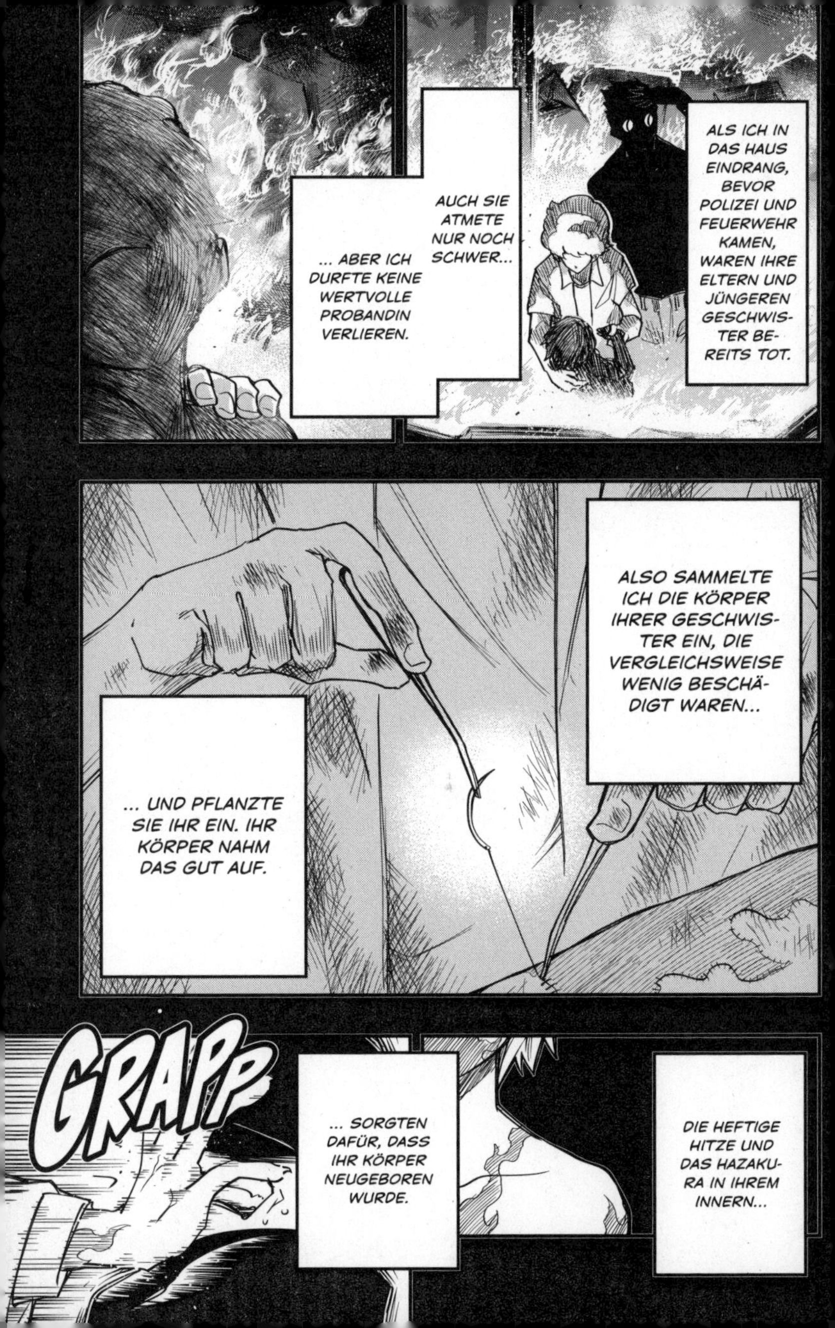
ALS ICH IN DAS HAUS EINDRANG, BEVOR POLIZEI UND FEUERWEHR KAMEN, WAREN IHRE ELTERN UND JÜNGEREN GESCHWIS-TER BE-REITS TOT.
AUCH SIE ATMETE NUR NOCH SCHWER...
... ABER ICH DURFTE KEINE WERTVOLLE PROBANDIN VERLIEREN.
ALSO SAMMELTE ICH DIE KÖRPER IHRER GESCHWIS-TER EIN, DIE VERGLEICHSWEISE WENIG BESCHÄ-DIGT WAREN...
... UND PFLANZTE SIE IHR EIN. IHR KÖRPER NAHM DAS GUT AUF.
DIE HEFTIGE HITZE UND DAS HAZAKU-RA IN IHREM INNERN...
... SORGTEN DAFÜR, DASS IHR KÖRPER NEUGEBOREN WURDE.
GRAPP

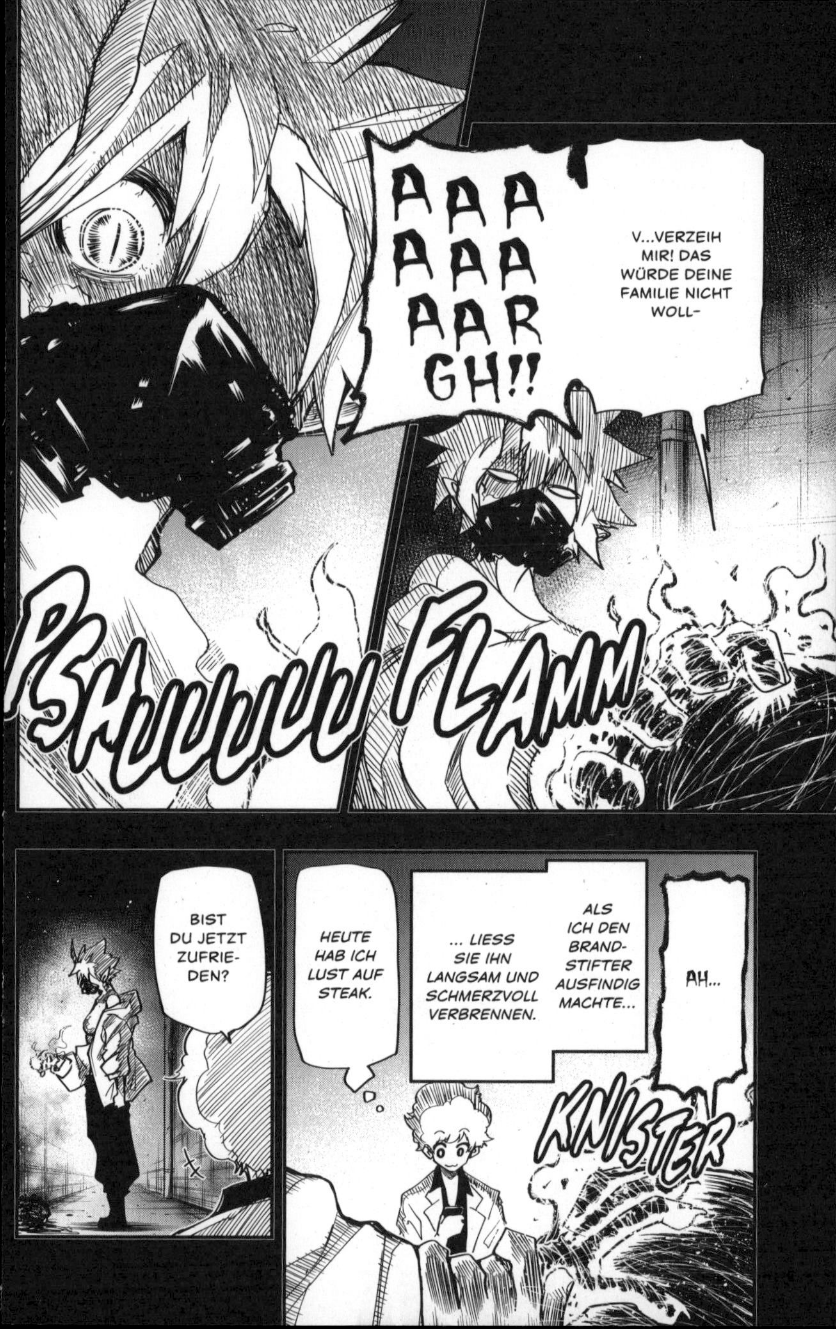
V...VERZEIH MIR! DAS WÜRDE DEINE FAMILIE NICHT WOLL-
AAAAAAAARGH!!
FLAMM
PSCHUUUU
AH...
ALS ICH DEN BRAND-STIFTER AUSFINDIG MACHTE...
... LIESS SIE IHN LANGSAM UND SCHMERZVOLL VERBRENNEN.
HEUTE HAB ICH LUST AUF STEAK.
KNISTER
BIST DU JETZT ZUFRIE-DEN?

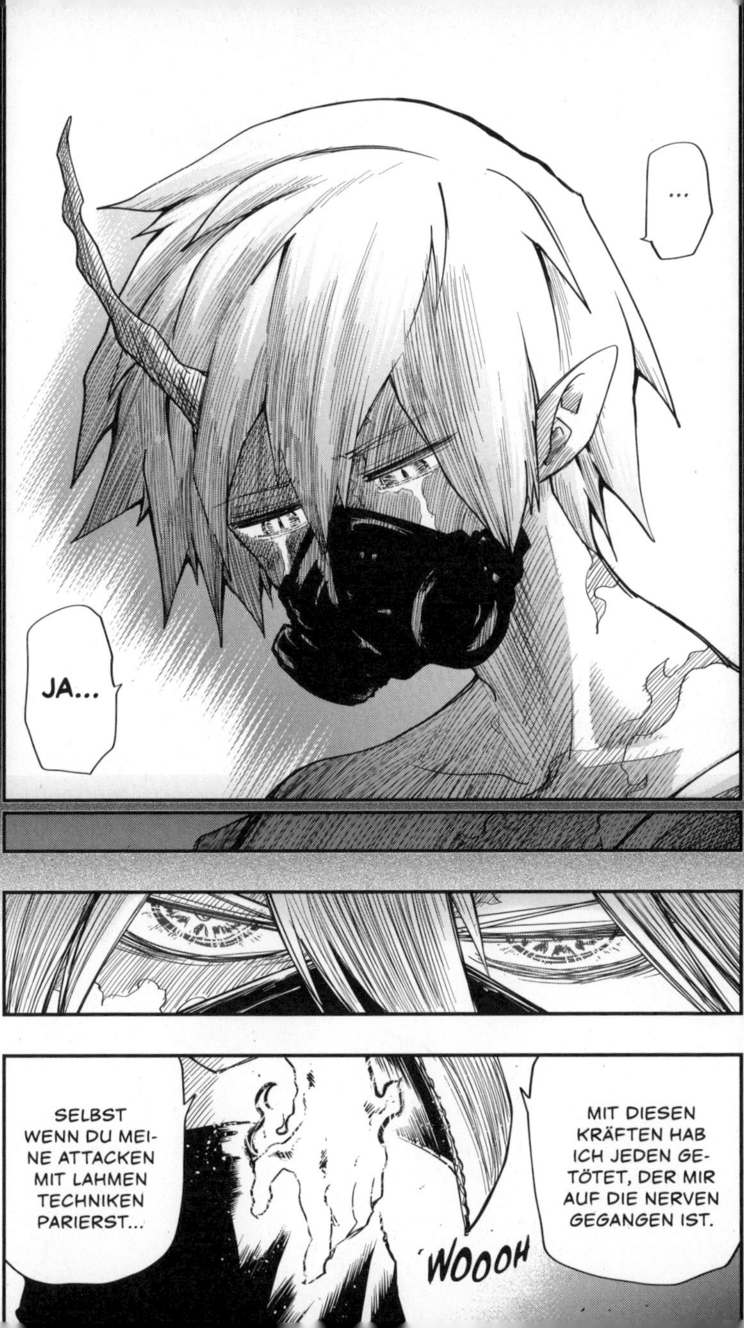
...
JA...
MIT DIESEN KRÄFTEN HAB ICH JEDEN GETÖTET, DER MIR AUF DIE NERVEN GEGANGEN IST.
WOOOH
SELBST WENN DU MEINE ATTACKEN MIT LAHMEN TECHNIKEN PARIERST...

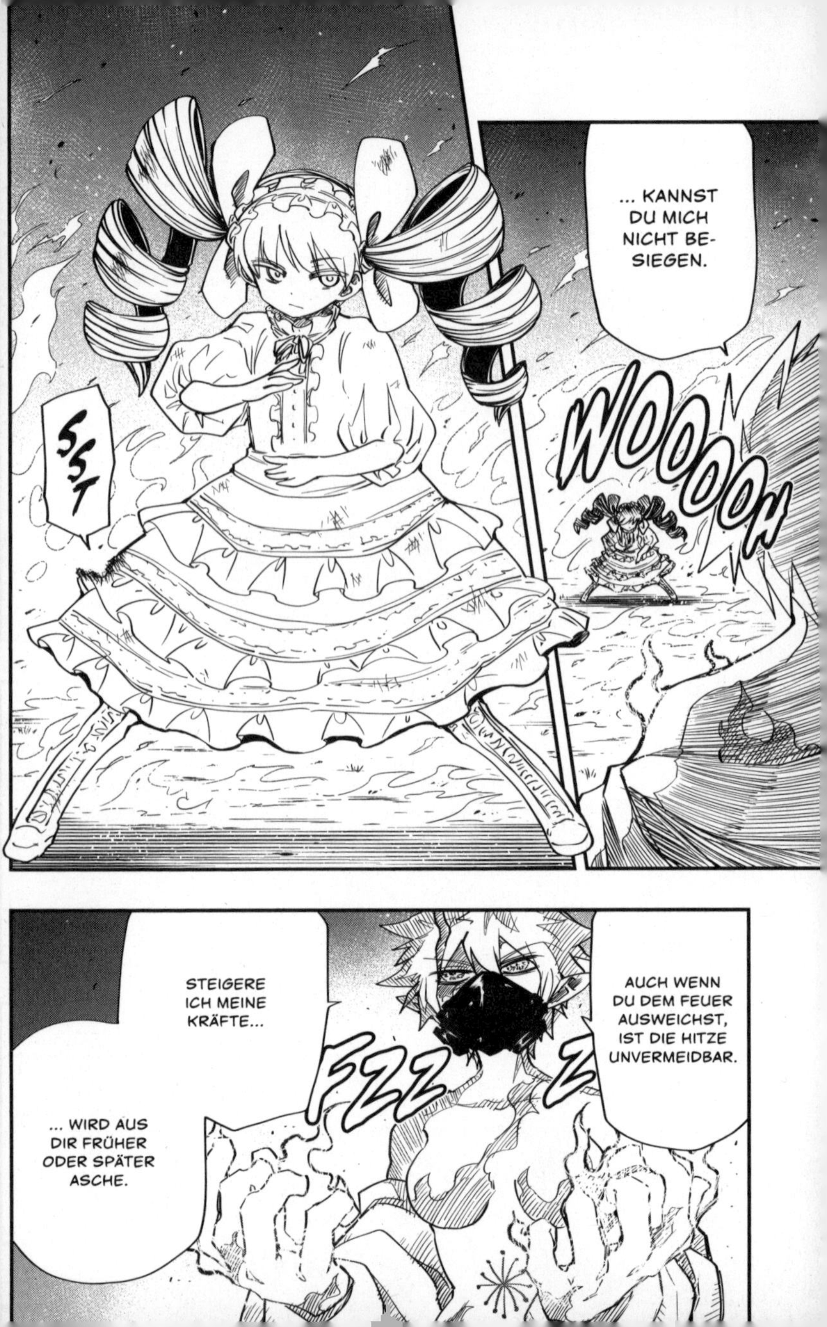
... KANNST DU MICH NICHT BE- SIEGEN.
WOOOOH
SSST
AUCH WENN DU DEM FEUER AUSWEICHST, IST DIE HITZE UNVERMEIDBAR.
STEIGERE ICH MEINE KRÄFTE...
FZZZ
... WIRD AUS DIR FRÜHER ODER SPÄTER ASCHE.

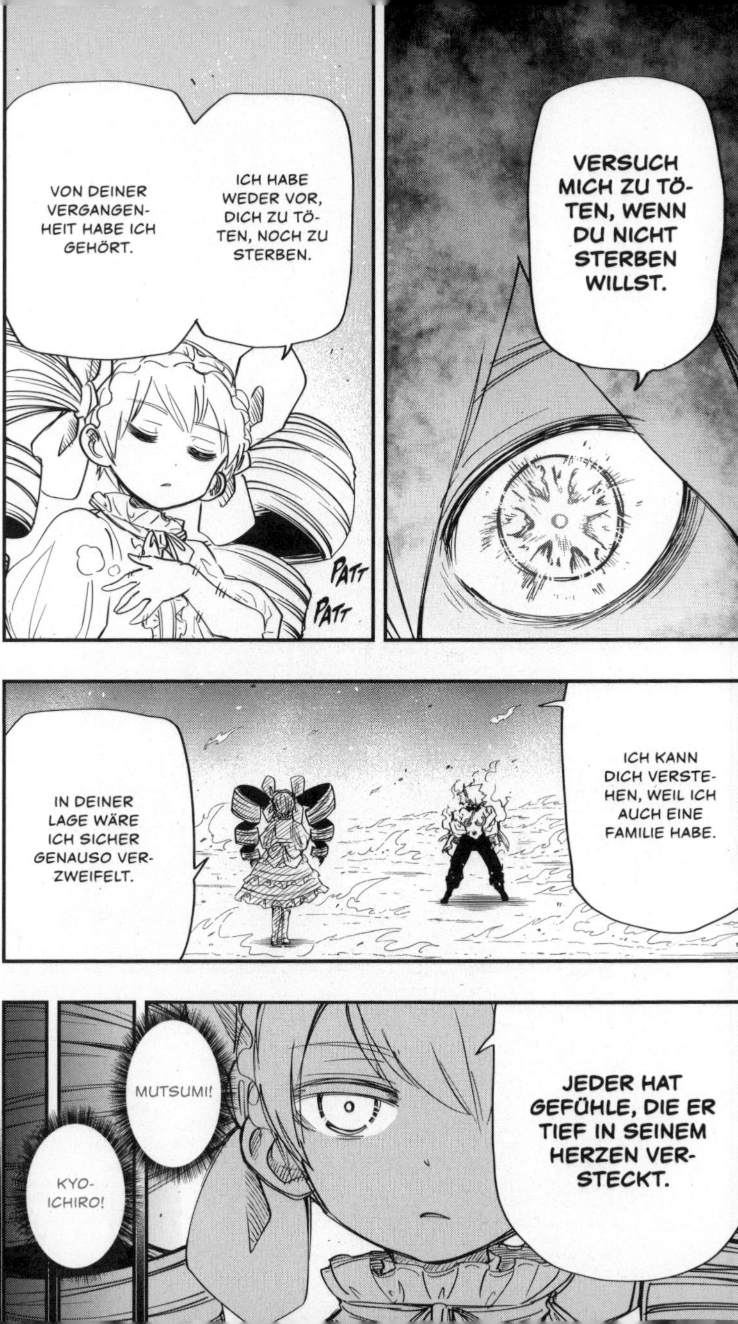

VERSUCH MICH ZU TÖTEN, WENN DU NICHT STERBEN WILLST.
ICH HABE WEDER VOR, DICH ZU TÖTEN, NOCH ZU STERBEN.
VON DEINER VERGANGENHEIT HABE ICH GEHÖRT.
PATT
PATT
ICH KANN DICH VERSTEHEN, WEIL ICH AUCH EINE FAMILIE HABE.
IN DEINER LAGE WÄRE ICH SICHER GENAUSO VERZWEIFELT.
JEDER HAT GEFÜHLE, DIE ER TIEF IN SEINEM HERZEN VERSTECKT.
MUTSUMI!
KYO-ICHIRO!

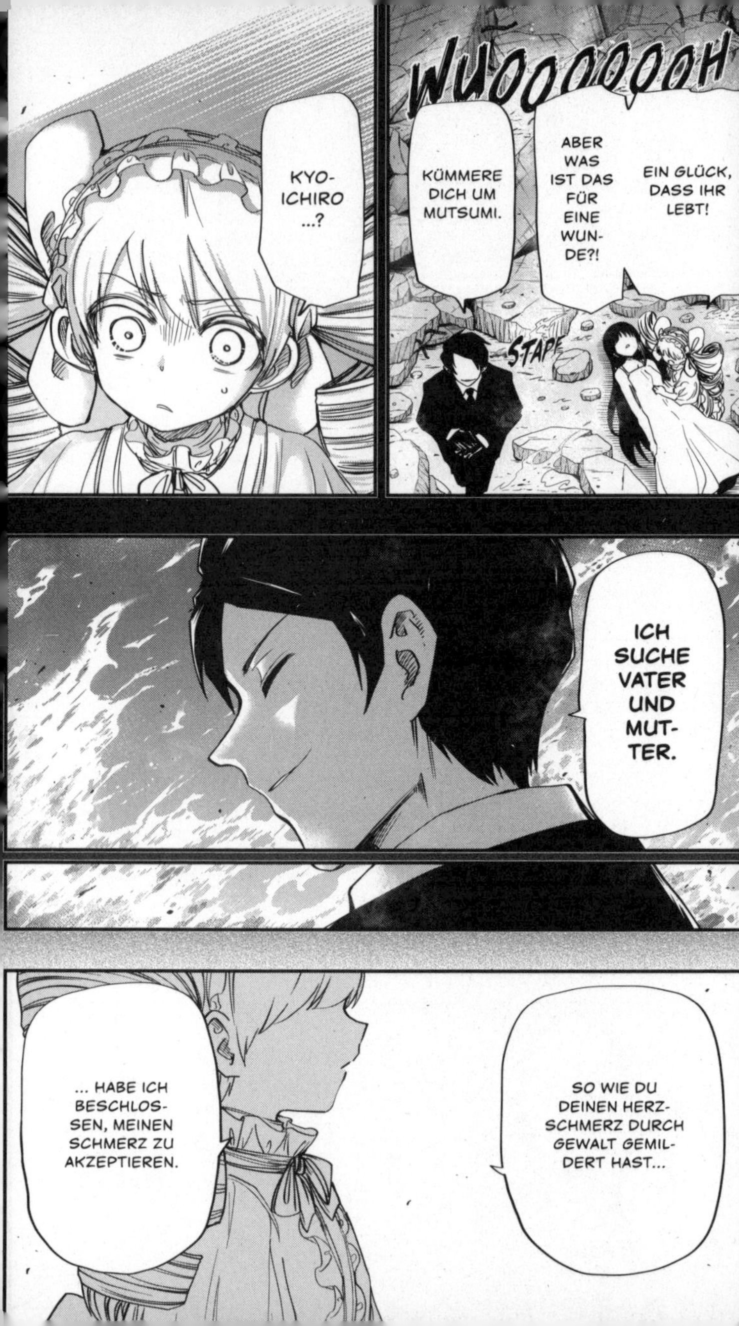
WUOOOOOOH
EIN GLÜCK, DASS IHR LEBT!
ABER WAS IST DAS FÜR EINE WUNDE?!
KÜMMERE DICH UM MUTSUMI.
STAPF
KYO-ICHIRO ...?
ICH SUCHE VATER UND MUTTER.
SO WIE DU DEINEN HERZSCHMERZ DURCH GEWALT GEMILDERT HAST...
... HABE ICH BESCHLOSSEN, MEINEN SCHMERZ ZU AKZEPTIEREN.

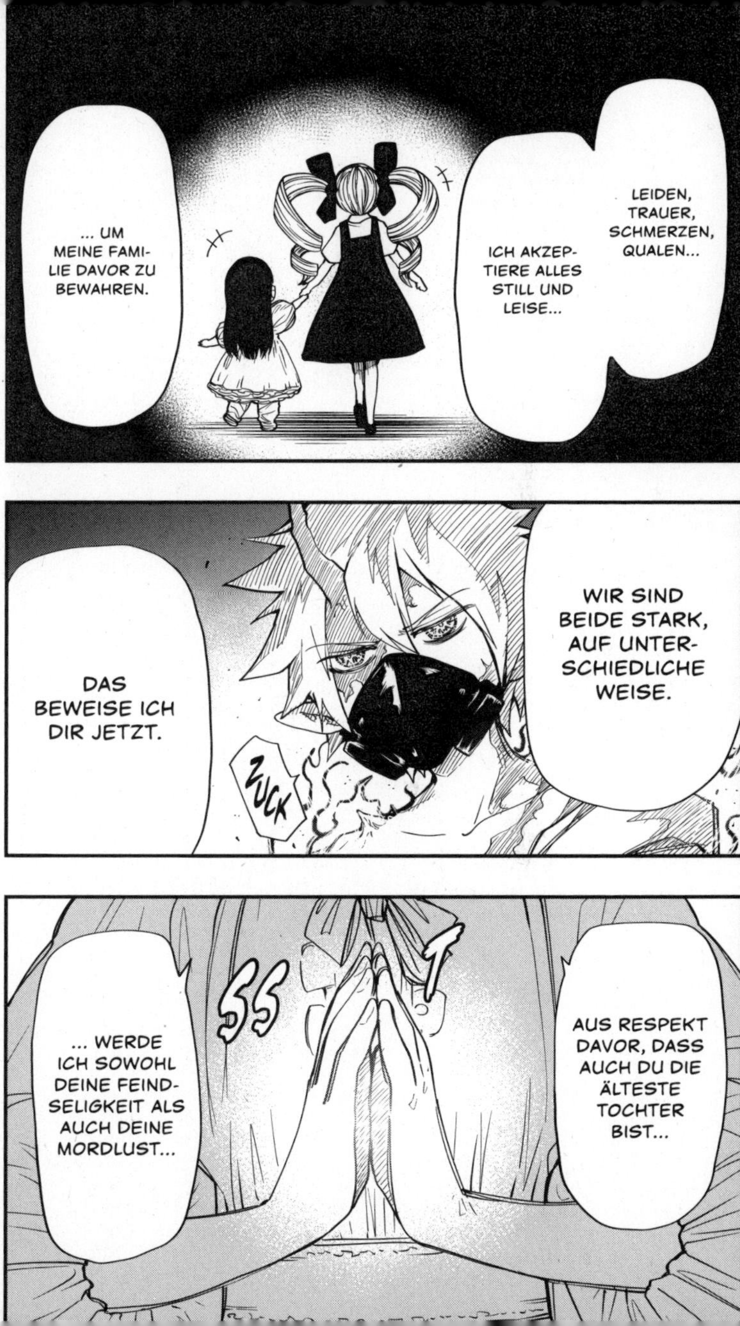
LEIDEN, TRAUER, SCHMERZEN, QUALEN...
ICH AKZEPTIERE ALLES STILL UND LEISE...
... UM MEINE FAMILIE DAVOR ZU BEWAHREN.
WIR SIND BEIDE STARK, AUF UNTERSCHIEDLICHE WEISE.
ZUCK
DAS BEWEISE ICH DIR JETZT.
AUS RESPEKT DAVOR, DASS AUCH DU DIE ÄLTESTE TOCHTER BIST...
SS
... WERDE ICH SOWOHL DEINE FEINDSELIGKEIT ALS AUCH DEINE MORDLUST...

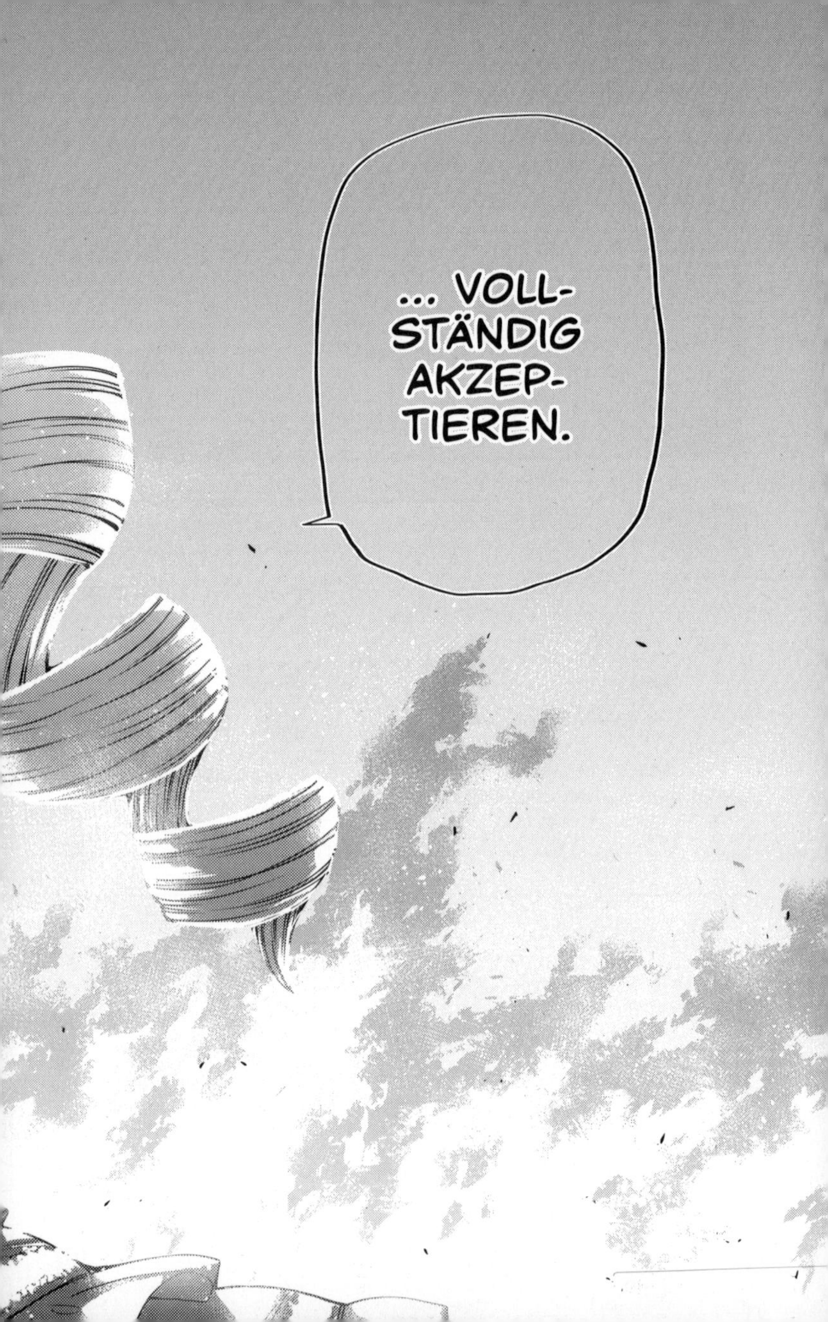
... VOLLSTÄNDIG AKZEPTIEREN.

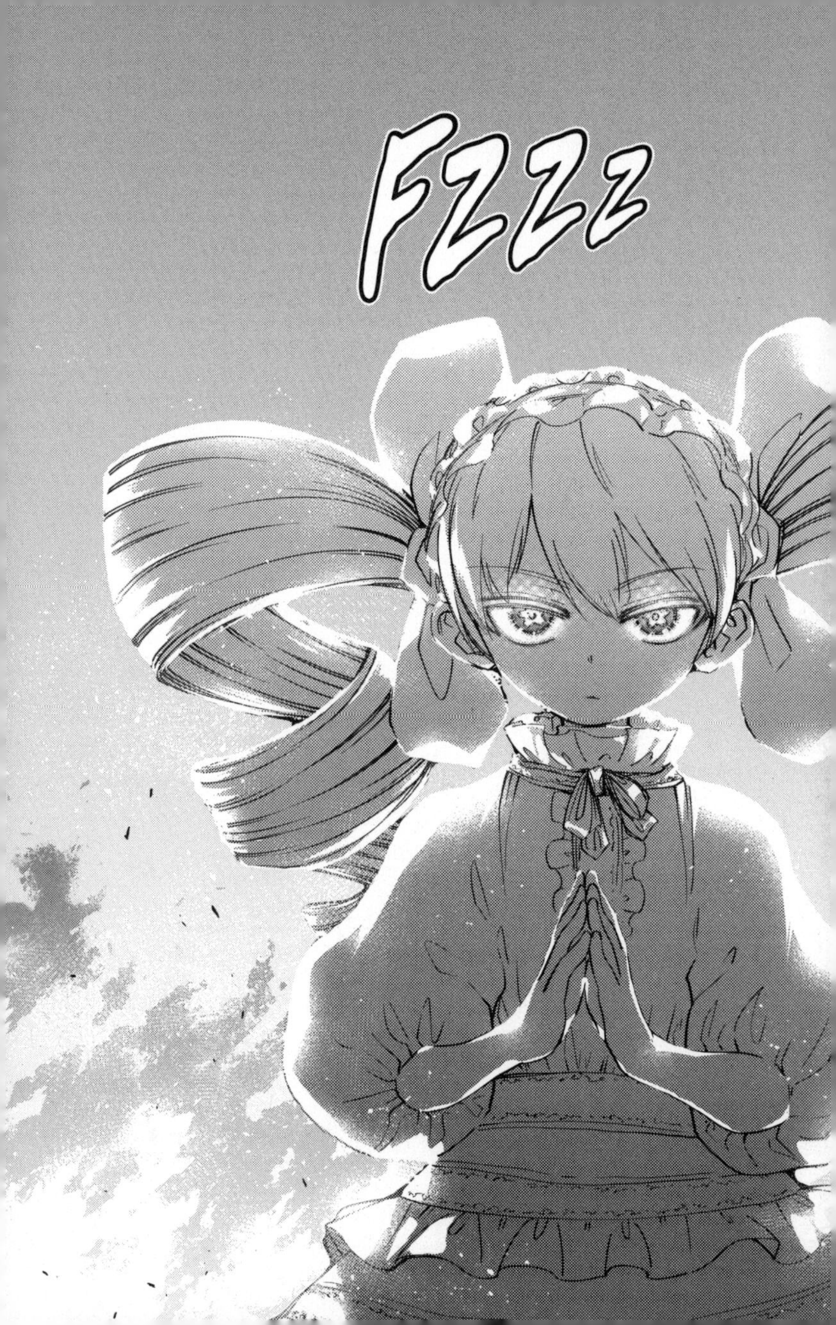
FZZZ

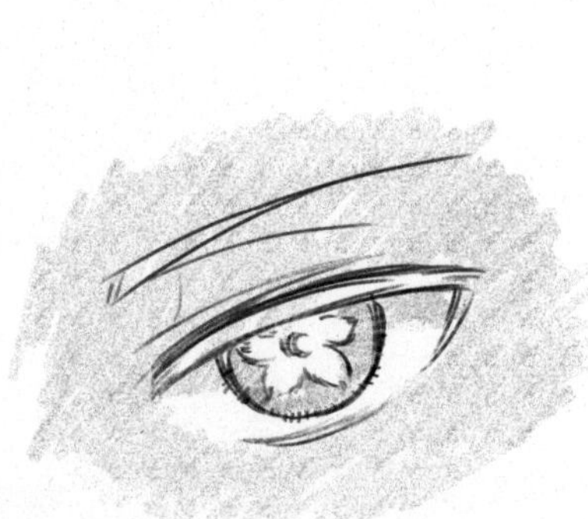

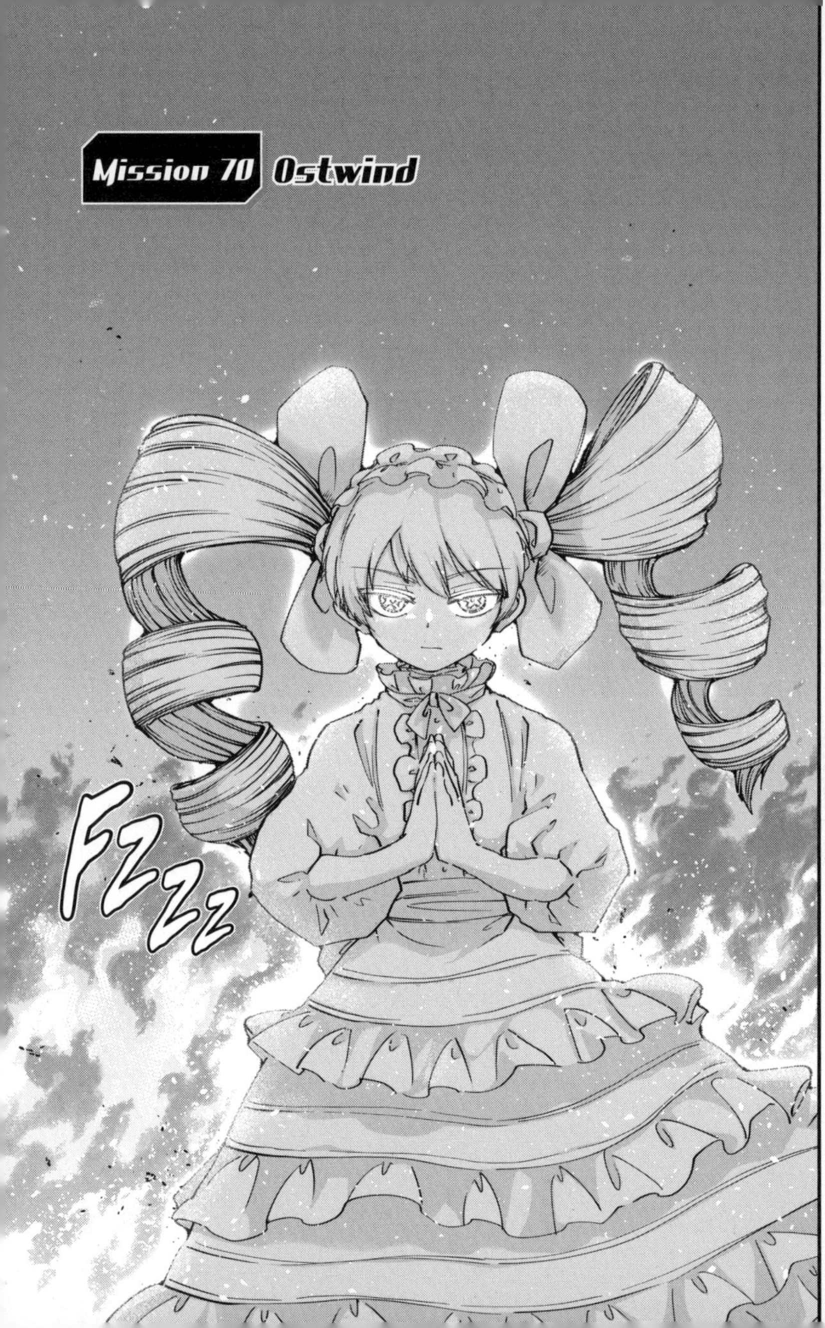
Mission 70 Ostwind
FZZZ

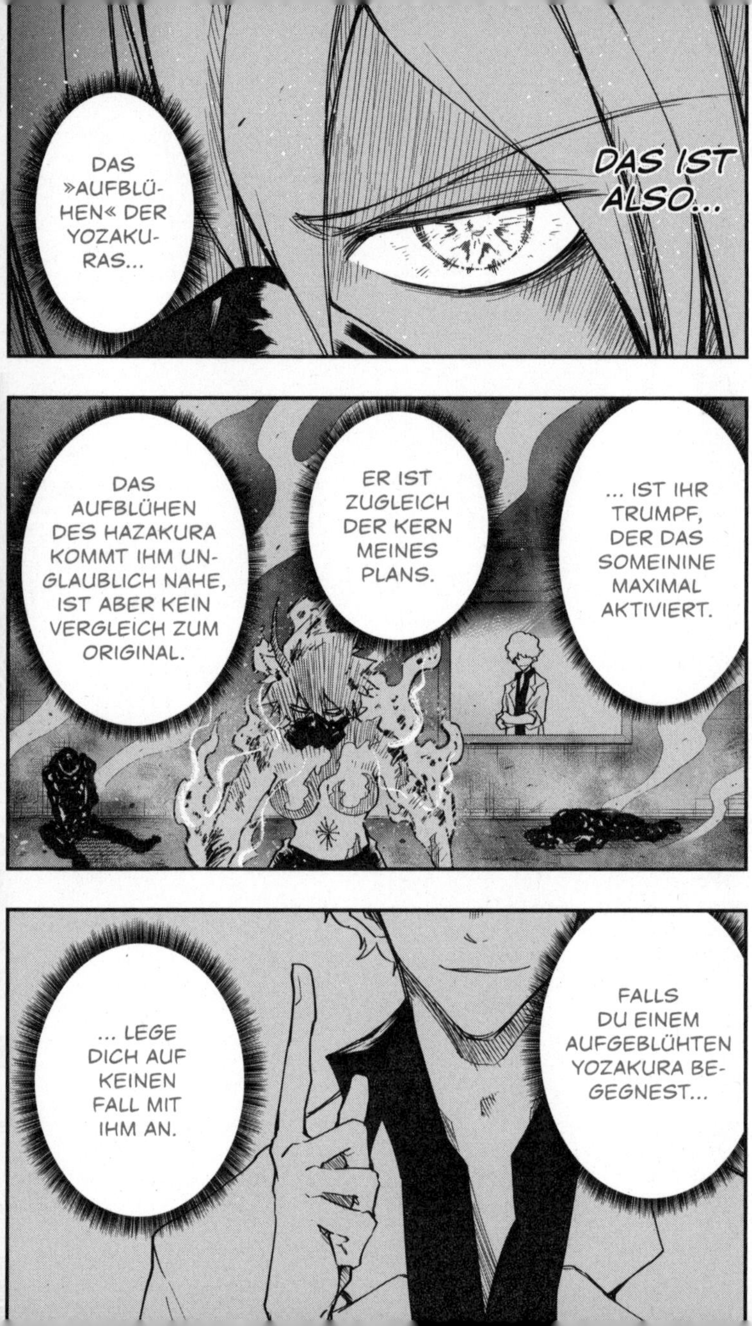
DAS IST ALSO...
DAS »AUFBLÜHEN« DER YOZAKURAS...
... IST IHR TRUMPF, DER DAS SOMEININE MAXIMAL AKTIVIERT.
ER IST ZUGLEICH DER KERN MEINES PLANS.
DAS AUFBLÜHEN DES HAZAKURA KOMMT IHM UNGLAUBLICH NAHE, IST ABER KEIN VERGLEICH ZUM ORIGINAL.
FALLS DU EINEM AUFGEBLÜHTEN YOZAKURA BEGEGNEST...
... LEGE DICH AUF KEINEN FALL MIT IHM AN.

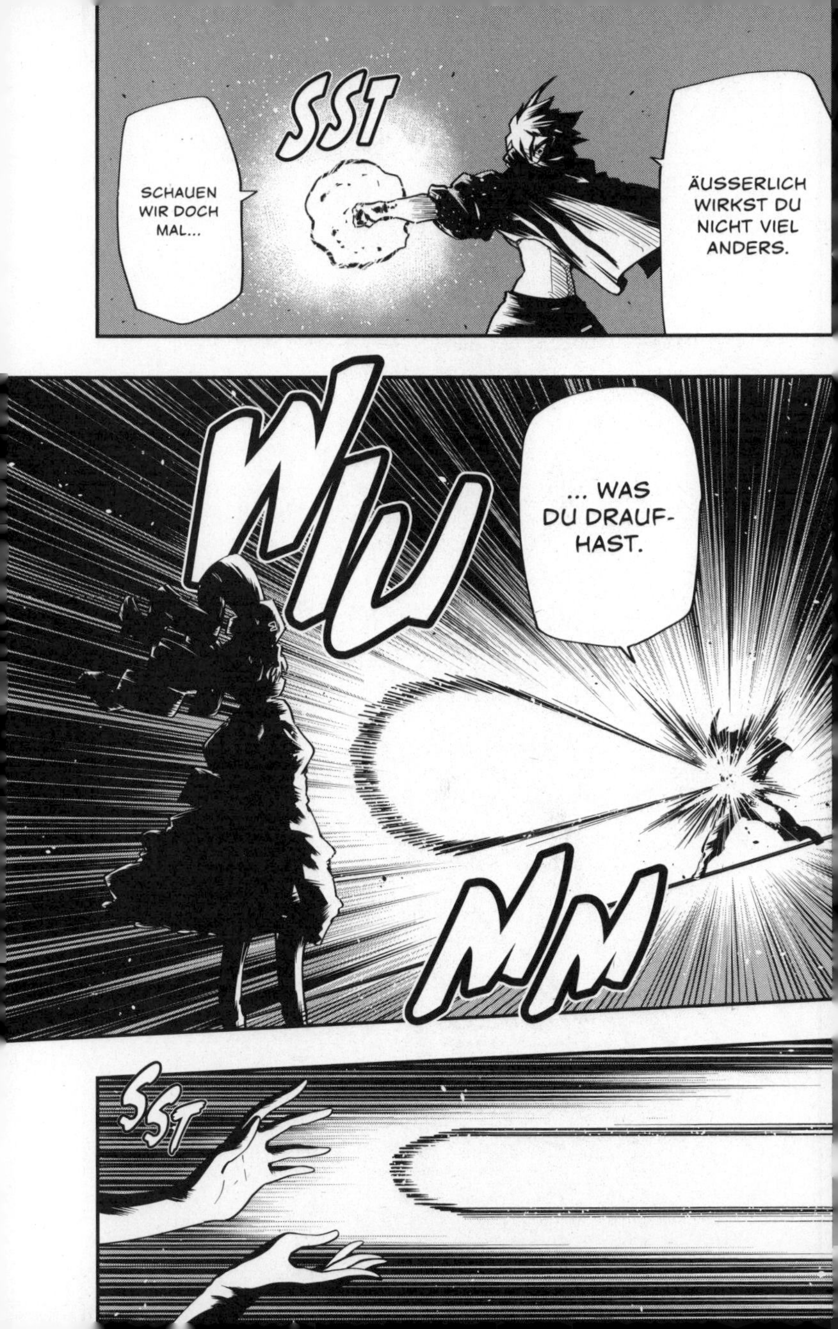
ÄUSSERLICH WIRKST DU NICHT VIEL ANDERS.
SST
SCHAUEN WIR DOCH MAL...
... WAS DU DRAUF-HAST.
WUMM
SST

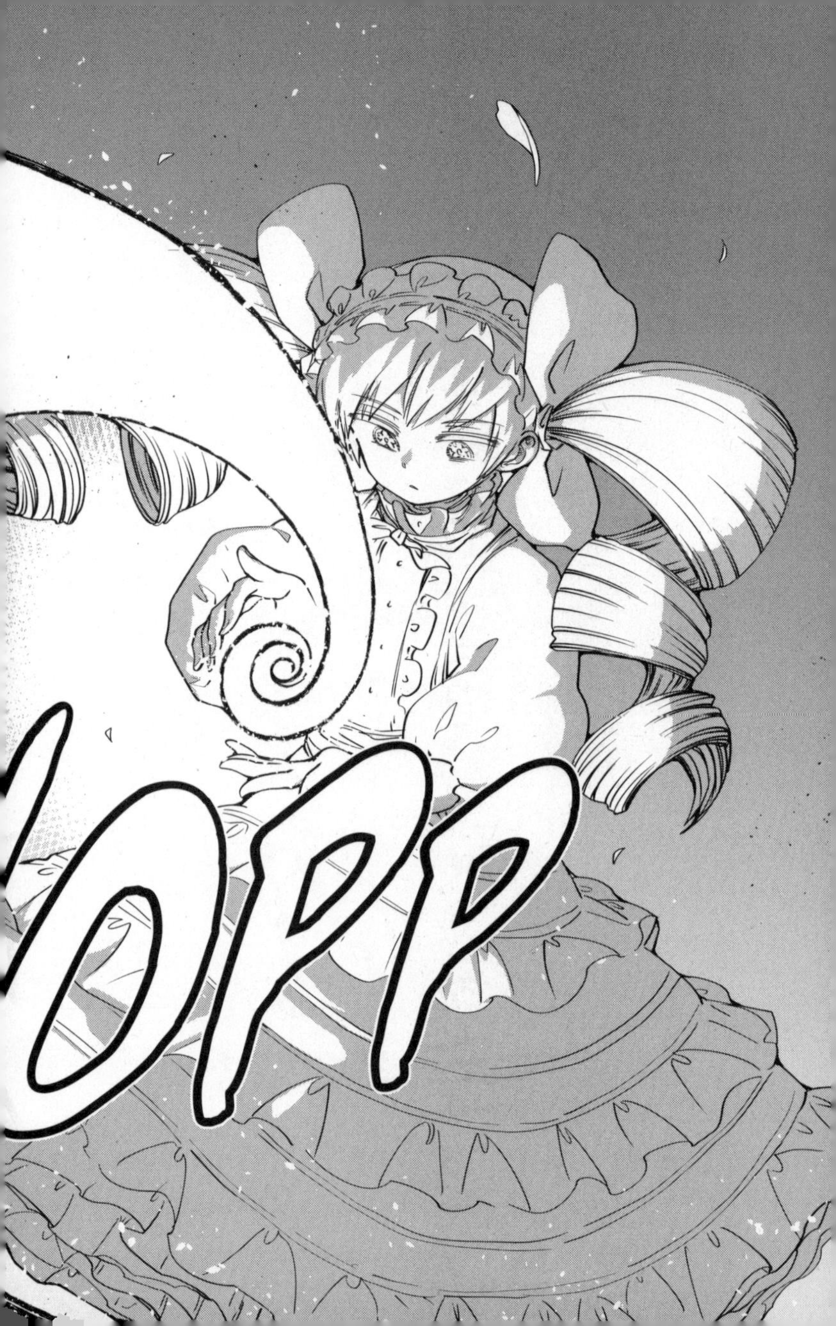
OPP

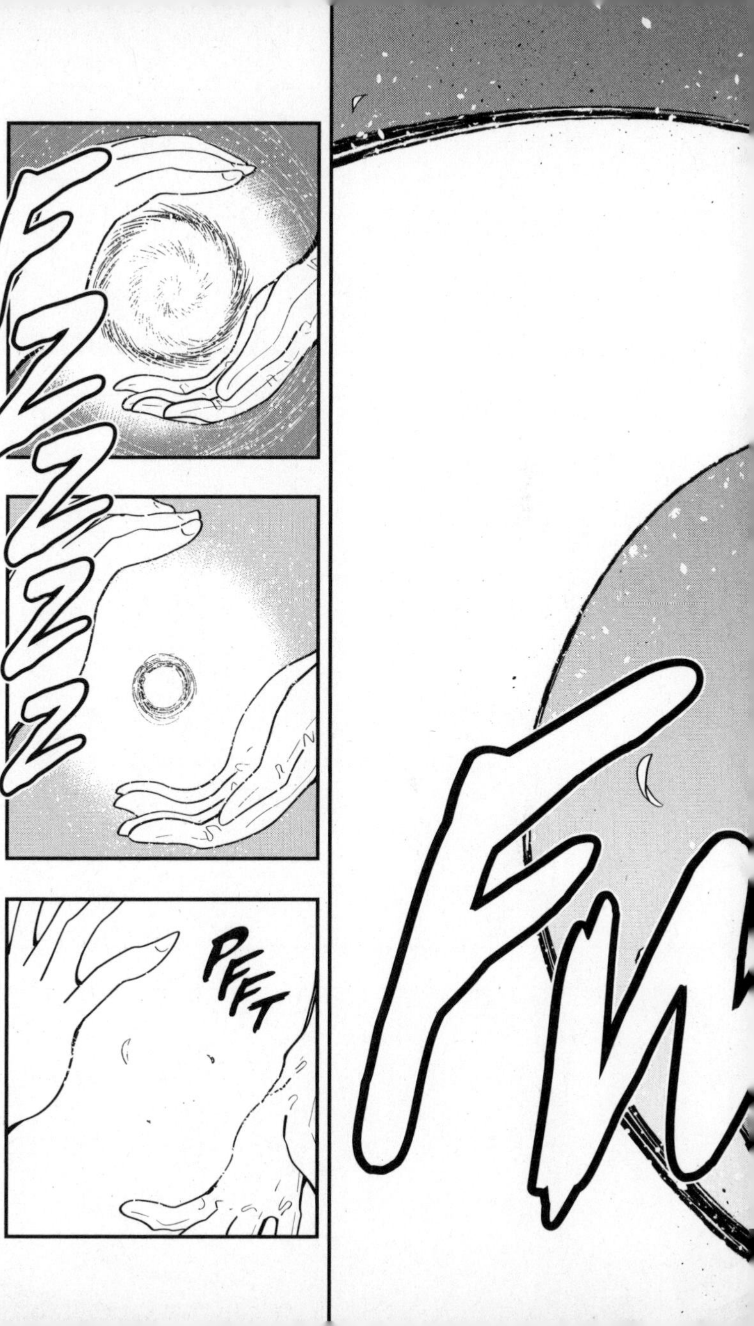
FZZZZZ
PFFT

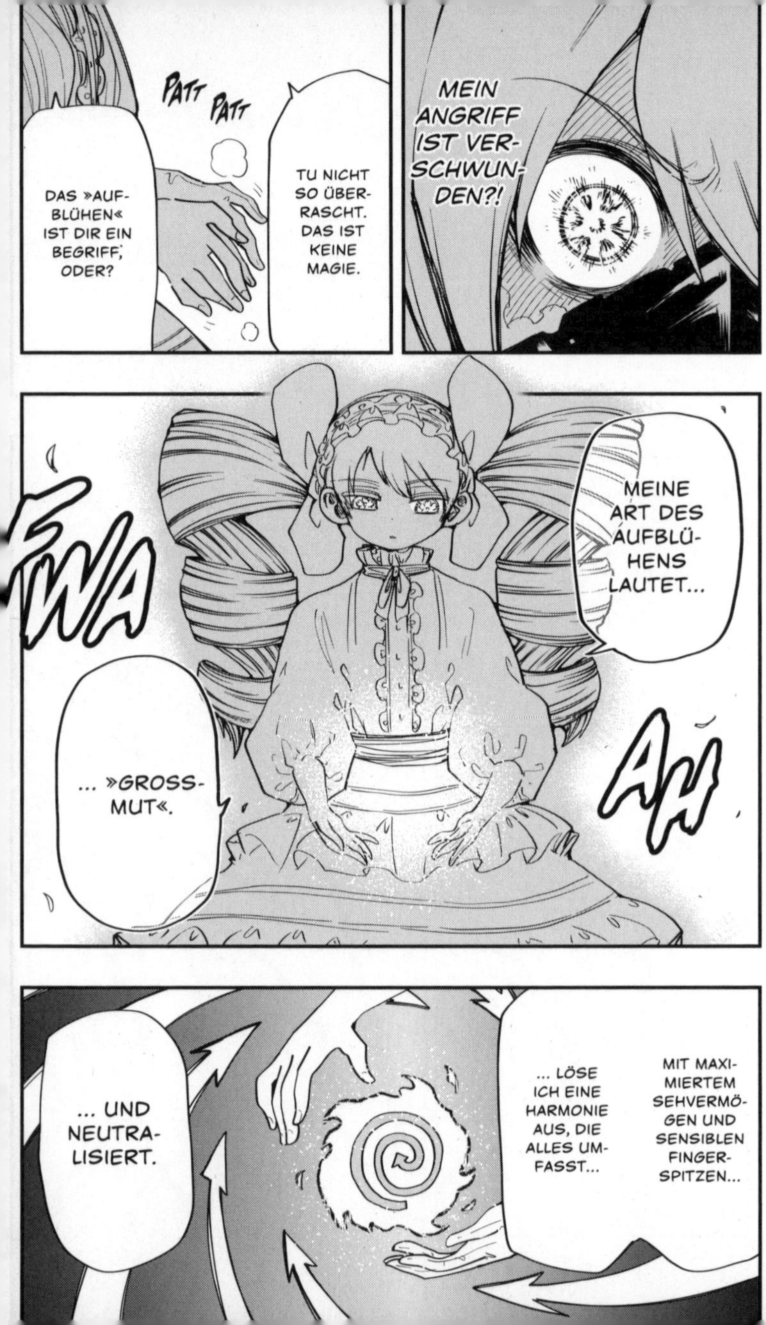
MEIN ANGRIFF IST VER-SCHWUN-DEN?!
PATT PATT
TU NICHT SO ÜBER-RASCHT. DAS IST KEINE MAGIE.
DAS »AUF-BLÜHEN« IST DIR EIN BEGRIFF, ODER?
MEINE ART DES AUFBLÜ-HENS LAUTET...
... »GROSS-MUT«.
AH
FWA
MIT MAXI-MIERTEM SEHVERMÖ-GEN UND SENSIBLEN FINGER-SPITZEN...
... LÖSE ICH EINE HARMONIE AUS, DIE ALLES UM-FASST...
... UND NEUTRA-LISIERT.

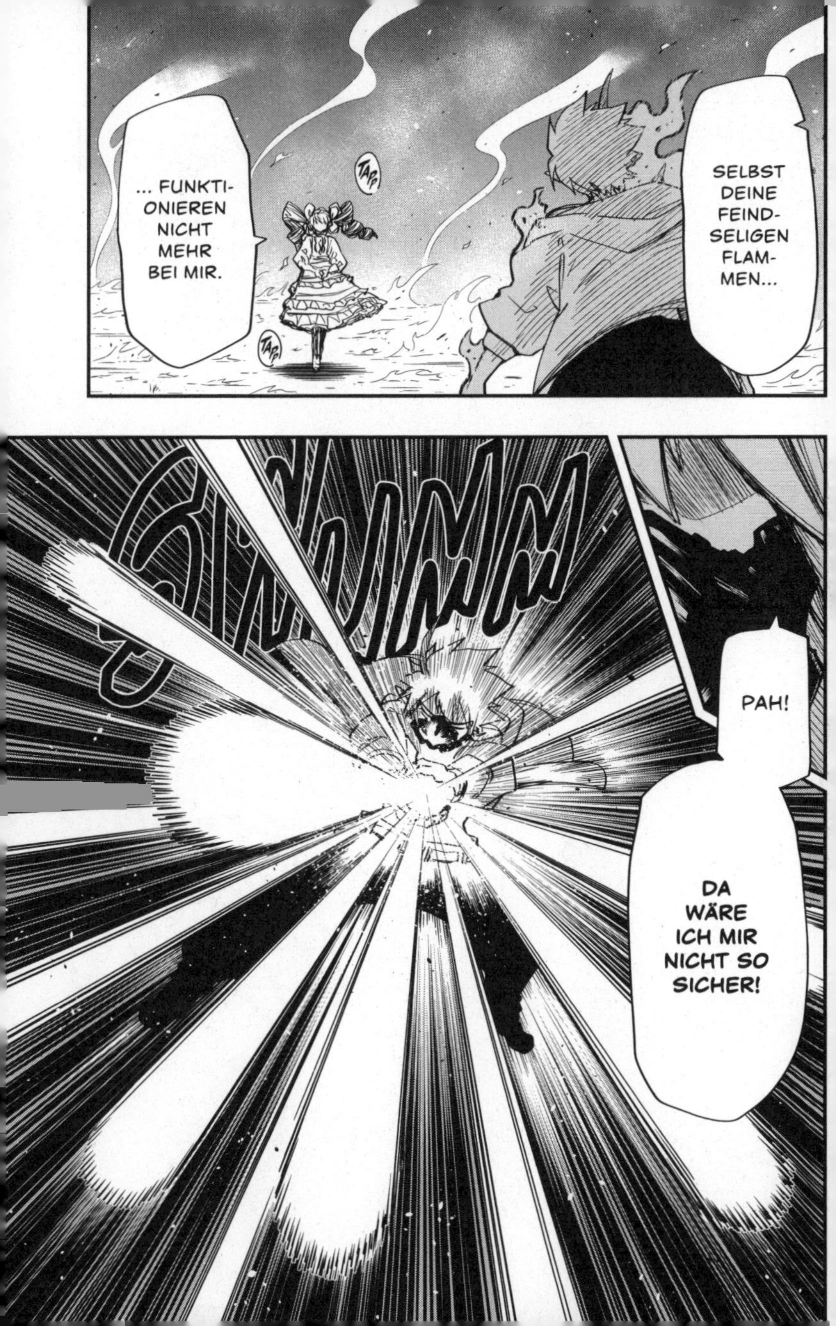
SELBST DEINE FEIND-SELIGEN FLAM-MEN...
TAPP
TAPP
... FUNKTI-ONIEREN NICHT MEHR BEI MIR.
PAH!
DA WÄRE ICH MIR NICHT SO SICHER!

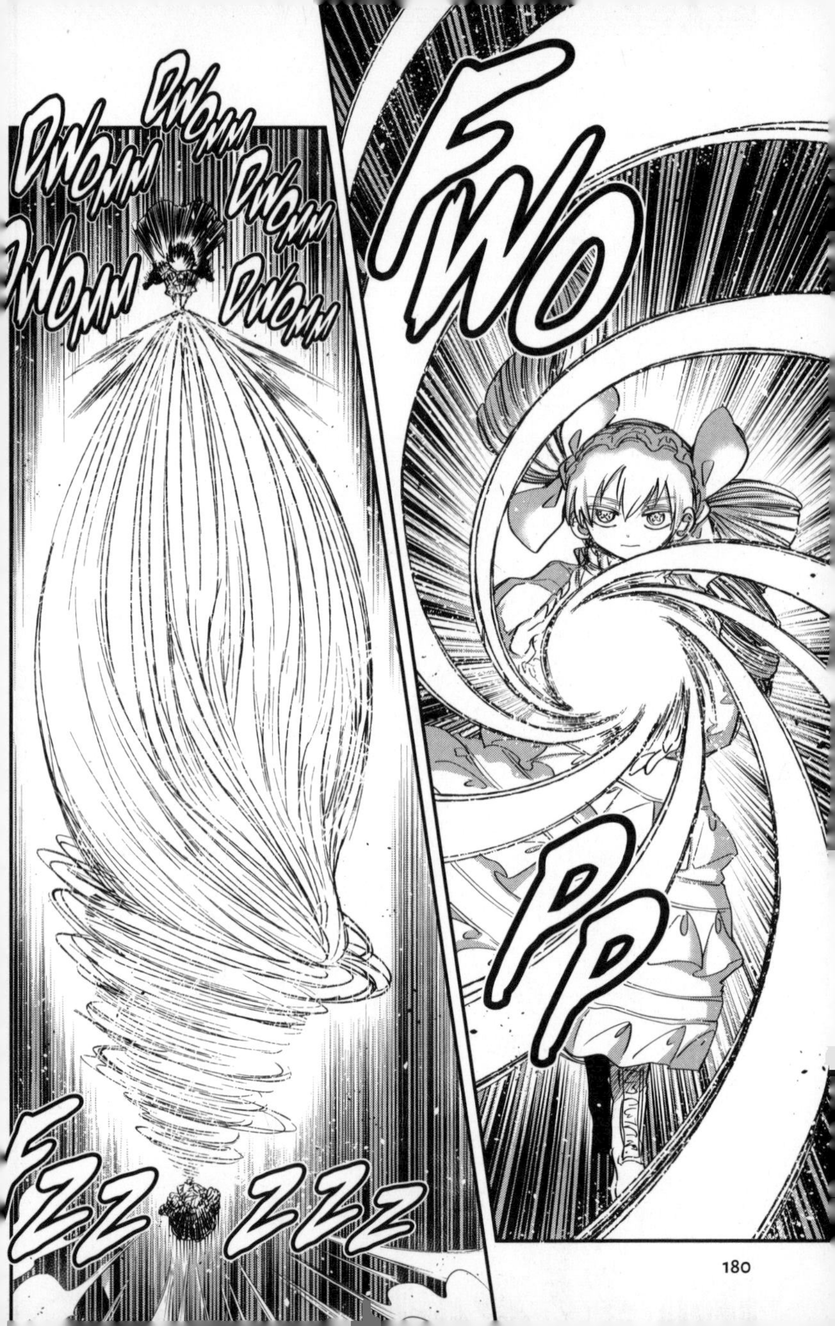
FWOPP
DWOMMM
DWOMMM
DWOMMM
DWOMMM
DWOMMM
DWOMMM
FZZ ZZZ

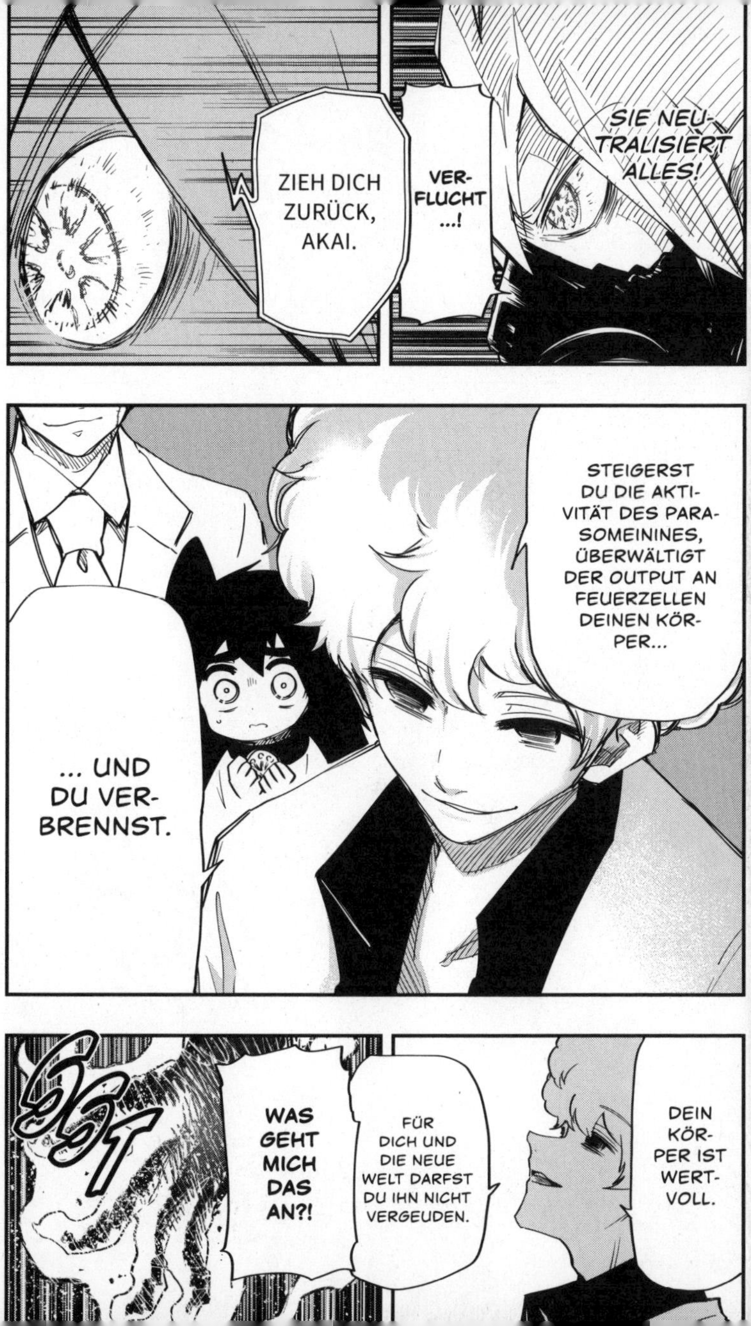
SIE NEUTRALISIERT ALLES!
VERFLUCHT ...!
ZIEH DICH ZURÜCK, AKAI.
STEIGERST DU DIE AKTIVITÄT DES PARASOMEININES, ÜBERWÄLTIGT DER OUTPUT AN FEUERZELLEN DEINEN KÖRPER...
... UND DU VERBRENNST.
DEIN KÖRPER IST WERTVOLL.
FÜR DICH UND DIE NEUE WELT DARFST DU IHN NICHT VERGEUDEN.
WAS GEHT MICH DAS AN?!

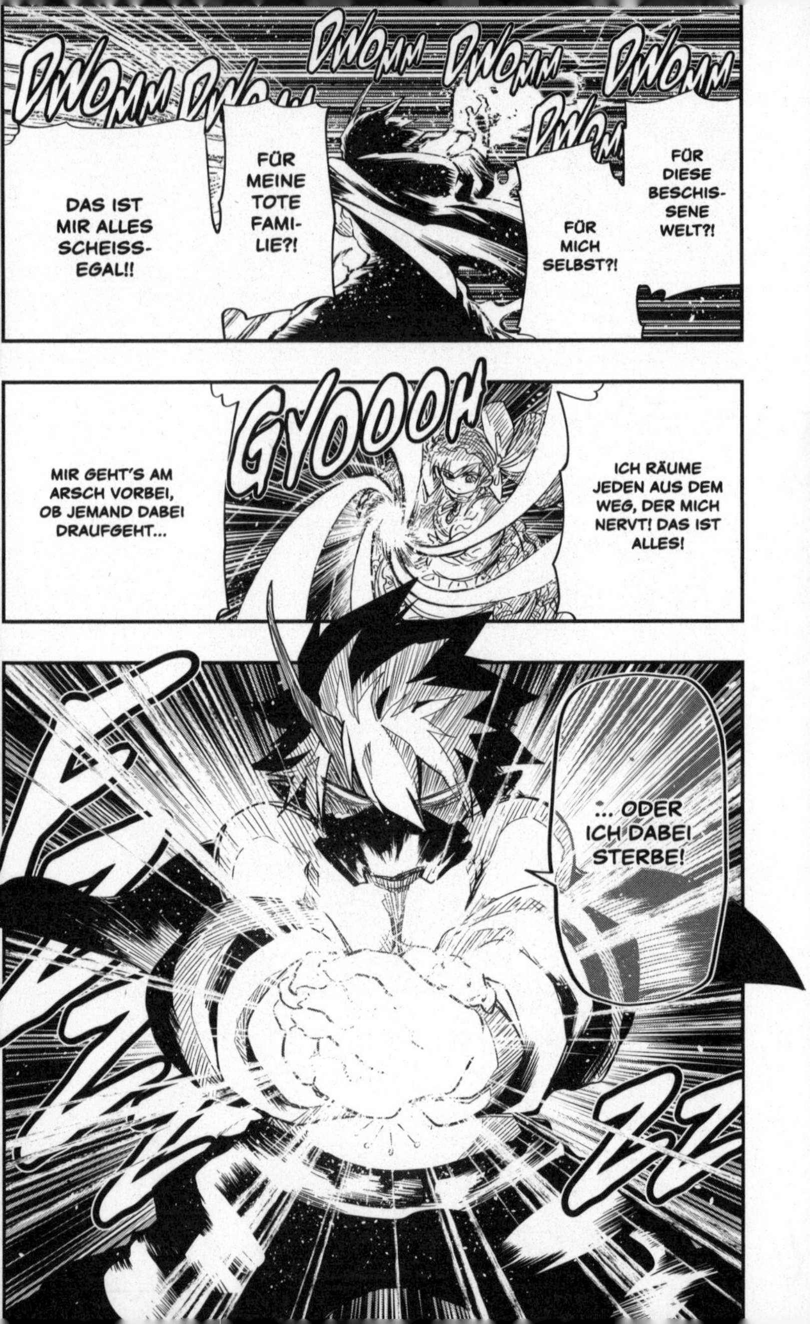
DWOMM DWOMM DWOMM DWOMM
FÜR DIESE BESCHIS-SENE WELT?!
FÜR MICH SELBST?!
FÜR MEINE TOTE FAMI-LIE?!
DAS IST MIR ALLES SCHEISS-EGAL!!
GYOOOH
ICH RÄUME JEDEN AUS DEM WEG, DER MICH NERVT! DAS IST ALLES!
MIR GEHT'S AM ARSCH VORBEI, OB JEMAND DABEI DRAUFGEHT...
... ODER ICH DABEI STERBE!

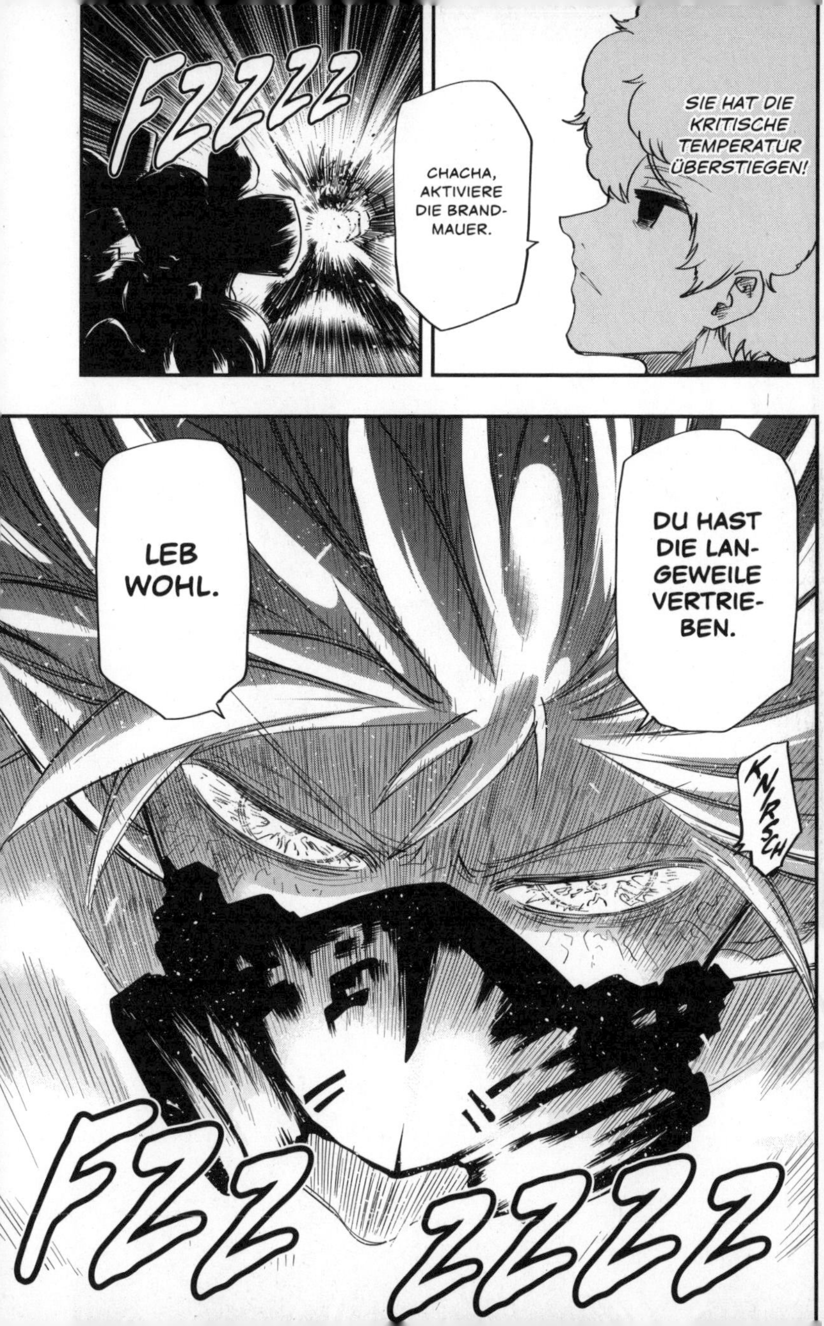
SIE HAT DIE KRITISCHE TEMPERATUR ÜBERSTIEGEN!
CHACHA, AKTIVIERE DIE BRAND-MAUER.
FZZZZ
DU HAST DIE LAN-GEWEILE VERTRIE-BEN.
LEB WOHL.
KNIRSCH
FZZ ZZZZZ

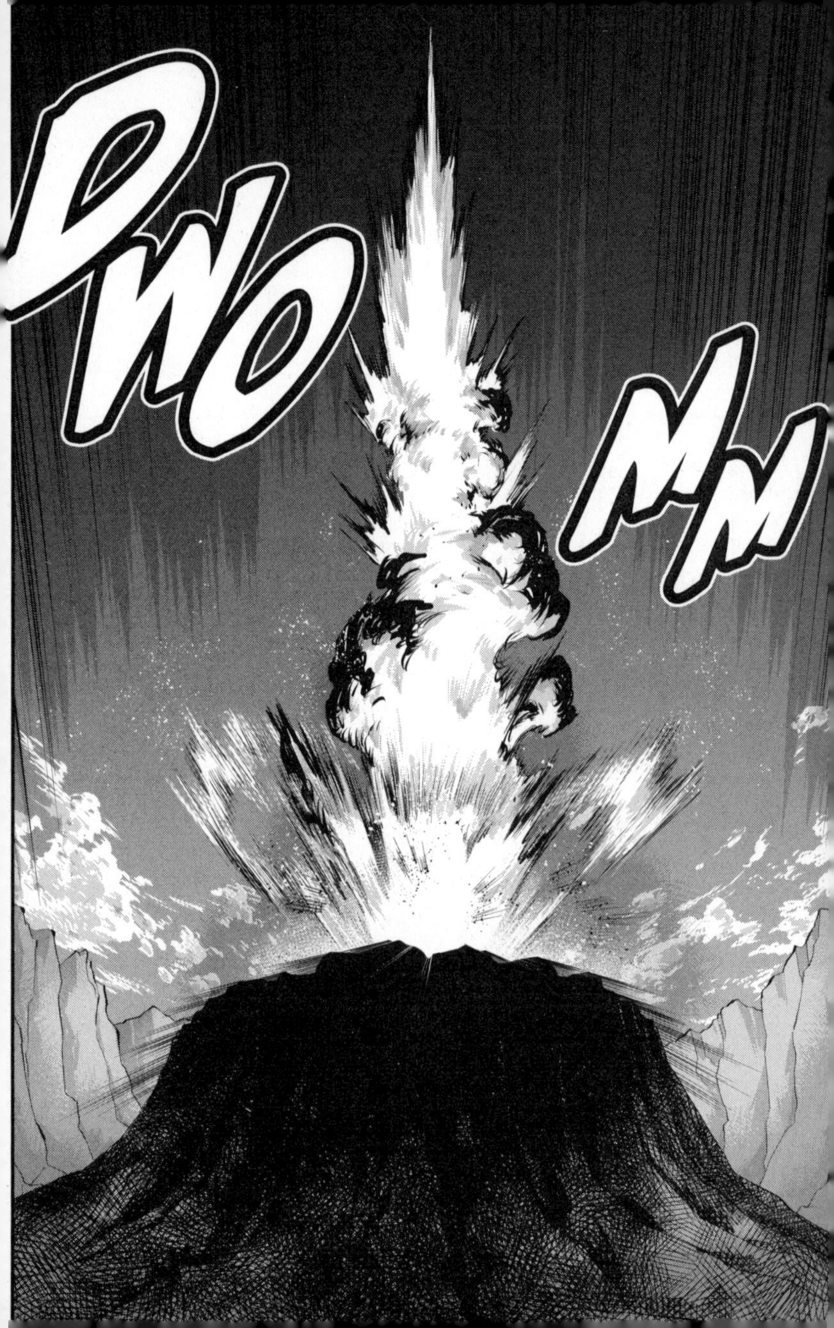
DWOMM

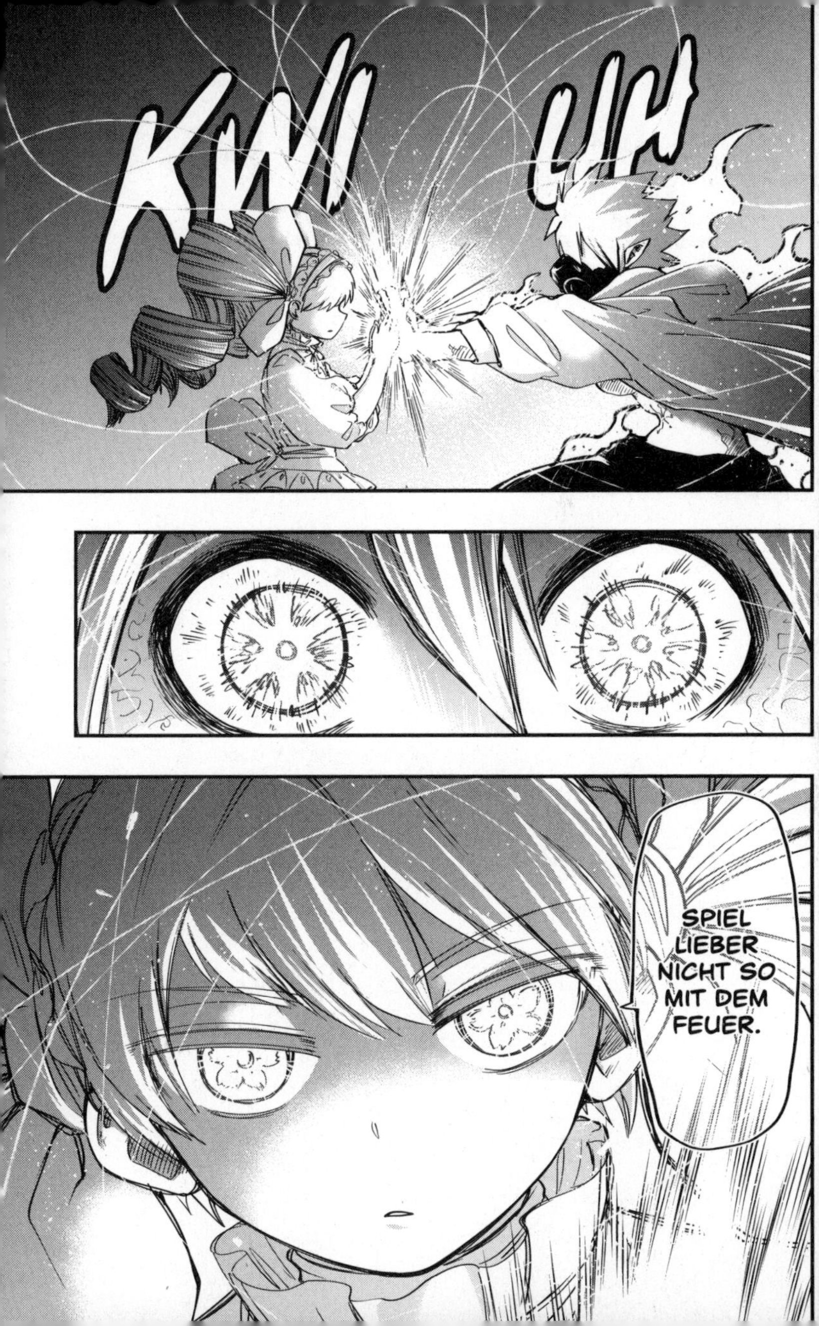
KWI UH
SPIEL LIEBER NICHT SO MIT DEM FEUER.

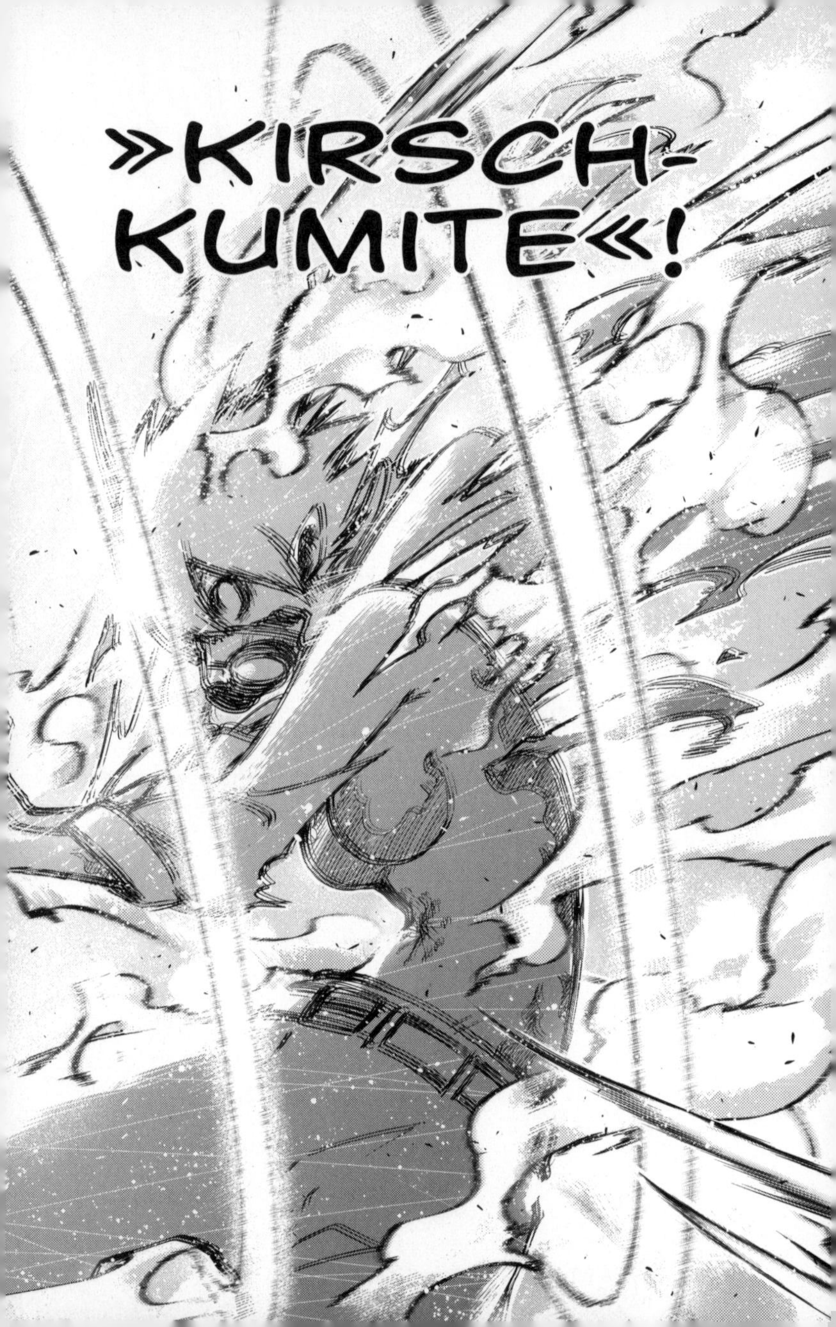
»KIRSCH-
KUMITE«!

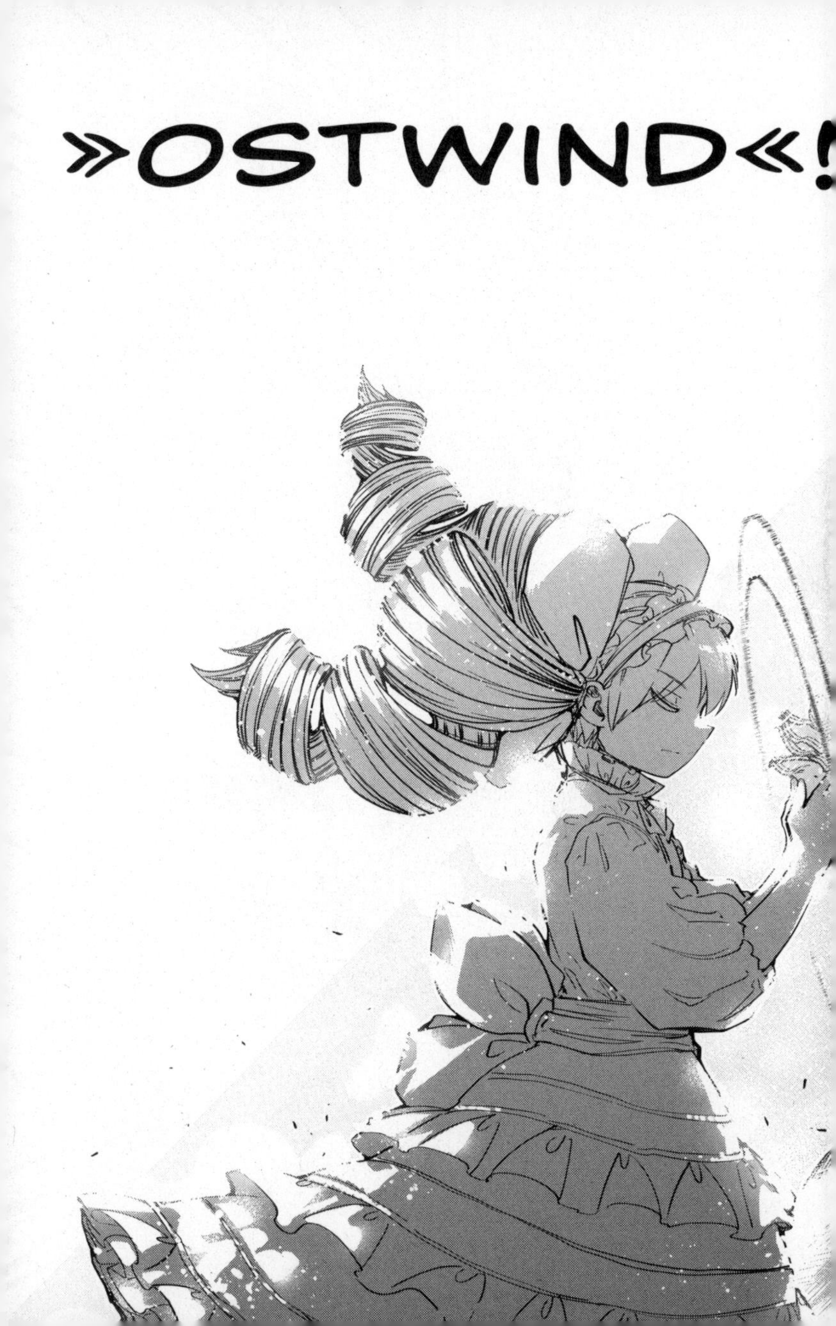
»OSTWIND«!

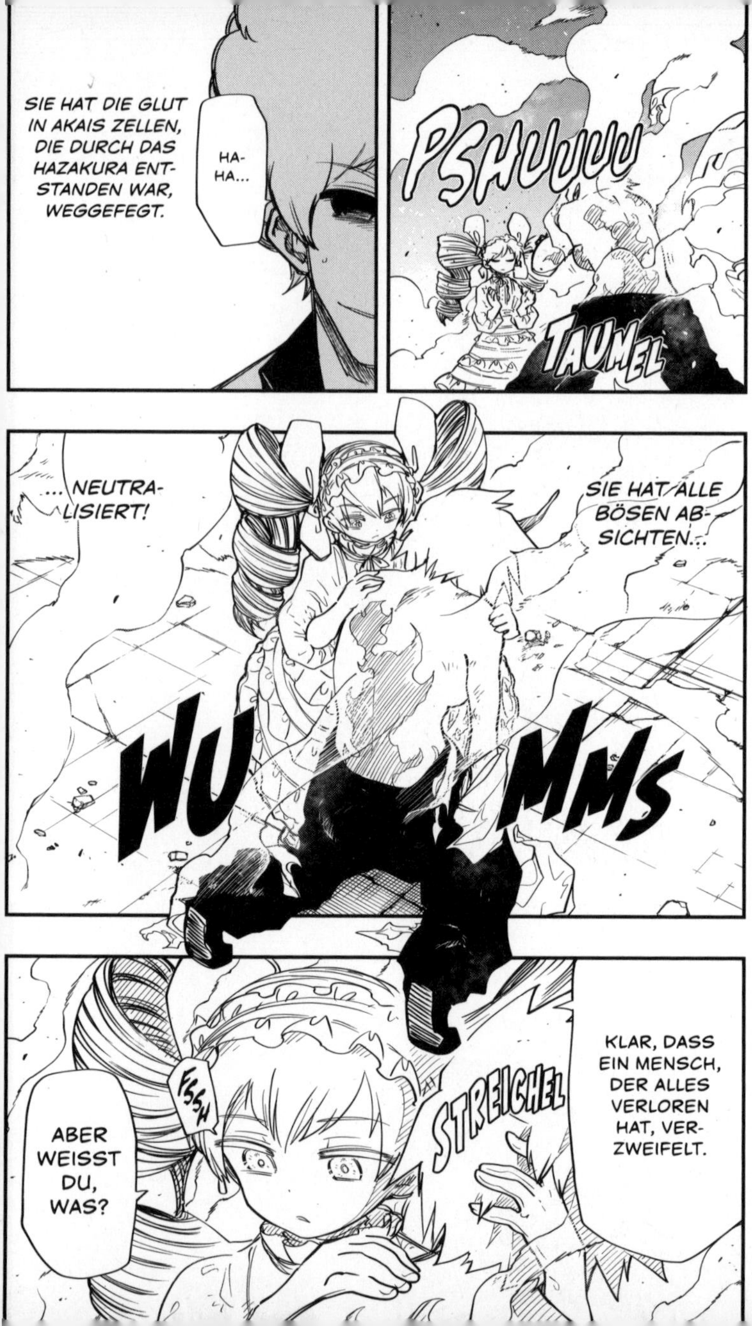
PSHUUUU
TAUMEL
HA-HA...
SIE HAT DIE GLUT IN AKAIS ZELLEN, DIE DURCH DAS HAZAKURA ENT-STANDEN WAR, WEGGEFEGT.
SIE HAT ALLE BÖSEN AB-SICHTEN...
... NEUTRA-LISIERT!
WUMMS
KLAR, DASS EIN MENSCH, DER ALLES VERLOREN HAT, VER-ZWEIFELT.
STREICHEL
FSSH
ABER WEISST DU, WAS?

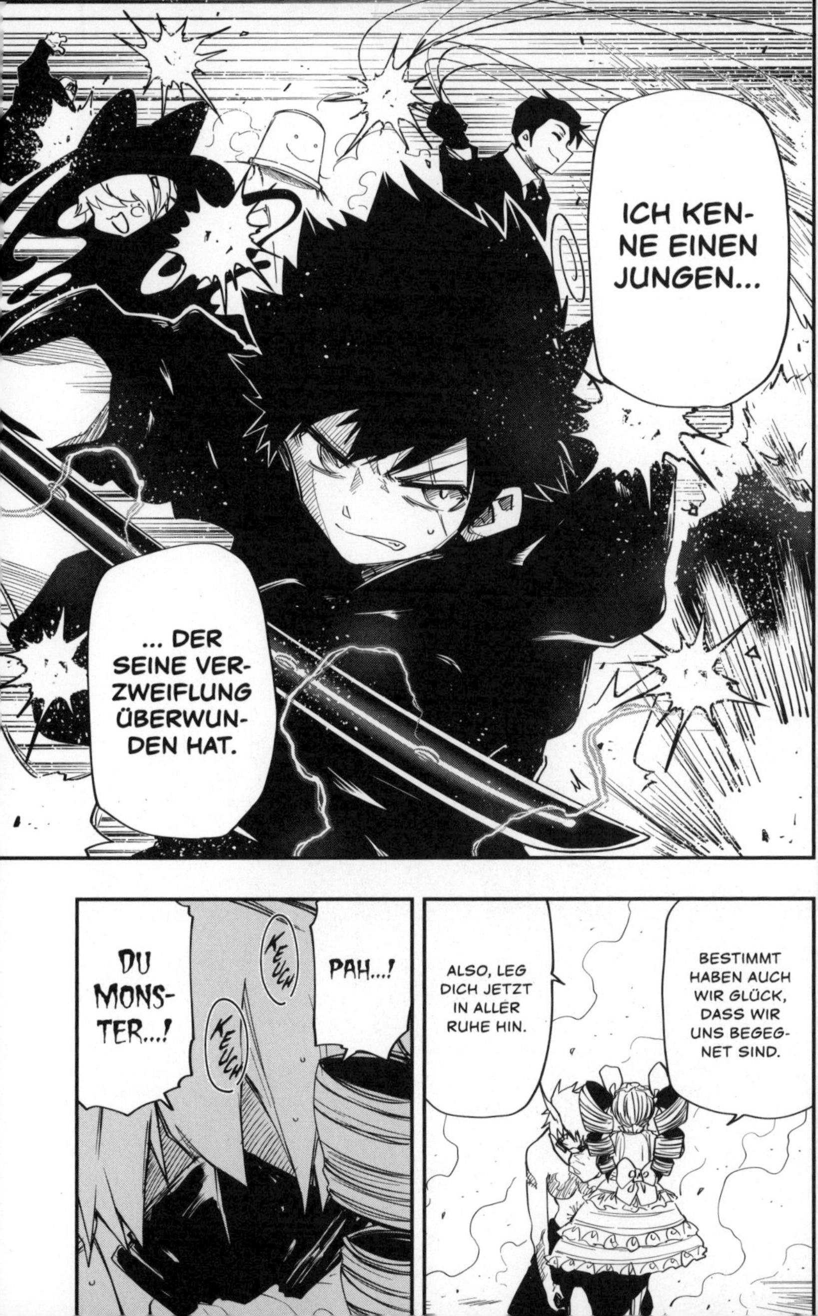
ICH KENNE EINEN JUNGEN...
... DER SEINE VERZWEIFLUNG ÜBERWUNDEN HAT.
BESTIMMT HABEN AUCH WIR GLÜCK, DASS WIR UNS BEGEGNET SIND.
ALSO, LEG DICH JETZT IN ALLER RUHE HIN.
PAH...!
KEUCH
KEUCH
DU MONSTER...!

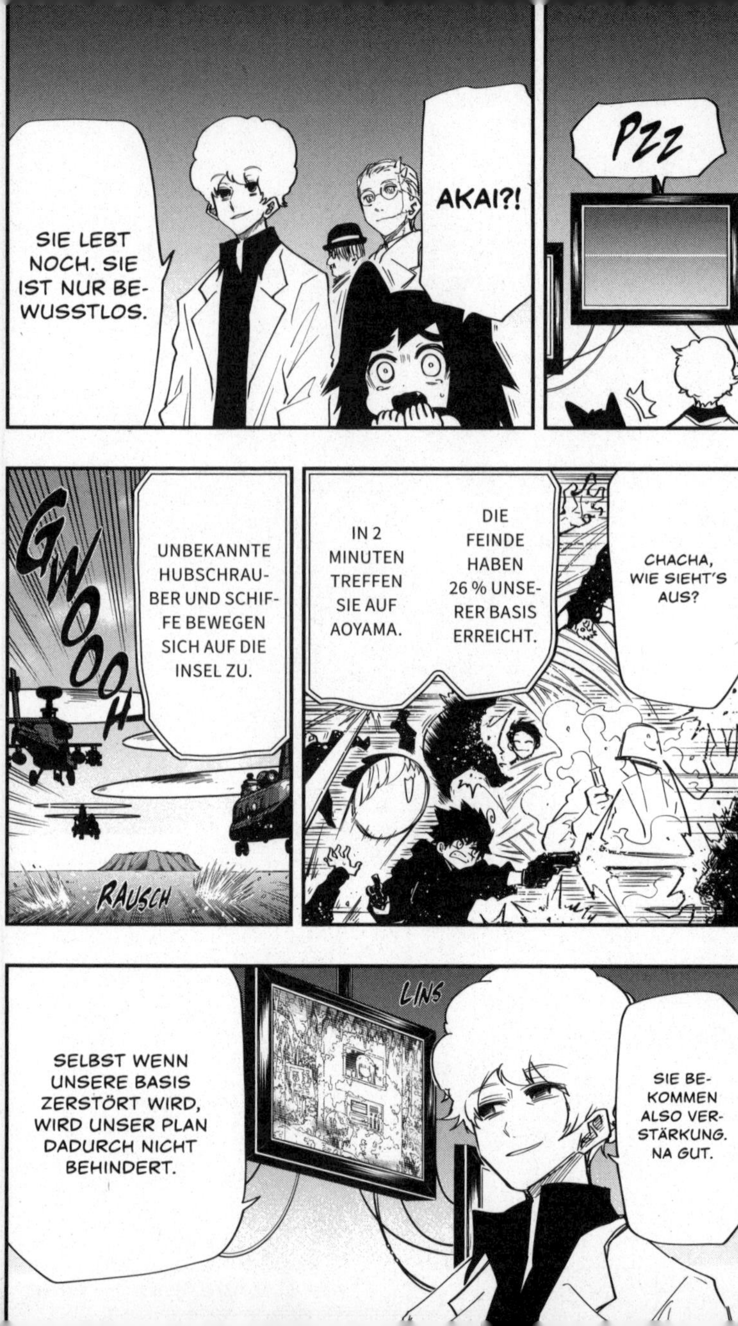
PZZ
AKAI?!
SIE LEBT NOCH. SIE IST NUR BEWUSSTLOS.
CHACHA, WIE SIEHT'S AUS?
DIE FEINDE HABEN 26 % UNSERER BASIS ERREICHT.
IN 2 MINUTEN TREFFEN SIE AUF AOYAMA.
GWOOOH
UNBEKANNTE HUBSCHRAUBER UND SCHIFFE BEWEGEN SICH AUF DIE INSEL ZU.
RAUSCH
LINS
SIE BEKOMMEN ALSO VERSTÄRKUNG. NA GUT.
SELBST WENN UNSERE BASIS ZERSTÖRT WIRD, WIRD UNSER PLAN DADURCH NICHT BEHINDERT.

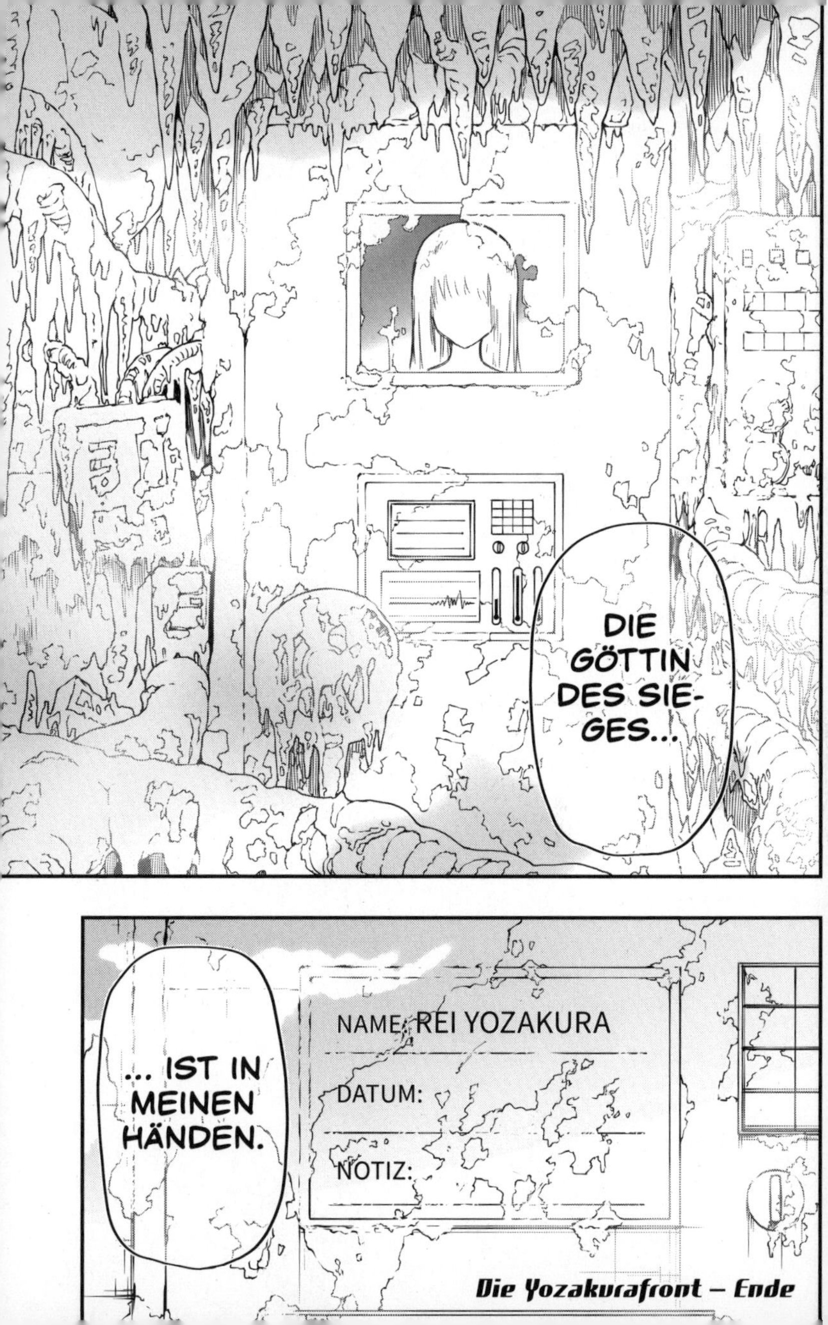
DIE GÖTTIN DES SIE-GES...
... IST IN MEINEN HÄNDEN.
NAME: REI YOZAKURA
DATUM:
NOTIZ:
Die Yozakurafront – Ende

Bonus!

Besuch bei den Yozakuras!

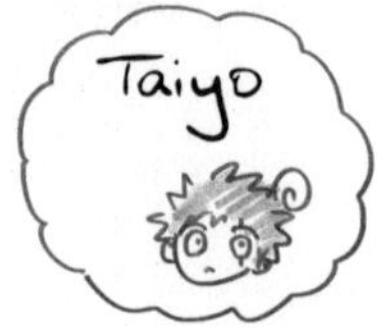

- ehemaliges Gästezimmer
- ziemlich normal, weil er keine besonderen Hobbys hat

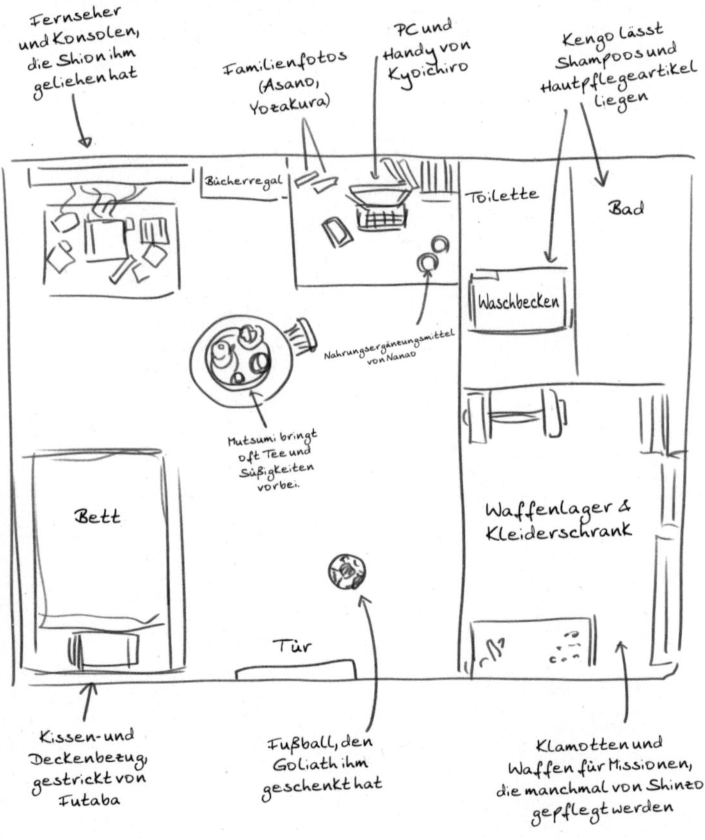

Bonus!

Besuch bei den Yozakuras!

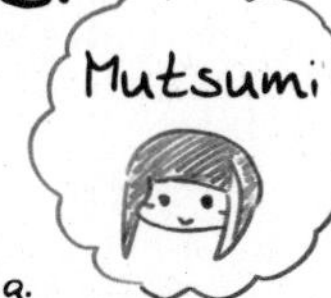

• Das Oberhaupt hat die größte Wohnfläche (ca. 100 m^2), aber eigentlich mag sie überschaubare Räume. Sie putzt ein Zimmer pro Tag.

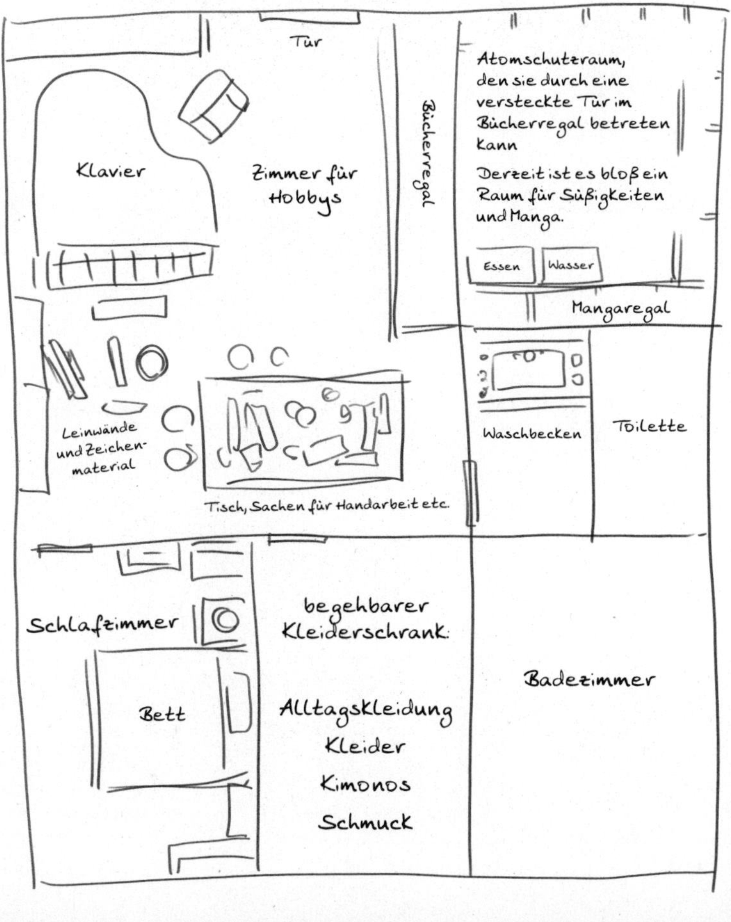

Bonus!

Besuch bei den Yozakuras!

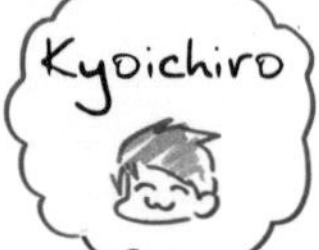

• Ausgehend vom »Mutsumi-Raum«, in dem etliche Bilder und Fotos seiner Schwester hängen, können die weiteren Zimmer durch versteckte Türen (Bilderrahmen) betreten werden.

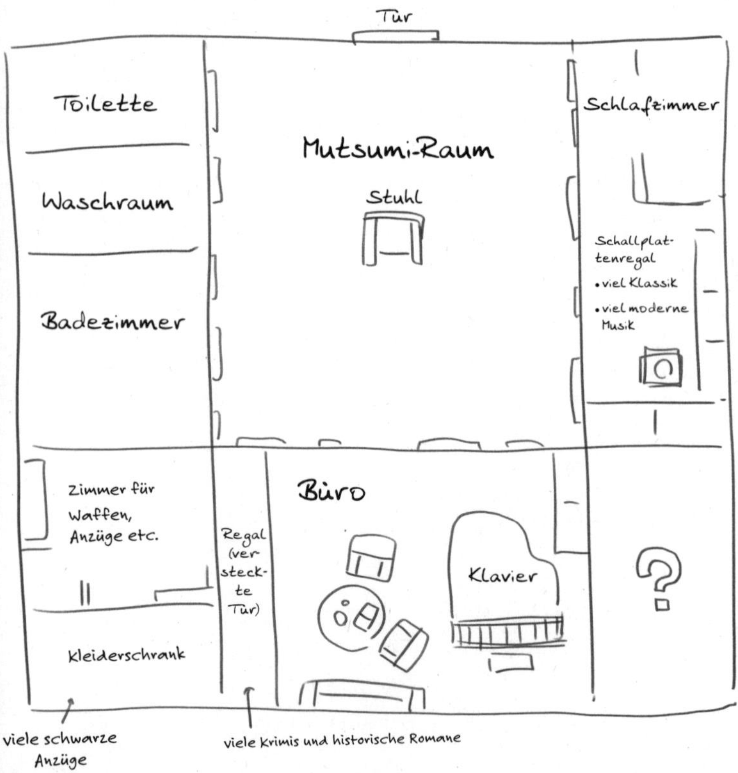

SPECIAL-STORY ZUR 1000. EPISODE VON ONE PIECE!

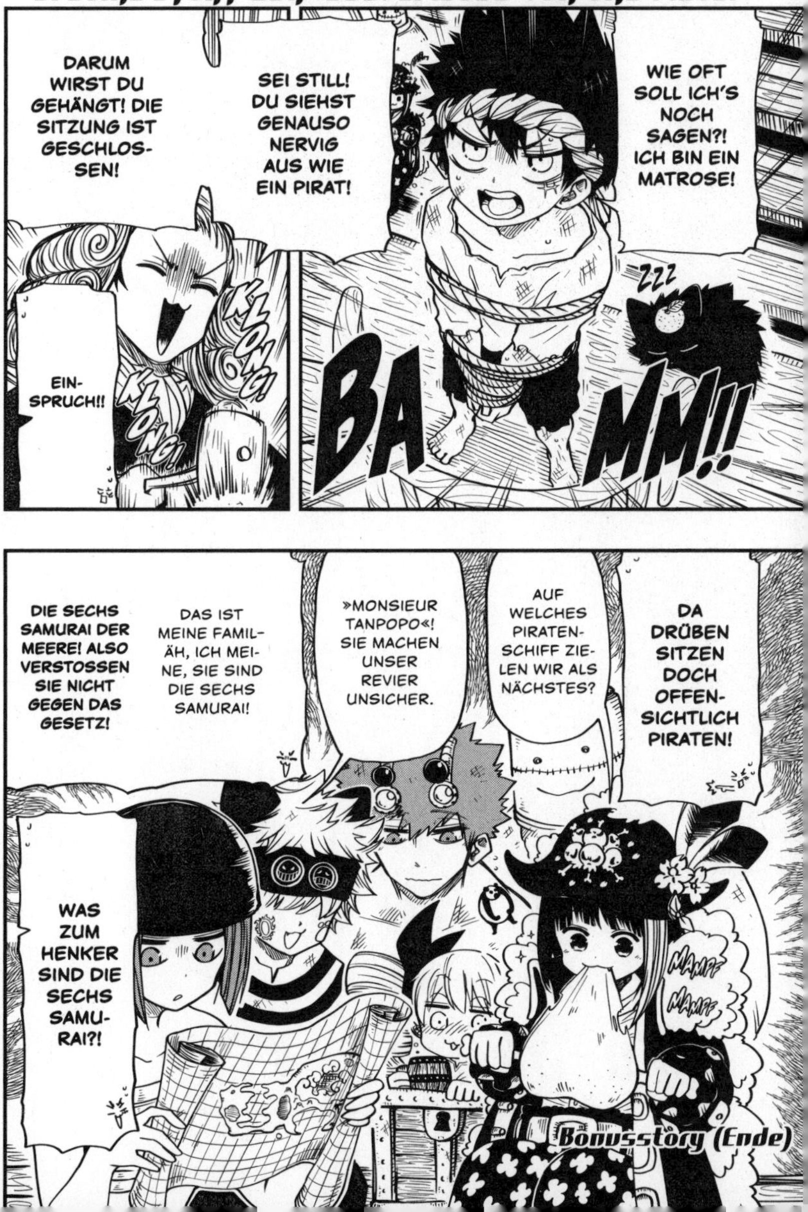

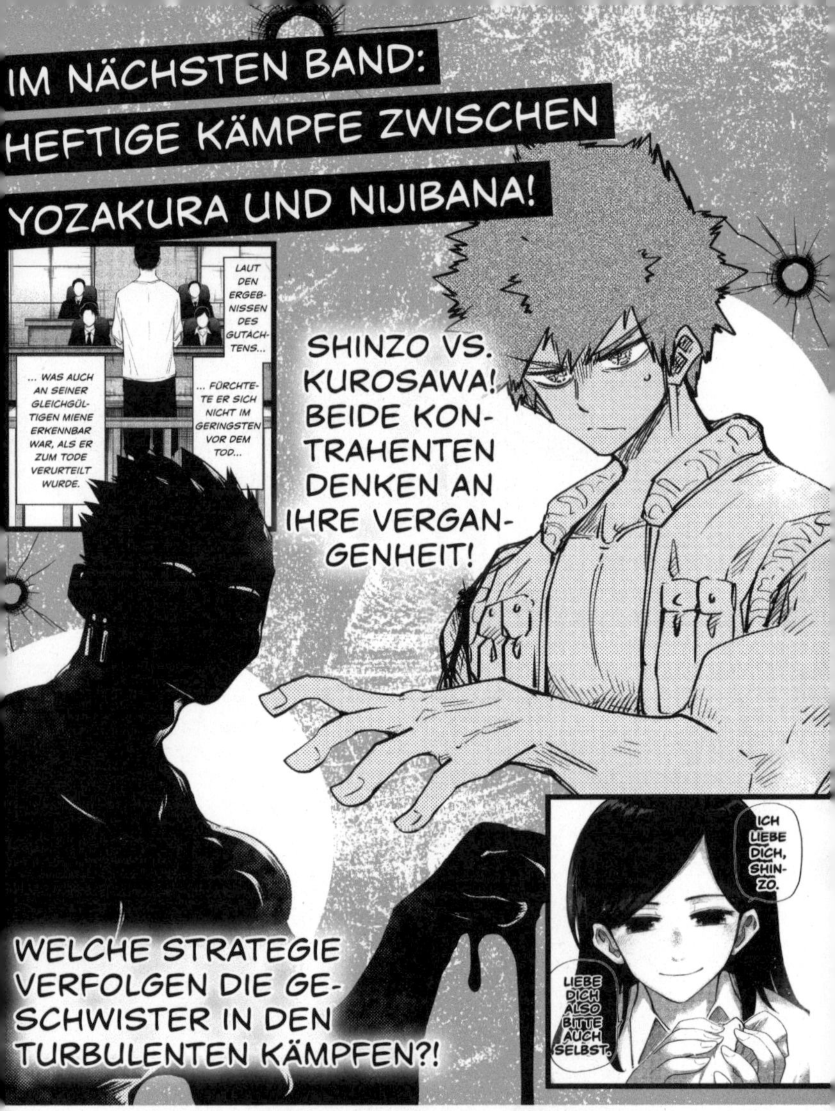

MISSION: Yozakura Family 9

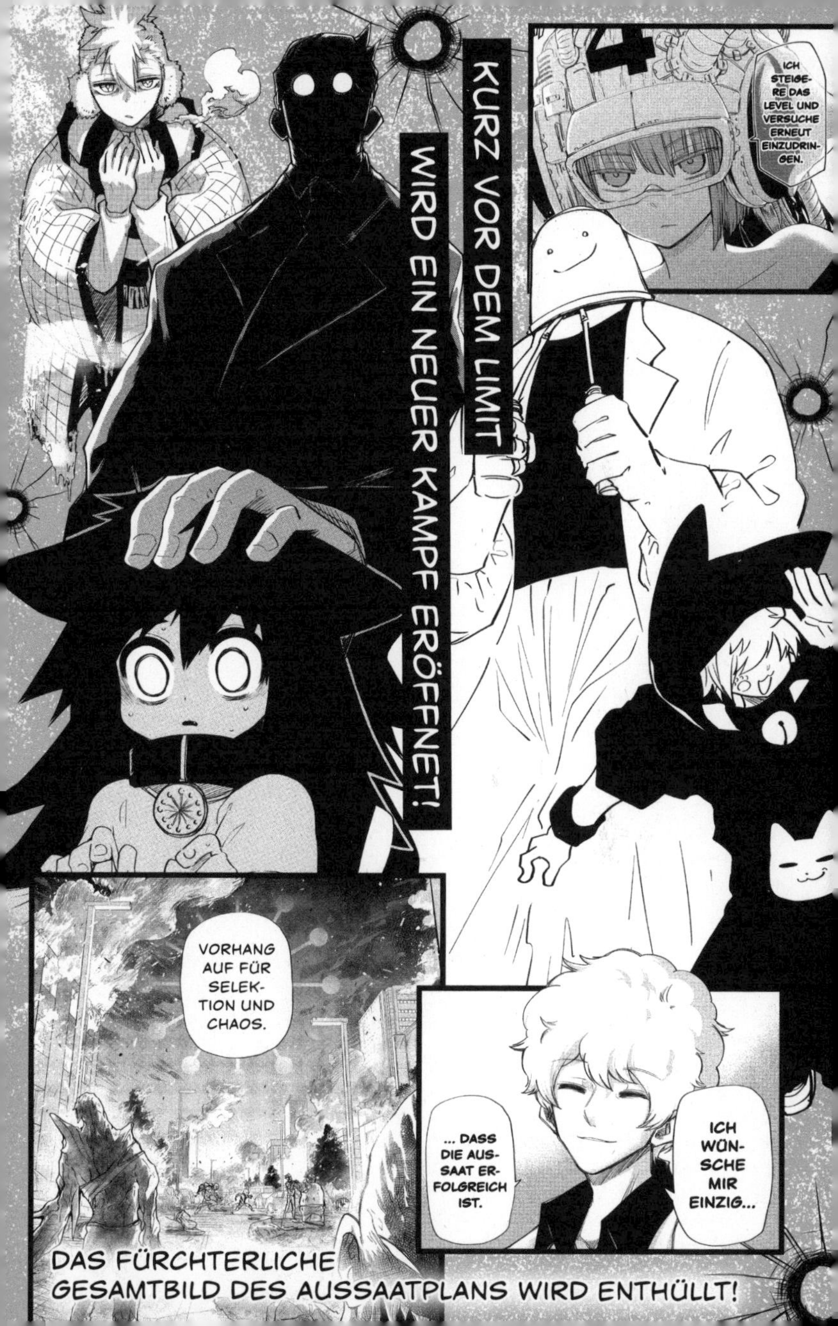
ICH STEIGE-RE DAS LEVEL UND VERSUCHE ERNEUT EINZUDRIN-GEN.
KURZ VOR DEM LIMIT
WIRD EIN NEUER KAMPF ERÖFFNET!
ICH WÜN-SCHE MIR EINZIG...
... DASS DIE AUS-SAAT ER-FOLGREICH IST.
VORHANG AUF FÜR SELEK-TION UND CHAOS.
DAS FÜRCHTERLICHE
GESAMTBILD DES AUSSAATPLANS WIRD ENTHÜLLT!

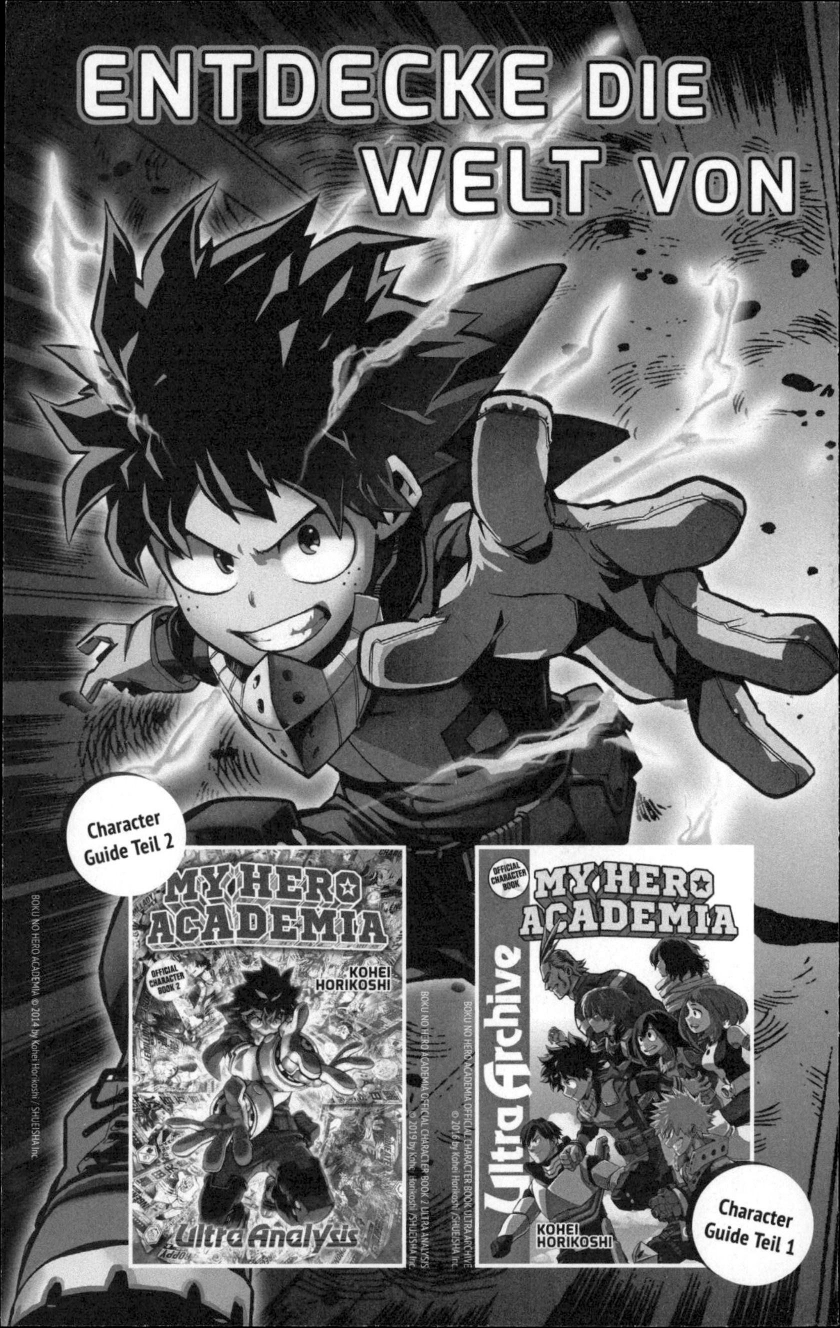
ENTDECKE DIE WELT VON
Character Guide Teil 2
MY HERO ACADEMIA
OFFICIAL CHARACTER BOOK 2
KOHEI HORIKOSHI
Ultra Analysis
OFFICIAL CHARACTER BOOK
MY HERO ACADEMIA
Ultra Archive
KOHEI HORIKOSHI
Character Guide Teil 1
BOKU NO HERO ACADEMIA © 2014 by Kohei Horikoshi / SHUEISHA Inc.
BOKU NO HERO ACADEMIA OFFICIAL CHARACTER BOOK 2 ULTRA ANALYSIS © 2019 by Kohei Horikoshi /SHUEISHA Inc.
BOKU NO HERO ACADEMIA OFFICIAL CHARACTER BOOK ULTRA ARCHIVE © 2016 by Kohei Horikoshi /SHUEISHA Inc.

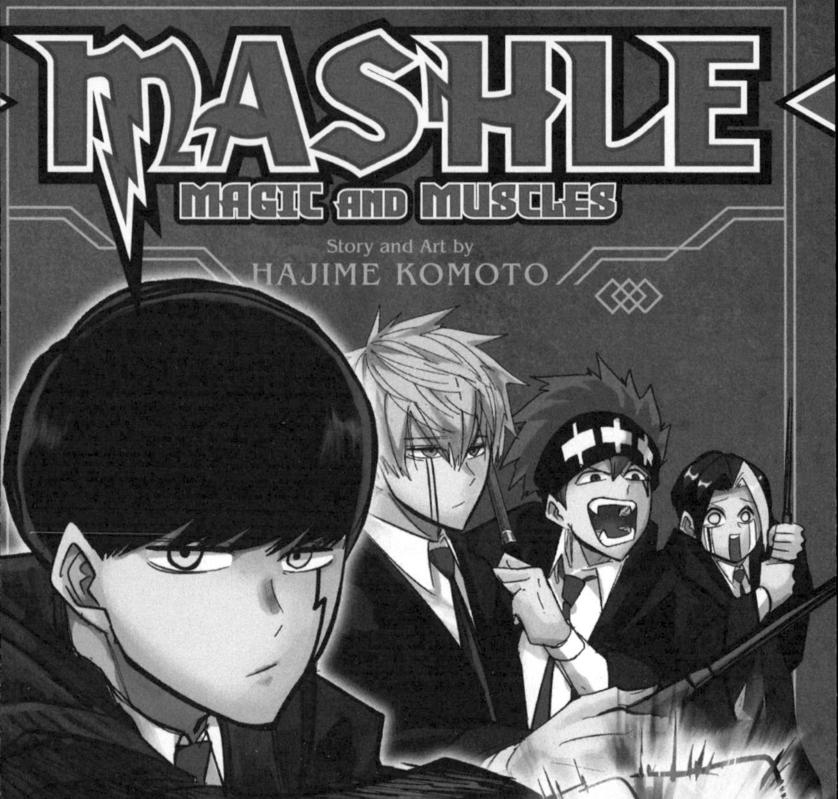

MAGIE IST GUT – MUSKELN SIND BESSER!

Im Reich der Magie wird der soziale Status durch die magischen Fähigkeiten bestimmt. Doch tief im Wald lebt Mash Burnedead, ein junger Mann, der seine gesamte Zeit damit verbringt, seinen Körper zu stählen. Er kann keine Magie benutzen, genießt jedoch ein friedliches Leben mit seinem Vater. Als das herauskommt, geraten beide in Gefahr. Die einzige Lösung: Mash wird in der Magieschule eingeschrieben, wo er die magische Konkurrenz schlagen muss! Wird sich Mash ohne einen Funken Magie und durch reine Muskelkraft einen Weg an die Spitze bahnen können?

CARLSEN MANGA!
www.carlsenmanga.de carlsen_manga carlsenmanga

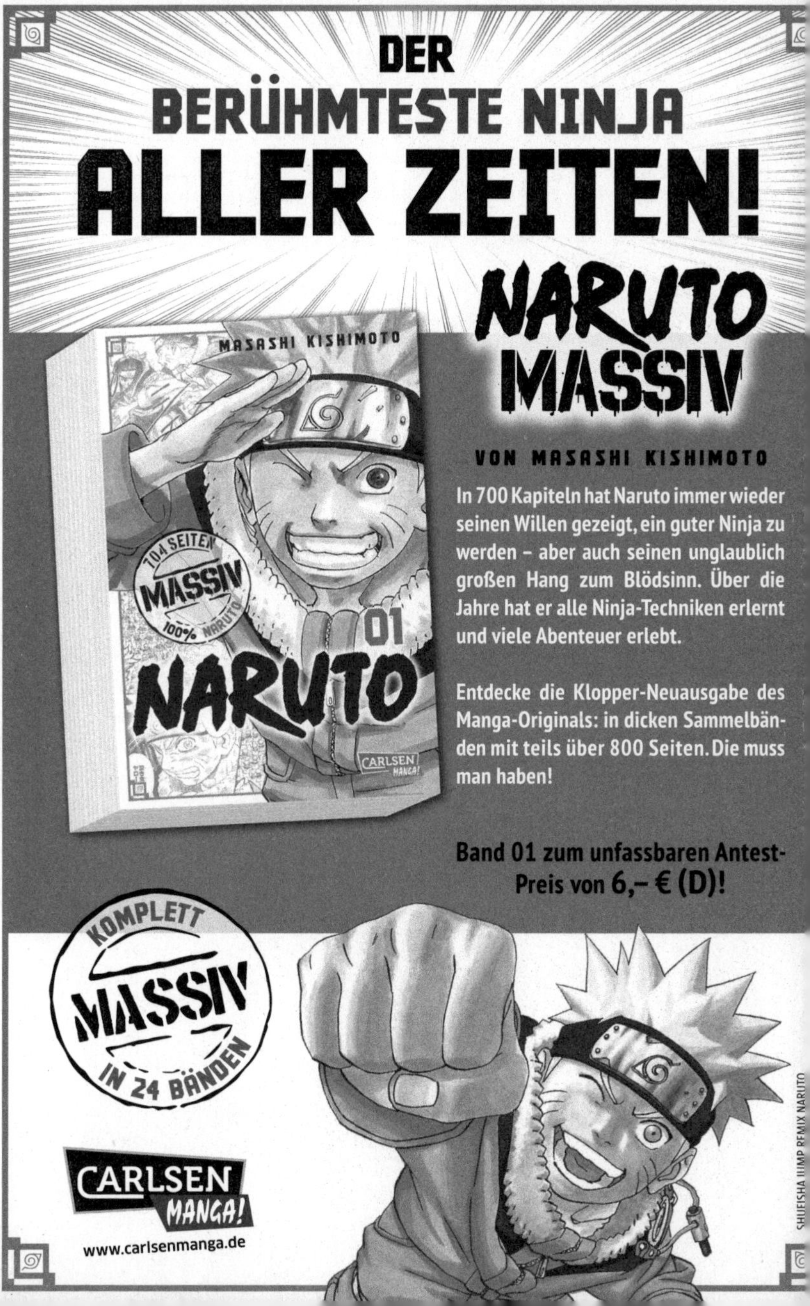
DER
BERÜHMTESTE NINJA
ALLER ZEITEN!
NARUTO
MASSIV
VON MASASHI KISHIMOTO
MASASHI KISHIMOTO
704 SEITEN
MASSIV
100% NARUTO
01
NARUTO
CARLSEN MANGA!
In 700 Kapiteln hat Naruto immer wieder seinen Willen gezeigt, ein guter Ninja zu werden – aber auch seinen unglaublich großen Hang zum Blödsinn. Über die Jahre hat er alle Ninja-Techniken erlernt und viele Abenteuer erlebt.
Entdecke die Klopper-Neuausgabe des Manga-Originals: in dicken Sammelbänden mit teils über 800 Seiten. Die muss man haben!
Band 01 zum unfassbaren Antest-Preis von 6,– € (D)!
KOMPLETT
MASSIV
IN 24 BÄNDEN
CARLSEN
MANGA!
www.carlsenmanga.de
SHUEISHA JUMP REMIX NARUTO

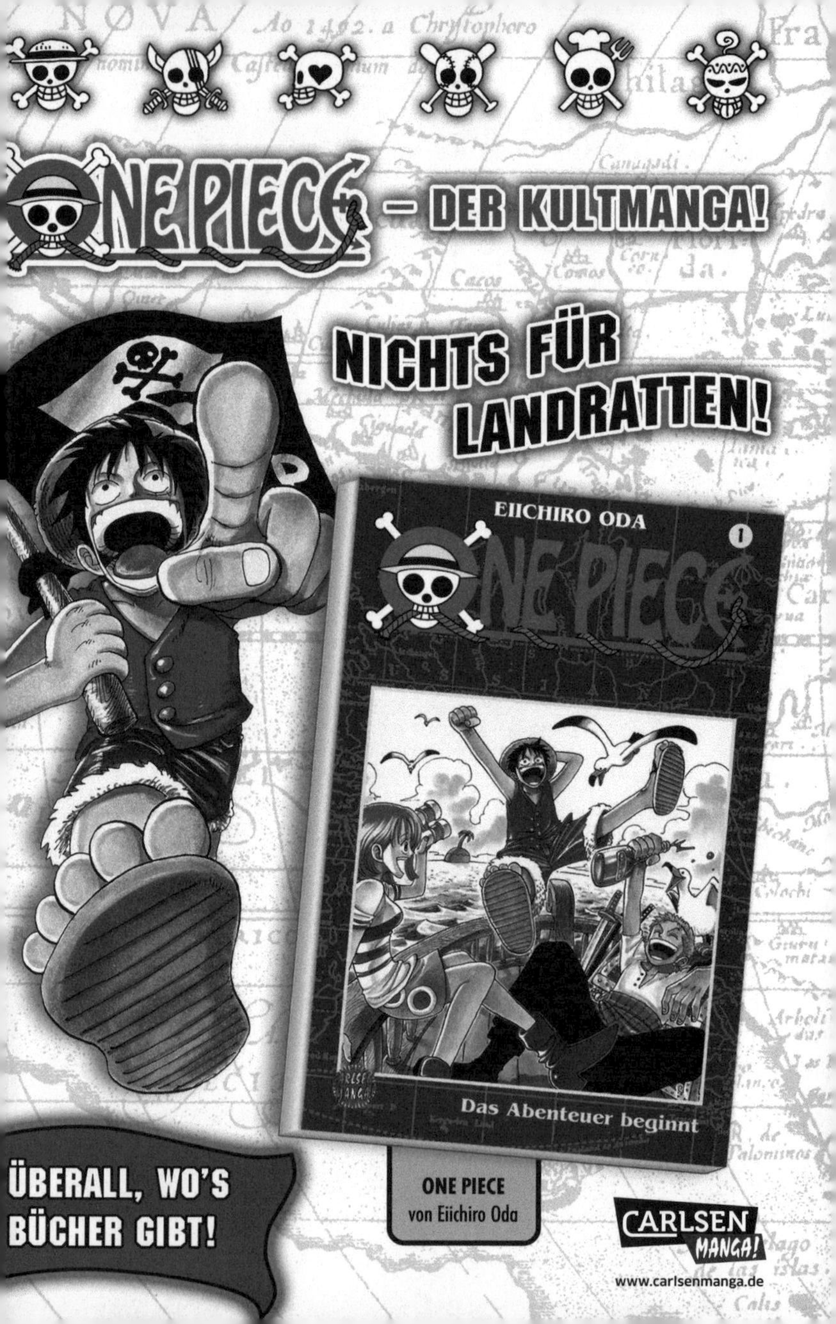
ONE PIECE – DER KULTMANGA!
NICHTS FÜR LANDRATTEN!
EIICHIRO ODA
ONE PIECE
1
Das Abenteuer beginnt
ÜBERALL, WO'S BÜCHER GIBT!
ONE PIECE
von Eiichiro Oda
CARLSEN MANGA!
www.carlsenmanga.de

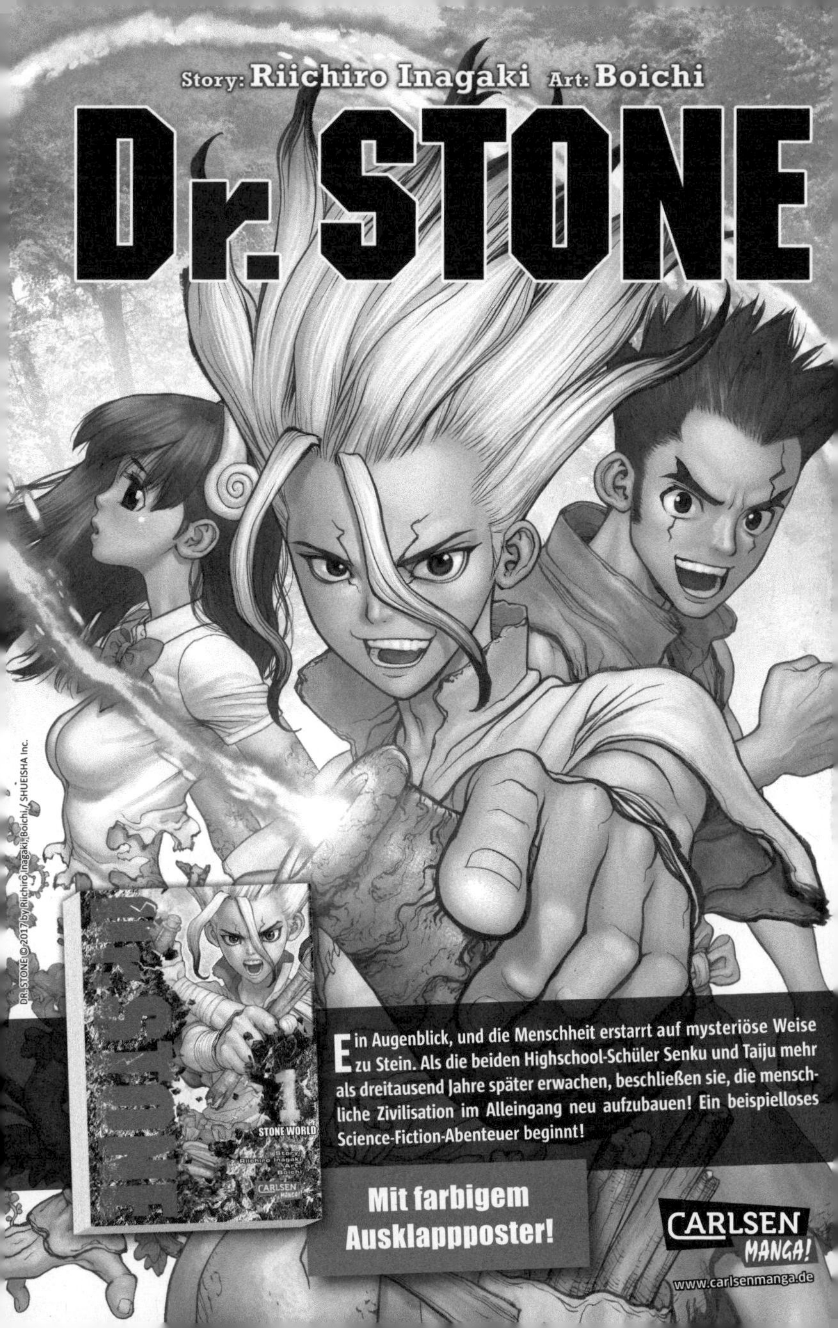
Story: Riichiro Inagaki Art: Boichi
Dr. STONE
DR. STONE © 2017 by Riichiro Inagaki, Boichi / SHUEISHA Inc.
STONE WORLD
Ein Augenblick, und die Menschheit erstarrt auf mysteriöse Weise zu Stein. Als die beiden Highschool-Schüler Senku und Taiju mehr als dreitausend Jahre später erwachen, beschließen sie, die menschliche Zivilisation im Alleingang neu aufzubauen! Ein beispielloses Science-Fiction-Abenteuer beginnt!
Mit farbigem Ausklappposter!
CARLSEN MANGA!
www.carlsenmanga.de

MISSION:
Yozakura Family

To Do Mission

HALT!

Number	Mission Title
1	✓ Anhalten und Lage sondieren
2	✓ Japanische Serie identifiziert
3	✓ Anweisungen der abgebildeten Grafik befolgen
4	✓ Von »hinten« nach »vorne« lesen
5	✓ Von rechts nach links lesen
6	✓ Spannende Unterhaltung genießen

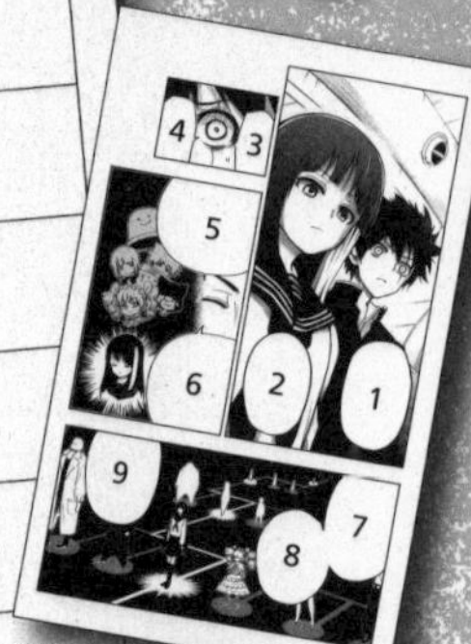

Carlsen Manga! News – jeden Monat neu per E-Mail!
www.carlsenmanga.de · www.carlsen.de

CARLSEN MANGA
Deutsche Ausgabe/German Edition

Völckersstraße 14-20 · 22765 Hamburg
Aus dem Japanischen von Nana Umino
YOZAKURA-SANCHI NO DAISAKUSEN

Redaktion: Nina Kroesing
Textbearbeitung: Steffi Korda
Herstellung: Tobias Hametner
ISBN: 978-3-551-02976-8

Mission:
Yozakura Family